Emil Karl Stöhr
Zeitzeuge

Schicksal eines Kindes im Krieg

Roman

2014

Eigenverlag Dr. Emil K. Stöhr, 86956 Schongau, Geiselsteinstraße 6
Buchbestellung E-Mail: emil.stoehr@t-online.de

Titelbild: Elfjähriger Pimpf, ausgebildet vom Volkssturm als „Werwolf“

ISBN 978-3-9815765-2-8

Personen und Handlungen dieses Buches sind frei erfunden, wenn sie auch in ähnlicher Form in der Realität durchaus vorgekommen sein könnten. Jede Ähnlichkeit mit lebenden oder verstorbenen Personen wäre jedoch rein zufällig und ist nicht vom Verfasser beabsichtigt.

Ich widme dieses Buch den 233.178 deutschen Kindersoldaten die im Zweiten Weltkrieg im Kampf gefallen sind. Auch heute noch werden weltweit Kinder als Krieger missbraucht.

Dr. rer. nat. Emil Karl Stöhr, geboren am 14. August 1934 in Dauba, Regierungsbezirk Aussig an der Elbe, besuchte in Dauba die Grundschule und in Böhmisch Leipa die Oberschule für Jungen. Das Abitur legte er in Füssen im Allgäu ab. Zuerst arbeitete er als Postinspektor und anschließend als Grund- und Hauptschullehrer in Schongau. Nach Biologiestudium und Promotion wurde er sechs Jahre als wissenschaflicher Assistent der Ludwig-Maximilian-Universität München mit einem Forschungsauftrag für das Fach „Naturwissenschafliche Biologiedidaktik“ eingesetzt. Zusätzlich war er erfolgreich in der Lehrerausbildung beschäftigt.

Vor mehr als tausend Jahren sind Sachsen die Elbe entlang bis in die Gegend um Dauba vorgedrungen. In diesem Gebiet voller Sandsteinfelsen gibt es auch heute noch unzählige Felsentauben.

Duba ist das altsächsische Wort für Taube.

Die Grafen Berka von Dubá haben diese Ortsbezeichnung übernommen. Im 17. Jahrhundert hat Albrecht von Wallenstein Dubá in Dauba umbenannt. Seit dem 12. Jahrhundert gab es auf dem Eichberg von Duba/Dauba bereits die deutschen Ortsteile Obereichberg und Untereichberg. 1945 gaben die Tschechen vielen Tausenden von Deutschen gegründeten Orten einen tschechischen Namen, der den deutschen Ursprungsnamen nicht mehr erkennen lässt. So wurde zum Beispiel Eichwald in Dubí umgetauft.

Im Roman wurde deshalb Dauba in Eichberg umbenannt.

Das nordböhmische Städtchen Eichberg gab der Eichberger Schweiz ihren Namen. Mit ihren wild zerklüfteten Sandsteinfelsen und eng aneinander stehenden, hoch aufragenden wuchtigen Sandsteinsäulen erstreckte sich das Bergland zwischen Schluchten und Wäldern von Liboch an der Elbe bis Hirschberg am See. Eichberg gehörte bis 1918 zum Vielvölkerstaat Österreich und anschließend zum neuen Vielvölkerstaat Tschechoslowakei. Im Juni 1933 besuchten Emil Stöhr und Theresia Tragl in Eichberg den Stadtpfarrer Christian Storms und vereinbarten einen Termin für ihre Hochzeit. Drei Generationen vorher hätten sie auf dem Schloss Neuperstein vorsprechen müssen, um vom noblen Grafen von Waldstein die Heiratserlaubnis zu erbitten. Auch die erste Nacht der Braut beim Grafen gab es schon seit langer Zeit nicht mehr. Uhrmachermeister Emil Stöhr pachtete das Uhrengeschäft des Juden Isaak Goldmann, der in den Ruhestand ging. Die Wohnung über dem Geschäft mietete er. Als Emil und Theresia heirateten, hatte Adolf Hitler im angrenzenden Dritten Deutschen Reich bereits als Reichskanzler die Macht ergriffen. Sohn Emil Karl Stöhr wurde 1934 geboren.

Inhaltsverzeichnis

Karl Häusler wird geboren (19.04.1934)

Karl zeigte keine Neigung, den prallen Leib seiner Mutter freiwillig zu verlassen, wo er beschützt und nach außen abgeschirmt im warmen Urmeer des Fruchtwassers plantschen konnte. Doch eines Tages stieß Tereza einen leisen Schrei aus, presste ihre flachen Hände an ihren dicken Bauch und legte sich vorsichtig auf das Sofa im Wohnzimmer.

„Soll ich Dr. Hafenrichter holen?“

„Nicht diesen besoffenen Pfuscher!“

„Dann gehe ich zur Hebamme Deutsch in der Wiesengasse, da brauche ich nur über den Marktplatz zu laufen.“

„Nein! Geh zur Ludmilla Rusitschka. Sie hat ein Häuschen bei der Wäschebleiche in Tampel. Jetzt heißt sie Richter!“

„Wer ist diese tschechische Hebamme?“

„Ihr deutscher Mann war Schuster. Kurze Zeit nach ihrer Hochzeit begann der Erste Weltkrieg. Richter fiel an der Front in Galizien.“

Tereza konnte nicht weitersprechen. Eine erneute Presswehe ließ sie aufstöhnen, durchzog krampfartig ihren ganzen Körper und drückte ihren Kopf in das Sofakissen.

„Lass Dir Zeit bis morgen“, rief Heinrich. „Am 20. April ist der Geburtstag von Adolf Hitler.“

„Rede keinen Unsinn“, stammelte Tereza.

Heinrich eilte vom Wohnzimmer zum Treppenhaus und polterte die schmale, schwarze, gusseiserne Wendeltreppe hinunter. Er rannte über den dunklen Innenhof. Durch die hohe, düstere Hofeinfahrt lief er zum großen hölzernen Hoftor. Er riss die kleine Seitentüre des Tores auf. Ins schmiedeeiserne Schloss zurückkrachend, spuckten die alten, sonnenrissigen Torbretter braune Lackfetzen auf den Gehsteig. Über den Marktplatz und durch die Wiesengasse lief Heinrich am

Schweinemarkt vorbei zum Stadtteil Tampel. Er überquerte dort den Kirchenbach und ging wenige Schritte den grün schimmernden Marienbach entlang. Dessen kaltes, ruhig fließendes Wasser, sprudelte weiter hinten aus der gelben Sandsteingrotte des Marienbrunnens. Hinter dem Marienbach standen kleine Holzhäuschen, jedes an einem eigenen Steg, der das Wasser überbrückte. Beim Namensschild Richter/Rusitschka zog Heinrich am Eisenstab der Hausglocke. Als sich die Türe öffnete, verstopfte die massige Gestalt der Hebamme den Eingang. Seit dem Soldatentod ihres Mannes hatte sie sich aus Kummer kugelrund gefressen.
„Grüß Gott Frau Richter. Bei meiner Tereza ist es soweit!“
Frau Richter warf sich einen grünen Frühjahrsmantel über die Schultern. Sie schnappte ihren braunledernen Arbeitskoffer, der hinter der Haustüre stand. Seitlich zwängte sie sich durch die Türöffnung und drehte den großen Hausschlüssel im knarrend rostigen Schloss. Aus ihrer linken Manteltasche fischte sie mit spitzen Fingern einen Zettel und spießte diesen mit einem Reißnagel ins grau verwitterte Holz der Türfüllung. „Bin bei Tereza Häuslerová, Marktplatz Nr. 13“, schrieb sie darauf.
Heinrich vermied es, gleichzeitig mit der dicken Rusitschka den Marienbach auf dem Holzsteg zu überqueren. Trotz ihrer Leibesfülle hüpfte die Witwe schwungvoll über den schmalen Steg. Die Eichenbretter ächzten unter ihrem gewaltigen Gewicht. Ihre rechte Wurstfingerhand ließ Frau Richter über das hellgrau glänzende Holz des Handlaufs gleiten; bereit zuzupacken, falls sie das Gleichgewicht verlieren sollte. Eilig fuhr sie mit ihrem Wanderer-Kleinmotorrad davon. Das Motorrad stand stets startbereit in einer kleinen Hütte am Bach. Heinrich lief zu Fuß hinterher. Als er zuhause ankam, lag Tereza schon im Schlafzimmer. Herr Goldmann und seine Frau

standen neben dem Bett. Rusitschka hatte eine kleine Babywaage aufgestellt und weiße Tücher ausgebreitet. Ihre Arbeitsgeräte lagen auf dem Nachtkästchen. Leere Wasserschüsseln standen bereit.
Während Heinrich in der Küche den großen Ofen einheizte, um heißes Wasser bereitzustellen, sagte Frau Goldmann: „Mein Mann und ich werden in den nächsten Tagen für Euch sorgen."
Im Gegensatz zu seiner zart gebauten Frau, deren blasses Gesicht von tiefschwarzen Haaren umhüllt wurde, war Herr Goldmann ein robuster, groß gewachsener Mann mit tief liegenden, dunklen Augen, buschigen schwarzen Augenbrauen, schütteren grauen Haaren und einer langen, leicht gebogenen Nase mit kräftigen Nasenflügeln. Seine etwas vorgeschobene, dicke Unterlippe verlieh seinem Gesicht einen energischen Ausdruck. Sein weißer, nur von wenigen schwarzen Strähnen durchzogener Vollbart gab ihm ein würdevolles Aussehen. „Schalom", sagte er freundlich, als er mit seiner Frau wegging. In dieser Nacht konnten die Goldmanns keine Ruhe finden. Terezas kurze, schrille Schreikrämpfe rissen sie immer wieder aus dem Schlaf. Erst fünf Minuten vor Mitternacht erfüllte ein anderes, helleres Schreien das Haus.
Karl brüllte mit faltigem, zornesrotem Gesicht seinen Ärger darüber in die Welt hinaus, dass er sich nicht mehr in dem angenehm warmen und schützenden Leib seiner Mutter aufhalten durfte.
Als Tereza wieder aufstehen konnte, lud Herr Goldmann die junge Familie zum Mittagessen ein. Isaak Goldmann sprach vor und nach dem Essen ein Gebet. Jeden Vers sprach er zuerst in hebräischer Sprache und dann im deutsch-jiddischen Dialekt. Sein würdevolles Gesicht und seine andächtige, dunkle Stimme erfüllten die Anwesenden mit tiefer Andacht. Er erflehte Gottes Hilfe und Segen für sich und seine Gäste. Das unverständliche Hebräisch wirkte wie magische Zauberworte. Zuletzt flehte er nach oben schauend: „Gott

Israels, beschütze meinen Sohn David.“ Sein Sohn aus erster Ehe mit einer wohlhabenden jüdischen Hopfenhändlertochter - Eichberg war Hopfenanbaugebiet - wanderte nach Palästina aus. Für die zionistischen Juden war Palästina das gelobte Land. Viele Juden verließen Deutschland, Polen, Österreich, Frankreich und Russland. Voller Stolz zeigte Herr Goldmann einen Brief Davids aus Tel Aviv.

Als Goldmanns jüdische Ehefrau vor drei Jahren starb, heiratete der alte Witwer das römisch-katholische Fräulein Klimt aus dem Kolonialwarengeschäft im Nachbarhaus.

Heinrich Häusler versuchte vergeblich für seinen Sohn den Taufnamen Adolf durchzusetzen. Tereza forderte den tschechischen Namen Karel. Sie stimmte jedoch zu, als Heinrich den deutschen Vornamen Karl forderte.

In der Kreuzauffindungskirche von Eichberg steht in einer Seitennische unter dem Bild der Himmelfahrt Marias ein Taufstein mit der Statue Johannes des Täufers. Dort wurde Karl am 26. April 1934 getauft. Taufpatin war Frau Goldmann. Tereza rief ihren Karl jedoch stets liebevoll Karel.

Karl war zwei Jahre alt, als ein mit Radiogeräten beladener Lastwagen von Berlin kommend über Rumburg und Böhmisch Leipa bis nach Eichberg fuhr. Diese Radios wurden Volksempfänger genannt. Sie konnten spottbillig gekauft werden. So gelangte in jeden Haushalt ein kleines Trojanisches Pferd der Nationalsozialisten. Diese braun lackierten Holzkästen, mit oben halbkreisförmigem Abschluss und einem runden Loch in der Mitte, waren Hitlers und Goebbels´ Sprachrohre. Den Handwerkern und Bauern Eichbergs wurde jetzt ununterbrochen die „Sieg-Heil-Lehre“ Adolf Hitlers eingehämmert. Karl erschrak jedes Mal, wenn sein Vater den Volksempfänger einschaltete. Dieser Kasten auf der Küchenkredenz stieß kreischende menschliche Laute aus. Es folgte grölendes

Jubelgebrüll und Marschmusik. Der kleine Karl, der nicht Adolf hieß, öffnete den Küchenschrank um nachzuschauen, ob sich darin Menschen versteckt hatten. Er konnte nicht ahnen, dass durch den Brüllkasten auf dem Schrank eine diabolische Heilslehre verkündet wurde, die den Weg in die Hölle vorbereitete.

Die Fünfzigjahrfeier der Bürgerschule von Eichberg zu Pfingsten 1938

Nach dem feierlichen Gottesdienst am Pfingstsonntag in der Kreuzauffindungskirche bewegten sich Hunderte Menschen auf der kurzen Strecke von der Kirche bis zur großen Eingangstüre der Bürgerschule. An der Pforte waren sechs Kronen (6 Kc) Eintrittsgeld zu zahlen. Zuerst konnten die Klassenzimmer besichtigt werden. In der großen Aula hielt Bürgerschuldirektor Karl Weber, der die Schule seit 1934 leitete, einen Vortrag. Anschließend fand eine kleine Musikveranstaltung statt, der ein Gedichtvortrag in Eichberger Mundart folgte. Am Schluss wurde eine bunte Schau von Schülerarbeiten vorgestellt. Dabei stand die Ausstellung von Mädchenarbeiten im Mittelpunkt.
Die Regierung in Prag hatte Franz Stebrich zum stellvertretenden Bürgerschuldirektor ernannt. Neben seiner fachlichen Qualifikation war dafür ausschlaggebend, dass er eine tschechische Mutter hatte. Stebrich begrüßte die eintretenden Gäste nicht mit „Grüß Gott“, sondern mit „Heil Hitler“.
„Der Hitlergruß ist bei uns untersagt“, empörte sich Amtsrichter Rohde. „Ich werde der Regierung in Prag Bericht erstatten!“

Der deutsche Amtsrichter von Eichberg wurde 1918 aus dem Staatsdienst entlassen, weil er die tschechische Sprache nicht beherrschte. Für ihn kam der Tscheche Vaclav Rohde aus seiner tschechischen Heimatstadt Melnik als Richter in die deutsche Stadt Eichberg. Rohde heiratete eine Tochter der wohlhabenden deutsch-jüdischen Familie Stingel. Er wohnte mit seinen Kindern Otto und Margit im großen Haus seiner Schwiegereltern in der Stingelgasse. Margit arbeitete im Textilwarengeschäft ihrer deutschen Großeltern. Sohn Otto hatte die Schlosserlehre abgeschlossen und besuchte Fortbildungslehrgänge am Flugplatz Prag-Rosin.
Im Stingelhaus befand sich eine kleine Synagoge für die Juden von Eichberg.
Neben Amtsrichter Rohde, dessen Frau und Kindern, standen an der großen Eingangstüre der Bürgerschule Herr Goldmann mit Frau und Uhrmachermeister Häusler mit Frau und Sohn Karl. Alle blickten Herrn Stebrich erwartungsvoll an, als Herr Rohde fortfuhr: „Ihr Sohn Bartholomäus, der zur Zeit als tschechoslowakischer Offizier in der Slowakei an der ungarischen Grenze stationiert ist, würde nicht mit Heil Hitler grüßen."
„Fügen Sie Ihrem Bericht nach Prag hinzu", überschlug sich die donnernde Stimme Stebrichs, „Juden und Judenbastarde sind keine Ehre für unsere Stadt."
Nationaltscheche Vaclav Rohde, der sich schützend vor Sohn, Tochter und seine jüdische Ehefrau gestellt hatte, blickte Stebrich wütend an. „Diese Beschimpfung wird für Sie schlimme Folgen haben", sagte er.
Amtsrichter Vaclav Rohde und seine Angehörigen gingen erhobenen Hauptes an Stebrich vorbei. Herr Goldmann, seine Frau und Tereza Häuslerová wandten sich entsetzt ab. Ohne Gruß betraten sie die

Bürgerschule. Nur Heinrich Häusler flüsterte Stebrich heimlich „Heil Hitler“ ins Ohr.
Die nach Süden ausgerichtete Aula der Bürgerschule wurde Sonnensaal genannt. Nachdem alle Besucher Platz genommen hatten, trat Schuldirektor Karl Weber ans Rednerpult.
„Liebe Eltern und Schüler. Willkommen zu unserer Fünfzigjahrfeier. Ganz herzlich begrüße ich Herrn Amtsrichter Rohde, unseren tschechischen Bezirksschulrat Herrn Knedlicek, Herrn Bürgermeister Kayser, die Stadträte und alle meine Kolleginnen und Kollegen aus Landwirtschafts-, Volks- und Bürgerschule. Graf von Waldstein hat unsere Schulbücherei durch eine großzügige Spende bereichert. Dafür danke ich ihm.
Baubeginn für unsere Schule war der 13. März 1887. Der damalige Bürgermeister Herr Josef Franz übertrug die Baudurchführung dem Baumeister Eduard Posselt aus Böhmisch Leipa. Im September 1888 war der Renaissancebau der Bürgerschule fertig. Die finanzielle Hauptlast trug die Stadt. Aber ohne die großzügigen Spenden unserer jüdischen Samen-, Vieh- und Hopfenhändler hätte die Bürgerschule nicht so prachtvoll gestaltet werden können. Vielen Dank lieber Herr Goldmann. Alle Ihre Uhren, die Sie uns damals geschenkt haben, gehen immer noch!“ Tosender Beifall unterbrach die Ansprache. „Jahrzehnte vorher schon hat unser sehr verehrter Herr Stingel für die Errichtung der Volksschule den größten Beitrag geleistet. Damals bekam die Straße, in der sein großes Wohnhaus und Textilgeschäft steht, den Namen Stingelgasse. Die meisten Wohltäter unserer Stadt haben uns leider verlassen. Zusammen mit mehr als zehntausend Sudetendeutschen sind sie aus Angst vor dem zähnefletschenden Adolf Hitler fluchtartig in die Vereinigten Staaten von Amerika ausgewandert.“

Emil Prinke, ein ehemaliger Schüler des Herrn Karl Weber, teilte Jahrzehnte später mit, dass Schuldirektor Weber und dessen Frau nach dem Anschluss des Sudetengaus an das Dritte Deutsche Reich plötzlich verschwunden waren. Aufwiegelnde Schreiben des Herrn Weber und seiner Frau gegen Adolf Hitler sollen bei der Post von der Gestapo abgefangen worden sein.

Nach dem Vortrag im Sonnensaal ging Karel mit seinen Eltern zum großen Musiksaal. Dort erklang der Gesang einer Geige, begleitet vom Spiel eines Klaviers. Karl sah eine kleine, zauberhafte Fee. Im Kindergarten hatte er sie schon kennen gelernt. Blonde Haare glitten über ihr lächelndes Gesicht und ihr weißes Kleid. Ihre Beine baumelten vom Hocker herab, der vor einem großen schwarzen Konzertflügel stand. Ihre Finger tanzten fröhlich über die weißen und schwarzen Tasten des Flügels. Neben ihr spielte ein großer Mann mit ernster Miene auf einer Violine. Karl schlängelte sich vorsichtig an den Zuhörern vorbei, immer näher an das schöne kleine Mädchen heran. Misstrauisch betrachtete er dabei den Geiger, dessen Blicke umso finsterer wurden, je mehr er sich den Strampelbeinen näherte. Verzaubert von der Musik und dem Blondkopf des Mädchens, der sich im Takt der Musik hin und her bewegte, wagte sich Karl bis auf zwei Meter heran. Er blieb wie angewurzelt stehen, als die beiden tiefen Falten zwischen den buschigen Augenbrauen des Geigers fast aneinander stießen.

Das Mädchen schlug mit beiden Händen noch einmal fest in die Tasten, sprang vom Hocker und stand direkt vor Karl. Das Musikstück war zu Ende und der finstere Blick des Geige spielenden Riesen wurde durch ein Lächeln des kleinen Mädchens verscheucht.

„Wir kennen uns vom Kindergarten", sagte das Mädchen.

„Ich bin der Karl." „Ich heiße Vera."

Als Karl vorsichtig und fragend zu der langen Hopfenstange mit Geige, Hakennase und Löwenmähne hinauf schaute, sagte Vera: „Das ist mein Opa." „Spielst Du auch Klavier?", wollte sie wissen. „Nein. Geige." „Das gefällt mir."
Die beiden Kinder hörten das Händeklatschen der Zuhörer nicht. Durch ein Achselzucken entschuldigte sich Veras Großvater beim Publikum. Er fasste seine widerstrebende Enkeltochter an der Hand und zog sie von Karl weg. Die Gäste lachten. Veras Opa verbeugte sich tief, und sein Enkeltöchterchen machte einen Hofknicks. Kaum war Veras Hand frei – schwupp war das Mädchen wieder bei Karl. Alle lachten erneut.
Direktor Karl Weber kündigte an: „Und jetzt viel Spaß bei dem Eichberger Mundartgedicht unseres Heimatdichters Rudolf Ilchmann. Mein ehemaliger Schüler Walter Stelzig trägt vor."
Die aus bayerischer, sächsischer und schlesischer Sprache geformte Eichberger Mundart wurde oft mit tschechischer Klangfarbe intoniert.

An Eichbargschn Barglande underwags

Giehste vu Eichbarg aus noch Hirschbrich nieber,
musste ieber Neuperschtejn drieber.
Kimmste dann noch Wrchhobn nuf,
fällt dr glei die Burgruine Altperschtejn uf.

Durte, wu frieher di aldn Ritter haustn
und iebr di Ruine mejche Stirme braustn,
kon mr vu durt drubn mit Entzickn
weit eis Eichbargsche Land neiblickn.

Biste dann ei Hirschbrich endlich oglangt,
hot`s diech ou glei zun Bsuche des Sees vrlangt.
Giehste dann entlang an Uferstrande,
siehste su mejches hibsche Madl liegn an Sande.

Eimittn an See´e liegt dos Mejseschlooß.
Und ne Fahrt mit´n Dampfa macht´n Riesnspooß.
Hoste vu Hirschbrich dann genung gesahn,
giehste zur Burgruine Besich dann.

Uf dan Besich-Barge ubn ogekumm,
hoste erscht eimol dan Buckl krumm.
Vill zu sahn is hejte ni mehr durte ubn,
wal vill kaputtgmacht wurd durch die biesn Bubn.

Karl fasste Vera an der Hand und lief mit ihr zu seinen Eltern, die schon vom Musiksaal in die große Vorhalle gegangen waren. Mit der Geige stolzierte Veras Opa hinterher.
„Grüß Gott Herr Jäger“, sagte Herr Häusler. Alle kannten Wenzel Jäger, denn er leitete den Kirchenchor und spielte die Orgel. An der Bürgerschule gab er Musikunterricht.
„Darf ich Ihnen meine Enkeltochter Vera Máchová vorstellen? Ihre Eltern arbeiten als Lehrer in Leitmeritz.“
„Ein schönes Mädchen“, sagte Tereza.
„Na, Du kleines Kerlchen, wie heißt Du denn?“, fragte Herr Jäger den Karl freundlich.
„Er heißt Karl“, mischte sich Vera ein. „Karl kann Geige spielen.“
„Dann musst Du uns besuchen“, lächelte Wenzel Jäger.
„Das ist eine große Ehre für uns“, sagte Tereza.

„Lasst uns für Vera und Karl das tschechische Kinderlied >UZ KONÍCEK PÁDÍ< singen“, forderte Jäger und blickte in die Runde. Wenzel Jäger klemmte seine Geige zwischen Kinn und Schulter. Gefühlvoll strich er mit seinem Geigenbogen über die Saiten seiner Violine. Viele der Gäste versammelten sich um ihren musizierenden Chorregenten. Das Lied wurde in tschechischer und deutscher Sprache gesungen.

UZ KONÍCEK PÁDÍ

Znam zem plnou mlika a buclatejch krav,
kde proud reky strika na drevenej splav.
Mam jediny prani, snum ostruhy dat
a pod znamou strani zas kulicky hrat.

Uz konícek pádí a zustane stat,
az v ty zemi mladi, kde ja ziju rad.
A slunce tam pali a porad je máj
a ceny jsou staly a lidi se máj.

Schon trabt mein Pferdchen

Ich kenne das Land voll Milch und fetten Kühen
und sehe den Flusslauf am wasserbespritzten Wehr vorüberziehen.
Hab´ nur den einen Wunsch, dem Pferdchen die Sporen zu geben
und hin zur vertrauten Uferböschung zu streben;
um dort unten im Kühlen
wieder mit Murmelkugeln zu spielen.

Schon trabt mein Pferdchen,
hält erst im jugendfrischen Land, wo ich so gerne lebe;
bei strahlend heißem Sonnenschein auf Maienwolken schwebe.
Dort geht es mir gut
und alle Menschen machen mir Mut.

Das Sudetendeutsche Freikorps wird gegründet (17.09.1938)

Nach dem Ersten Weltkrieg war das Kaiserreich Österreich-Ungarn untergegangen. Mehr als drei Millionen Deutsch-Österreichern in Böhmen wurde das Selbstbestimmungsrecht der Völker im Sinne Wilsons verweigert. Der Anschluss an Deutschland wurde nicht gestattet. Die Deutschen wurden 1918 gegen ihren Willen in den neu geschaffenen Vielvölkerstaat Tschechoslowakei hineingezwungen. Als Adolf Hitler in Deutschland 1933 an die Macht kam, missbrauchte er diesen Zwiespalt. Er drohte den Tschechen mit einem Angriffskrieg. Die Tschechen hofften auf eine Unterstützung durch Frankreich und England. An der deutsch-tschechischen Sprachgrenze errichteten sie eine Verteidigungslinie mit Bunkern. Hitler gelang es, Konrad Henlein für seine machtpolitischen Ziele zu gewinnen; obwohl dieser eine tschechische Mutter hatte. Henlein war leitender Turnwart des Deutschen Turnverbands in der Tschechoslowakei. Heinrich Häusler war Verbandsturnwart für den Landkreis Eichberg. So kam es, dass Häusler 1936 von Henlein zum Anführer des FS (Freiwilliger Selbstschutz) für Stadt und Landkreis Eichberg ernannt wurde. Die Mitglieder dieses Geheimbundes der deutschen Turner wurden insgeheim bewaffnet. Die wenigen tchechischen Turner Eichbergs hingegen trugen ihre Waffen öffentlich. Auf dem Sokolplatz in der Nähe des Schlosses Neuperstein machten sie sogar Schießübungen.

Karl lag noch im Bett und schlief, als seine Eltern ihr Frühstück aßen.

Tereza: „Gestern bist Du vom Turnen spät nachhause gekommen.“
Heinrich: „Wir haben hohen Besuch. Konrad Henlein ist da. Er kam in die große Turnhalle der Bürgerschule und schaute uns zu. Nach den Turnübungen hatten wir mit ihm noch eine Besprechung im Hotel Schubert. Heute wird er auf dem Marktplatz eine Ansprache halten.“
„Zu dieser Ansprache gehen wir nicht!“, sagte Tereza.
Heinrich wusste, dass er nicht länger schweigen durfte. „Ich wurde zur Verschwiegenheit verpflichtet Tereza. Jetzt darf ich es Dir sagen. Ich bin der Anführer der deutschen Selbstschutztruppe.“
„Was hast Du mir und unserem Karel da angetan?“
„Wir wollen uns nur verteidigen können, wenn wir angegriffen werden. Die Regierung von Prag hat die Mobilmachung des tschechoslowakischen Militärs ausgerufen, um sich gegen einen Angriff der Deutschen Wehrmacht verteidigen zu können. Viele unserer wehrpflichtigen deutschen Männer sind über die Grenze nach Sachsen geflohen, damit sie im Falle eines Krieges nicht auf Deutsche schießen müssen. Sie wurden dem Kommando der Deutschen Wehrmacht unterstellt. Für den Landkreis Eichberg ist das Wehrkreiskommando Dresden zuständig und ich bin der Verbindungsmann. Erinnerst Du Dich an die Wanderfreunde aus Dresden, die im Sommer wie ein Heuschreckenschwarm über Eichberg herfielen und alle Gasthäuser in der Stadt und auf dem Land bevölkerten?“
Tereza nickte stumm mit dem Kopf.
„Das waren unsere Freunde aus Sachsen, die zur Tarnung ihre Frauen und Kinder mitbrachten. Es waren Soldaten und Offiziere. Bei ihren Wanderungen erkundeten sie das Gelände, um für den Ernstfall besser vorbereitet zu sein.“
„Ich habe Angst Heinrich.“
„Du wirst es nicht für möglich halten Tereza, welcher Hass gegen uns Deutsche gepredigt wird. So wie Hitler über seinen Volksempfänger gegen die Juden hetzt, so hetzt Benesch gegen die Deutschen. Viele tschechische Zeitungen fordern auf zynische

Weise, die Not der Deutschen dadurch zu lindern, dass sie nach Sowjetrussland ausgesiedelt werden."
„Wir können Henlein vom Fenster aus sehen und sprechen hören", unterbrach Tereza ihren Heinrich.
„Das geht nicht. Ich muss meine Turner antreten lassen."
Tereza Häuslerová, geborene Czechová ergab sich ihrem Schicksal.
Vom Marktplatz herauf erklangen Fanfaren. Das war das Signal, dass Henleins Ansprache bald beginnt.
Heinrich, Tereza und Karl gingen zusammen die Wendeltreppe hinunter. Im engen Treppenhaus begegneten ihnen Herr und Frau Goldmann. Freudestrahlend sagte Herr Goldmann: „Eiser Rabbi aus Bemisch-Leipe woa do. Wia hottn an scheenen jiddischen Gottesdienst in eiserer kleenen Synagoge im Stinglhause."
Am Marktplatz angekommen, ließ Heinrich seine Turner hinter dem Rednerpult antreten. Unzählige Menschen standen auf dem großen Platz vor dem Rathaus. Herr Houschwic vom Stadtteil Kleinseite trug seine tschechische Polizeiuniform. Mit festem Griff hielt er eine Fahnenstange mit der tschechischen Nationalflagge. Das war Vorschrift bei deutschen Versammlungen. Der Tscheche Svoboda, der mit der Schwester des deutschen Bürgermeisters Kayser verheiratet war und außer seinem Gasthaus Schantin noch eine große Gärtnerei besaß, überreichte Heinrich einen Blumenstrauß, den dieser am Tag zuvor bestellt hatte.
Als Henlein ans Rednerpult trat, jubelte die Menschenmasse. Heinrich flüsterte Karl etwas zu und drückte ihm den Blumenstrauß in die Hände. Henlein bückte sich zu Karl hinab, als dieser ihm den Blumenstrauß entgegenhielt. Er hob den kleinen Karl in die Höhe und schrie: „Unsere Kinder sind unsere Zukunft." Anhaltender Jubel brauste auf.
Henlein stellte sich hinter Rednerpult und Lautsprecher.
„Liebe Landsleute. Wir kennen keinen Rassenhass. Die Tschechen, Slowaken und Ungarn sind unsere Brüder und nicht unsere Feinde. Was aber sollen dann die vielen Bunker vor unserer deutschen Stadt?"

Karl erschreckte Henleins lautes Brüllen. Er schaute sich um, konnte aber keinen braunen Volksempfänger entdecken. Nur ein großer schwarzer Lautsprecherkasten neben dem Rednerpult grölte Furcht erregend.
Vor einigen Wochen hatte Karl beim Bau eines Bunkers in der Nähe des Schwarzteichs zugesehen. Von seiner Mutter begleitet, spielte er in der brütenden Sonnenhitze auf dem großen Sandhaufen der Baustelle „Beduine im heißen Wüstensand.“ Tereza wickelte aus einem Handtuch einen Turban und setzte diesen auf den Kopf ihres Sohnes. Bauer Minks aus Nedam, auch Sandberg-Minks genannt, lieferte den Sand für den Bau der Bunker um Eichberg herum.
Konrad Henleins tschechische Mutter war eine geborene Dvorácek. Trotzdem hatte er sich insgeheim mit Hitler verbündet, der vorhatte die Tschechoslowakei zu zerschlagen.
Während der Ansprache ging Bäcker Tschiha durch die Reihen der Zuhörer. Er verkaufte Kolatschen; die böhmischen Rundkuchen der Choden. Graf Berka von Dubá hatte zur Zeit des deutsch-tschechischen Königs Ottokar II., nach einem Kreuzzug gegen die heidnischen Pruzzen und nach Gründung von Königsberg, seine Choden von der Ostsee nach Eichberg mitgebracht. Sie wurden unter dem Schlossberg im Stadtteil Kleinseite angesiedelt.
Konrad Henlein donnerte: „Unser Sudetendeutsches Freikorps, das in Dresden gegründet wurde, steht hinter dem Erzgebirge zum Kampf gegen unsere Unterdrücker bereit. Ihre Bunker bedrohen Eure Stadt. Wenn gekämpft wird, ist Eichberg Frontstadt. Die Geschütze der tschechischen Nationalisten feuern auf Euch alle; gleichgültig ob ihr Deutsche oder Tschechen seid. Das Freikorps kämpft für Freiheit, Selbstbestimmungsrecht und Autonomie unserer deutschen Volksgruppe. Die CSR ist keine Demokratie. Sie ist ein Nationalstaat der tschechischen Faschisten.“
Der große und kräftige Polizist Houschwic hielt mit verkrampften Händen die Stange, an der die rot-weiß-blaue tschechische Fahne herabhing. Seine Schildmütze hatte er nach vorne über seine Augen gezogen. Sollte er den Lautsprecher abstellen? Sollte er Henlein verhaften? Er wagte es nicht.

Da geschah etwas Unerwartetes. Der tschechische Amtsrichter Rohde verließ zusammen mit seiner jüdischen Frau, Sohn Otto und Tochter Margit das Rathaus. Er stand hinter Henlein. Schnell trat er ans Mikrophon und schrie hinein:
„Herr Henlein, was Sie hier machen, das ist Hoch- und Landesverrat. Liebe Mitbürger, hört nicht auf diesen Volksverhetzer!"
Henlein brüllte dagegen: „Hier spricht der Wille des Deutschen Volkes!"
Amtsrichter Rohde zuckte zusammen, griff an seine Brust und fiel rückwärts in die Arme seiner entsetzten Frau. Zwei grau gekleidete Turner sprangen hinzu, legten Rohde vorsichtig auf eine Tragbahre und trugen ihn langsam über das Kopfsteinpflaster zum Haus des Arztes Dr. Adolf Hafenrichter. Dieser konnte aber nur noch den Tod des Amtsrichters feststellen. Auf einen Totenschein schrieb er in deutscher und tschechischer Sprache: „Tod durch Herzversagen."
Amtsrichter Rohde wurde zum Rathaus zurückgetragen. Die tschechoslowakische Fahne geschultert, schritt Gendarm Houschwic mit wutverzerrtem Gesicht hinterher.
Nach der Ansprache gingen die Turner und viele junge Burschen ins Hotel Schubert. Im großen Saal saßen Konrad Henlein, Heinrich Häusler und Bürgermeister Josef Kayser nebeneinander. Zum Mittagessen gab es Wildschweinbraten mit böhmischen Knödeln, Sauerkraut und Knoblauchsoße. Auch Tereza und Karl ließen es sich schmecken. Zur freien Kost gab es dunkles, süffiges Freibier. Nach Essen und fröhlichem Trinken hielt Kayser eine kurze Dankesrede.
Konrad Henlein stellte sich neben den offenen Kamin, in dem ein Holzfeuer lichterloh brannte.
„Wir müssen für unsere Freiheit und Unabhängigkeit kämpfen. Werft die Einberufungsbescheide der Tschechen ins Feuer! Seid mutig und tretet unserem Freikorps bei!" forderte er.
Alle Männer schleuderten ihre Gestellungsbefehle in die Flammen. Bürgerschullehrer Erhard Müller, verheiratet mit der tschechischen Lehrerin Maria, geborene Mihán aus Karlsbad, war einer der Ersten. Was war geschehen?

Die jungen deutschen Männer von Eichberg und Umland waren arbeitslos.
Die Hopfendörre der Familie Grundfest wurde geschlossen. Nur tschechische Hopfenbauern durften ihren Hopfen nach Prag und Pilsen liefern. Deutsche Hopfenbauer mussten ihre Knechte entlassen, weil sie ihren Hopfen nicht mehr verkaufen konnten.
Hahns Fabrik am Ende der Langen Gasse, Hellers Fabrik im Stadtteil Tampel und Taschkes Fabrik an der Straße nach Draschen standen verlassen und leer, weil deutsche Firmen keine Staatsaufträge erhielten.
Der berühmte Autokonstrukteur und spätere Volkswagenproduzent Ferdinand Porsche aus Maffersdorf in Nordböhmen verließ deshalb schon 1923 die CSR. Die zerschlagenen Fensterscheiben seiner verlassenen Werkshallen glichen aufgerissenen Haifischmäulern mit vielen scharfen, spitzen Zähnen.

Heinrich Häusler verabschiedete sich von Henlein und Kayser. Er stellte sich in die Mitte des Saales und gab das Kommando:
„Habt Acht!"
Seine Turner sprangen auf und standen stramm; die Hände an der Hosennaht.
„Rührt Euch!" Häusler ging von Mann zu Mann und klopfte jedem lächelnd auf die Schulter.
Henlein lachte und klatschte Beifall. Kayser sah finster drein und klatschte nicht.
Häusler hob Karl auf seine Schulter und lief mit ihm „Hoppe hoppe Reiter" aus dem Saal. Tereza tanzte lachend hinterher.

Krieg oder Frieden? (26.09.1938)

Die Mobilmachung der tschechoslowakischen Wehrmacht war in vollem Gange. Als Antwort darauf sprach Adolf Hitler im Berliner Sportpalast am 26. September 1938. Gespannt saßen die Bürger Eichbergs vor ihren Volksempfängern. Andächtig hörten sie die ekstatische, einhämmernde, geradezu hypnotisierende Stimme des reichsdeutschen Führers und Diktators: „Ich habe Herrn Benesch ein Angebot gemacht. Er hat jetzt die Entscheidung in seiner Hand! Frieden oder Krieg! Er wird entweder dieses Angebot akzeptieren und den Deutschen jetzt endlich die Freiheit geben oder wir werden diese Freiheit uns selbst holen!“

Das Stichwort „Freiheit“ war raffiniert gewählt. Es zündete in den Köpfen der alteingesessenen Einwohner der vormals leibeigenen Stadt Eichberg. Auch Heinrich Häusler und Tereza waren begeistert. Verzückt lauschten sie in andächtiger Stille.

Karl schaute in die Gesichter seiner Eltern. Welch eigenartige Wirkung hatte doch dieser kleine braune Volksempfänger. Am 06. Oktober 1938 hörte Familie Häusler aus diesem sprechenden Zauberkasten folgende Meldung zum Münchner Abkommen: „Die englische >Times< schrieb in ihrer Ausgabe vom 05. Oktober 1938: Es ist weiter nichts geschehen, als dass man von der Tschechoslowakei eine Bevölkerung abgetrennt hat, die ihr niemals hätte ausgeliefert werden sollen und auf die sie keinen moralischen Anspruch erheben konnte.“

Heinrich Häusler erwarb schon vor Wochen ein Kopfbildfoto Adolf Hitlers. Das Bild versteckte er vor seiner Frau. Jetzt kramte er es hervor und ging damit zum Friseur Walter Wietek in der Stingelgasse 11. Er ließ seine dunkle Frisur und seinen schwarzen Oberlippenschnurrbart dem Hitlerbild nachgestalten.

„Heinrich, Du siehst jetzt aus wie der Adolf“, sagte Wietek.

Anschließend ging Häusler ins kleine Fotogeschäft Ungermann am Marktplatz. „Häusler und Hitler sind auf den Fotos nicht zu unterscheiden“, lobte sich Ungermann selbst, nachdem er das Bild Häuslers entwickelt hatte. Beide Bilder bekamen gleiche braune Rahmen. Selbst Tereza musste schmunzeln, als sie die große Ähnlichkeit sah. Diese kam nicht von ungefähr. Hitler hatte einen jüdischen Großvater. Häusler entstammte wohlhabenden arabischen Schuhmachern, die mit den Kreuzrittern von Malta nach Bilin in Nordböhmen zugewandert waren.

Beide Bilder wurden nebeneinander im Wohnzimmer aufgehängt.

Adolf-Hitler-Platz (10.10.1938)

Karl schreckte aus dem Schlaf. Er sprang aus dem Bett und öffnete das Fenster seines Kinderzimmers. Eine Leiter stand am Eckhaus des Dr. Hafenrichter. Ein städtischer Arbeiter hatte das emaillierte Metallschild mit der Inschrift „Marktplatz“ von der Hauswand entfernt und krachend nach unten auf das Steinpflaster geworfen. Ein neues Schild wurde montiert. Karl rief seine Eltern.
Heinrich: „Unsere neue Hausanschrift ist Adolf-Hitler-Platz Nr. 13.“
Tereza: „Es wäre besser gewesen, sie hätten den Schweinemarkt in Adolf-Hitler-Platz umbenannt.“
Die Stingelgasse bekam das Straßenschild Schulgasse.
Der Marktplatz hieß ursprünglich Ringplatz. Kaiser Karl VI. verlieh vor 300 Jahren der kleinen deutschen Stadt Eichberg zwei Jahrmärkte: Marktplatz und Schweinemarkt. Die erfolgreichsten Händler auf dem Marktplatz waren die vom Kaiser als Reichskammerknechte beschützten Juden. Jetzt aber wurden die Juden vom **Marktschreier Adolf Hitler** beschimpft und verfolgt.
Die Reichsregierung in Berlin hatte alles gut vorbereitet. Konrad Henlein, Führer der Sudetendeutschen Partei, wurde Gauleiter der NSDAP (Nationalsozialistische Deutsche Arbeiterpartei). Er ernannte Bürgermeister Josef Kayser zum Ortsgruppenleiter der NSDAP und Turnwart Heinrich Häusler zum SA-Sturmbannführer.
Karl war sehr stolz, als er an einem Samstagnachmittag von seinem Fenster aus sehen konnte, wie sein Vater die in gleichem Schritt und Tritt in brauner Uniform marschierenden SA-Männer anführte.
Karl hatte keinen seiner beiden Großväter kennen gelernt. Sie starben schon vor seiner Geburt. Der strenggläubige Jude Isaak Goldmann war für Karl an ihre Stelle getreten. Der liebe und lustige alte Opa Isaak war Karls Spielkamerad. Karl suchte ihn. Er öffnete die Wohnungstüre und ging auf den Balkon hinaus, der den Innenhof des Hauses wie eine von oben aufgesetzte Krone umfasste. Unten im Hof lag auf dem Steinpflaster noch die Dunkelheit der Nacht. Von oben leuchtete rosarot der schon hellblaue Himmel. In die kühle Morgenstille hämmerte der Türklopfer am großen Eingangstor.

Karl entdeckte auf der gegenüberliegenden Balkonseite Opa Isaak Goldmann, eingehüllt in einen dunkelroten Morgenmantel. Der weiße Vollbart des alten Mannes fiel bis zum eng geschlungenen Mantelgürtel hinab. Über die Holztreppe lief Frau Goldmann im langen, weißen Nachthemd zum Innenhof hinunter. Dabei kämmte sie hastig ihre langen schwarzen Haare.
„Karlchen, warum bist Du denn schon auf?“, rief sie nach oben und verschwand in der Einfahrt. Das Stakkato des Türklopfers endete erst, als Frau Goldmann die kleine Einlasstüre des großen Hoftores öffnete.
„Otto, was ist denn los?“, fragte Frau Goldmann den Ruhestörer.
Otto Rohde, der mit Mutter und Schwester Margit bei seinen jüdischen Stingel-Großeltern wohnte, zitterte am ganzen Körper.
„Ich bin vor der Gestapo geflohen. Zwei Männer mit dunklen Ledermänteln und großen Hüten sind bei uns eingedrungen. Meinen Opa, die Oma und meine Mutter haben sie als Juden beschimpft, nach draußen gezerrt und auf die offene Ladefläche eines Lastwagens gestoßen. Margit hat sich an Mutter festgeklammert und wurde mit ihr zusammen abtransportiert.“
Kaum hatte Otto ausgesprochen, brüllte eine andere, messerscharfe Stimme: “Hier ist er, unser Juden-Bastard!“
„Lassen Sie den Otto in Frieden!“, schrie Frau Goldmann entsetzt.
„Otto, Otto. Uns interessiert dieser Otto nicht!“, rief eine weitere dumpfe Männerstimme verächtlich. „Wir suchen das Judenschwein Goldmann!“
„Das sind aber böse Männer“, staunte Karl. Er schaute zur offenen Wohnungstüre der Goldmanns hinüber. Der würdige alte Herr war verschwunden. Mit kleinen, schnellen, trippelnden Schritten lief Karl über die ächzenden Bretter des Innenhofbalkons. Unten sah er Frau Goldmann, Otto, einen langen dürren und einen kleinen dicken Ledermantelmann mit Schlapphut.
„Da oben rennt doch jemand“, schnauzte der lange Dürre.
„Das ist unser Karlchen.“ Frau Goldmann sah Karl hinter den Stäben des Balkongeländers vorbeihuschen. Karl lief zuerst in das Wohnzimmer Goldmanns, dann in die Küche und blickte auch

schnell ins Schlafzimmer. Er kannte sich gut aus, denn er hatte hier schon oft mit Opa Isaak Versteck gespielt. „Wo konnte er nur sein?“ Auch in der Speisekammer war er nicht. Blieb nur die Treppe nach oben zum Dachboden. „Dort oben ist es für Dich zu gefährlich“, wurde ihm schon oft gesagt. Er schaute hinauf. Die Türe stand offen. Vorsichtig ging Karl die Stufen der schmalen Holztreppe hinauf. Ein kühler Luftzug ließ ihn frösteln. Durch die beiden kleinen Fenster des Dachbodens leuchtete das helle Licht der Morgensonne. Karl freute sich, denn jetzt hatte er Opa Isaak gefunden. Er hing an einem dicken Strick, der am dunkelbraunen Querbalken vor den Fenstern befestigt war. Goldmanns langer, breiter Bart verdeckte die Schlinge um seinen Hals. Simplizissimus Karl wunderte sich, dass Opa Isaak kein Wort sprach, obwohl sein Mund offen stand und er ihn mit großen Augen anstarrte. Ein umgestürzter Stuhl versperrte Karl den Weg zu den Fenstern.

„So ein Spiel“, dachte Simplizissimus Karl, „hat Opa Isaak noch nie mit mir gespielt. Warum hat er nur seine Pantoffeln ausgezogen und auf den Boden geworfen? Nur noch braune Wollsocken an den Füßen? War er auch unfolgsam?“ Mutter Tereza hatte ihm immer wieder gesagt: „Zieh Deine Hausschuhe an, sonst bekommst Du Löcher in die Socken.“

Karl umfasste mit beiden Händen den rechten Fuß seines Spielgefährten und schaukelte dessen großen, schweren Körper hin und her. Dieser ließ sich am gespannten Strick leicht bewegen. Der große Glockenklöppel Goldmann konnte aber seinen dunkelroten Morgenglockenmantel nicht zum Klingen bringen.

Karl sang: „Bimbam, Bimbam, Bimbam.“

„Du bist meine Kirchenglocke“, sagte er zu seinem Opa Isaak, der ihm nicht mehr antworten konnte.

„Isaak, Isaak – Karel, Karel!“ Lautes Stimmengewirr war von unten zu hören. Die Dachbodenbretter vibrierten unter den Füßen Karls, als nacheinander Tereza, Otto Rohde, Frau Goldmann und die beiden Gestapomänner dicht hintereinander die Holztreppe hinaufstürmten. Während Tereza, Otto und Frau Goldmann für kurze Zeit vor Schreck erstarrt dastanden, baumelte Isaak Goldmann noch

am Strick hin und her. Karl sang sein „Bimbam, Bimbam“ leiser, als er in ihre entsetzten Gesichter blickte.
„Wollt Ihr mitspielen?“, fragte Simplizissimus Karl.
Tereza rannte schluchzend zu ihrem Sohn, riss ihn hoch und trug ihn hastig die Treppe hinunter.
Frau Goldmann schrie laut auf. Sie umfasste die Beine ihres Mannes und versuchte diesen hochzuheben, um ihn aus der Schlinge zu retten. „So helft mir doch!“
„Der Jude ist verreckt“, sagte der kleine dicke Gestapomann. Er zog eine Liste aus seiner Aktenmappe und schrieb hinter den Namen Isaak Goldmann: „Selbstmord durch Erhängen.“
Der lange, dürre Gestapomann half Frau Goldmann. Er durchschnitt das Seil und legte den schweren, leblosen Körper auf den Fußboden.
„Unterlasse das in Zukunft, sonst bist Du für Deinen Posten ungeeignet“, schimpfte sein Komplize.
Otto Rohde lief ins Stingelhaus zurück. Schränke, Stühle und Bänke waren zertrümmert. Der Davidstern lag zertreten auf dem Fußboden. Nur die Menora, Symbol des jüdischen Volkes, diesen wertvollen, aus Gold geschmiedeten, siebenarmigen Leuchter, hatte seine Mutter im Hühnerstall versteckt. In ein Badetuch eingewickelt, ließ Otto diesen Schatz in einem Rucksack verschwinden. Mit seinem Fahrrad fuhr er ins dreißig Kilometer entfernte Melnik. Er fand Unterschlupf bei seinen tschechischen Großeltern.
Was geschah weiter im Hause Goldmann-Häusler?
Der lange dürre und der kleine dicke Gestapomann klopften an die Wohnungstüre der Familie Häusler. Heinrich, der seine weinende Tereza noch immer nicht beruhigen konnte, öffnete die Türe.
„An Ihrem Haus hängt noch keine Hakenkreuzfahne!“, polterte der lange dürre Gestapomann los, ohne zu grüßen.
„Ich hänge meine Fahne aus dem Fenster, wann ich das für richtig halte“, erwiderte Heinrich mit scharfem Ton.
„Es wird Folgen haben, wenn Sie das unterlassen. Für uns ist das eine Provokation und ein Verrat am deutschen Volk.“
Heinrich reizte der Berliner Dialekt des Gestapomannes.

„Wer hat das deutsche Volk verraten, als die preußische Armee 1866 in Nordböhmen einfiel und an Sachsen, Egerländern und österreichischen Soldaten Brudermord beging? Wer raubte dem Haus Habsburg in Wien die deutsche Kaiserkrone?“
„Lass Dich nicht aufhalten“, sagte der kleine Dicke, „wir haben noch viel zu tun.“
„Vielleicht sehen wir uns wieder“, drohte der Berliner als er mit seinem Komplizen die gusseiserne Wendeltreppe hinunterstampfte.
Als die Gestapomänner unten auf dem Gehsteig des Adolf-Hitler-Platzes angekommen waren und nach oben blickten, winkte ihnen der kleine Karl vom Fenster hinab zu.
„Das ist einer von uns. Er hatte keine Angst vor dem toten Juden.“
„Vor uns fürchtet er sich auch nicht.“
„Ein blonder Arier mit blauen Augen.“
„Sieht seiner Mutter sehr ähnlich.“
„Sein Vater ist mir unsympathisch. Dunkle Haare, braune Augen und eine große Hakennase. Scheint kein Arier zu sein. Ich werde mich nach ihm erkundigen. Vielleicht können wir auch ihn nach Theresienstadt mitnehmen.“
Zwei Tage später wurde Isaak Goldmann auf dem Minksberg begraben. Die Juden Eichbergs hatten keinen eigenen Friedhof, sondern fanden ihre letzte Ruhe zusammen mit den Christen. Die wohlhabenden jüdischen Handwerker, Hopfen-, Getreide und Viehhändler konnten sich die schönsten Grabdenkmäler leisten. Jetzt aber lagen die uralten jüdischen Grabsteine umgestürzt auf der Friedhofserde. Auch die Gräber der Familien Goldmann und Stingel wurden geschändet.
Stadtpfarrer und Erzdechant Christian Storms segnete den Toten und hielt die Grabrede: „Der Rabbiner aus Böhmisch Leipa kann nicht kommen. Deshalb nehme ich seine Stelle ein.“ Während er sprach, legte er seine Hand auf den goldgelben Haarschopf des kleinen Karl, der immer wieder weinerlich fragte: „Wann kann ich wieder mit Opa Isaak spielen?“
„Im Namen dieses unschuldigen Kindes“, sagte Pfarrer Storms feierlich, „bitte ich Dich, Gott der Juden und Christen, verzeihe uns

allen. Nimm Deinen Sohn Isaak bei Dir auf und sei seiner Seele gnädig. Ruhe in Frieden. Amen."

Einige Tage, bevor die Deutsche Wehrmacht am 10. Oktober 1938 in Eichberg einmarschierte, hatte ein Voraustrupp der Waffen-SS die Marschroute abgesichert und in der Stadt alle Schlüsselstellen besetzt. Zusammen mit der SS kam auch die Gestapo Heydrichs. Die von ihnen verschleppten Opfer waren harmlose Juden und Zigeuner. Sie wurden nach Theresienstadt gebracht. Theresienstadt liegt zwischen Eichberg und Dresden. 1941 wurde Theresienstadt von den Nationalsozialisten zu einem großen Konzentrationslager ausgebaut.

Frau Houzovicová, die Zugehfrau von Josef Benesch

Gegenüber dem kleinen Balkenhaus des Bauern Witschel, lebte in einem winzigen Bretterhäuschen das alte tschechische Ehepaar Houzovic. Sie waren Korbflechter.
Nachdem die Weltwirtschaftskrise überwunden war und Hitler durch den Anschluss Österreichs und des Sudetengaus an Deutschland das Großdeutsche Reich gegründet hatte, erhöhte sich die Kaufkraft der Deutschen Reichsmark. Heinrich Häuslers Einkünfte als Uhrmacher und Optiker waren beachtlich. Im ganzen Landkreis Eichberg gab es nur dieses eine Uhren- und Schmuckwarengeschäft. Nach Abzug aller Lasten und Steuern blieb ihm ein jährliches Nettoeinkommen von mehr als 24.000 Reichsmark.
Zu dieser Zeit entschloss sich der deutsche Austragsbauer, Witwer und Rentner Josef Benesch zum Verkauf von Haus, Hof, Vieh, Acker und Wiesen. Einen eigenen Wald besaß er nicht. Häusler las am schwarzen Brett des Rathauses den Anschlag: „Witwer Josef Benesch geht in den Ruhestand. Er verkauft Haus und Hof, Untere Kirchengasse 212."

Der tschechische Urgroßvater des Josef Benesch kam von Kozlány in Böhmen nach Eichberg. Hier arbeitete er als Knecht. Sein Urenkel

Joziek Benes erwarb den Bauernhof Untere Kirchengasse 212. Da er eine deutsche Bauerntochter geheiratet hatte, optierte er 1938 als Josef Benesch auf Deutsch.
Der tschechoslowakische Staatspräsident Edvard Benes wurde wie der Urgroßvater von Josef Benesch auch in Kozlány geboren. Er heiratete keine deutsche Frau.

Bauer Schütz und Bauer Witschel erwarben von Benesch jeder eine der beiden Kühe. Sie kauften auch Felder und Wiesen und teilten diese untereinander auf.
Uhrmacher Häusler erwarb das Bauernhaus für 3.000 Reichsmark. Dazu gehörten Hof, kleiner Stall, Waschküche und alle vorhandenen Ziegen, Gänse, Enten, Hühner und Kaninchen. Zusätzlich musste er die Zugehfrau und Haushaltshilfe Frau Houzovicová weiterhin gegen Naturallohn beschäftigen.
Als Benesch die Hausschlüssel aushändigte und fortging, rief ihm der kleine Karl hinterher: „Opa Joziek, bleib doch bei uns!“
„Geht nicht. Ich muss zum Gasthaus Mitiska ins Exil.“

Josef Benesch versoff sein Geld beim Kartenspiel im Gasthaus Mitiska. Jede Nacht torkelte er zusammen mit seinen Saufkumpanen aus der Gaststätte in die Talgasse hinaus und pinkelte plätschernd auf das Straßenpflaster und gegen Hauswände. Disharmonisch sang der Altmännerchor „Kornblumenblau“ und „Pi, bratrcek, pi (Trink, Brüderchen trink).“
Dann wackelten die Veteranen des Ersten Weltkrieges nach Hause; überglücklich, dass sie noch am Leben waren. Der schlanke, kahle Runzelriese Benesch stolperte mit seinen wie Hopfenstangen langen Beinen zurück in sein Trinklokal. Dort hatte er sich eine Abstellkammer gemietet und mit seinen Möbeln ausgerüstet. Er legte sich in sein Bett und schlief schnarchend ein.
Eduard Benesch flog von Prag mit dem Flugzeug über Eichberg und Dresden ins Exil nach London. Als am nächsten Tag Adolf Hitler mit seinem schwarzen Mercedes von Berlin kommend durch Eichberg nach Prag fuhr, soff, sang, pinkelte und stolperte Josef

Benesch ein letztes Mal. Mit seinem linken tschechischen stolperte er über sein rechtes deutsches Bein. Er stürzte mit dem Kopf auf das harte Basaltsteinpflaster der Talgasse und starb.
Frau Houzovicová war sehr traurig. Drei Monate trug sie schwarze Trauerkleidung. Sie trauerte nicht weil Eduard Benesch fortgeflogen war, sondern weil Josef Benesch starb.
Ab jetzt half Frau Houzovicová der Tereza Häuslerová im Haushalt. Hauptsächlich jedoch arbeitete sie bei sich zuhause zusammen mit ihrem Mann als Korbflechterin. Geflochten wurden Körbe, Stühle, Obstschalen und sogar Schaukelpferdchen.
Wagnermeister Schubert hatte für Familie Häusler einen kleinen Leiterwagen angefertigt. Die Korbflechter flochten aus Weidenruten für Tereza einen Wäschekorb. Mit großer Geschicklichkeit wurde das entstehende Geflecht der Größe des Leiterwagens angepasst. Karl hatte den Wagen vorbeigebracht und schaute beim Flechten zu. Er ahnte nicht, dass dies sein „Vertreibungs-Leiterwägelchen mit Korb" wird.
Alle drei Wochen holte Frau Houzovicová zusammen mit Karl von der Pumpe im Hof des Bauern Brückner Wasser für die Waschküche. Karl pumpte und Houzovicová fing mit dem großen Eimer das Wasser auf. Drei Zinkblecheimer fanden in dem kleinen Leiterwagen Platz. Es waren mehrere Fahrten notwendig, um den großen, runden Waschkessel mit Wasser zu füllen. Bett- und Handtücher, Hemden und Unterhosen wurden mit Kernseife eingerieben, mit Wasser durchtränkt und durch Reiben und Kneten an der gewellten Wäscherumpel gereinigt. Karl durfte den holz- und kohlebefeuerten Waschkessel anheizen. Frau Houzovicová stieß mit dem Wäschestampfer in die heiße, mit Schmutz und Seife durchsetzte Wasserbrühe. Vom Schmutz befreit, wurde die Wäsche aus dem Kessel genommen, ausgewrungen und in den Korb gelegt. Häuslerová und Houzovicová hoben den schweren Wäschekorb in das Leiterwägelchen und fuhren damit zur Wäscheschweife. Karl lief hinterher. Unter dem Friedhofsberg wurde die Wäsche im grabeskalten Wasser des Marienbrunnens hingeschwenkt und hergeschweift. Danach trugen die Frauen die Wäsche zur

Wäschebleiche hinauf. Auf dem sonnentrockenen Gras dieses grünen Wiesenhügels wurde die Wäsche ausgebreitet.
Frau Houzovicová half stets, wenn Gänse, Enten, Hähnchen oder Kaninchen geschlachtet wurden. Außer Eiern und Ziegenmilch konnte sie jedes Mal ein geschlachtetes und gebratenes Tier mit nachhause nehmen.

Hitler bricht das Münchner Abkommen (15.03.1939)

Nach der Abtretung des Sudetenlandes an das Deutsche Reich Hitlers trat Eduard Benesch als Staatspräsident der CSR zurück und flog nach London ins Exil. Emil Hácha wurde sein Nachfolger.
Die Slowakei erklärte am 14.03.1939 auf Drängen Hitlers ihre Loslösung vom tschechoslowakischen Staat. Hácha wurde von Hitler gezwungen, ihm das Schicksal des tschechischen Volkes und Landes anzuvertrauen. Für Hitler war das Münchner Abkommen, das den Frieden in Europa retten sollte, nur ein „Fetzen Papier“. Das Land der Tschechen wurde am 15.03.1939 militärisch besetzt und zum „Reichsprotektorat Böhmen und Mähren“ erklärt.
Am 15. März 1939 fuhr Adolf Hitler mit seinem gepanzerten schwarzen Mercedes von Berlin über Eichberg und Melnik nach Prag und wieder zurück.
Karl schlief noch, als sein Vater zum Rathaus hinüberging. Oben auf dem Rathausturm hisste er die Hakenkreuzfahne. Aufgeweckt durch das Kettengerassel von Panzern und das Aufheulen der Motore von Militärfahrzeugen kroch Karl gähnend aus seinem warmen Bett. Schlaftrunken torkelte er ans Fenster. Draußen herrschte stürmisches Schneetreiben.
„Adolf Hitler kommt erst am Nachmittag“, sagte sein Vater, als er vom Rathaus zurückkehrte. „Gleich nach dem Mittagessen muss ich zu meinen SA-Männern.“
Am Nachmittag stand Karl unten auf dem Gehsteig. Nur noch wenige Schneeflocken tanzten in der Luft. An allen Häusern hingen Hakenkreuzfahnen. Mit Eichenlaubzweigen geschmückte Schilder

trugen die Aufschrift: „Führer wir grüßen Dich“ und „Führer befiehl. Wir folgen Dir.“
Angeführt durch SA-Sturmbannführer Heinrich Häusler war die SA aufmarschiert. Hinter ihnen tummelte sich ein buntes Durcheinander neugieriger Menschen. Alle wollten den Mann sehen, dessen suggestive Stimme sie aus ihren braunen Volksempfängern kannten.
Vor dem Kolonialwarengeschäft Klimt hatte Karl an der Ecke zur Postgasse einen Platz gefunden. Dort trennte der Handlauf eines gusseisernen Rohrgeländers Gehsteig und Straße voneinander. Karl schlug mit einem Kieselstein gegen das hell klingende Eisenrohr. Wilde Felsentauben, die auf der Straße nach Speiseresten suchten, flatterten erschreckt hoch und flogen nach oben auf die Hausdächer. Schwarz gekleidet stand Witwe Goldmann neben Karl.
Ein großes schwarzes Automobil fuhr am Friedhof vorbei die steile Persteiner Straße herunter. Karl dachte an den von zwei Rappen gezogenen schwarzen Leichenwagen, auf dem der Sarg des Isaak Goldmann lag.
Karl schaute zur Witwe Goldmann hinauf und sagte: „Da kommt ein schwarzer Wagen ohne Pferde und ohne Sarg vom Friedhof zu uns herab.“
Witwe Goldmann antwortete mit Tränen in den Augen, während sie Karl mit der Hand über den Kopf streichelte: „Mein lieber Karel. Es ist ein Leichenwagen ohne Pferde. Im Wagen sitzt ein Totengräber.“
Hitlers Mercedes erreichte den Adolf-Hitler-Platz und bog nach rechts in die Schulgasse ein, die vorher Stingelgasse hieß. Die angetretenen SA-Männer brüllten im Chor: „Heil Hitler.“
Hitler fuhr Richtung Bürgerschule. An der hohen Giebelwand des Bürgerschulgebäudes hing ein großes Plakat: „Die Bürgerschüler Eichbergs grüßen ihren Führer.“ Hitler musste die Bürgerschule von Braunau in Oberösterreich wegen unzureichender Leistungen verlassen. Hielt ihn dieses Jugendtrauma davor zurück, näher an die Bürgerschule heranzufahren? Oder war es nur ein Fahrfehler seines Chauffeurs, der vorzeitig nach links lenkte und dadurch irrtümlich in die Postgasse einbog, die zurück zum Adolf-Hitler-Platz führte?

Einige Tage später erreichte Eichberg ein Regierungserlass. Der Name Bürgerschule wurde in Realschule umgewandelt.
Die Rohre des Daimler-Benz-Motors dröhnten zwischen den hohen Häusern der schmalen Postgasse grollend hinter dem schwarzen Mercedes her. Karl drehte Ecke Postgasse auf dem Handlauf des Gehsteiggeländers Rollen vorwärts und rückwärts. Erschrocken hielt er inne, als er dieses laute Motorengeräusch hörte. In der dunklen Postgasse tauchten die nach vorne starrenden Scheinwerfer der Staatskarosse auf. Sie glichen riesigen Raubkatzenaugen. Die Stoßstange mit den darauf gesetzten kleinen Nebelscheinwerfern als Eckzähne und das Verbindungsrohr zwischen den darüber drohenden großen runden Scheinwerfern, verwandelten das Kühlergitter zu einem geöffneten Raubtierrachen. Die seitlich ausladenden Kotflügel sahen aus wie die zum Sprung ansetzenden Pranken eines schwarzen Panthers.
Aus dem hinteren Seitenfenster des Mercedes schaute Hitler den kleinen Karl freundlich lächelnd an und winkte ihm zu. Als jedoch vom Rathaus herab aus einem Lautsprecher die gellende Stimme des Bürgermeisters Kayser „Sieg“ schrie und die Volksmasse auf dem Adolf-Hitler-Platz mit „Heil“ antwortete, riss dieser Jubel die Augen Hitlers von Karl fort. Sein Lächeln erstarrte zu einem majestätisch starren Gesichtsausdruck, den er vor dem Spiegel eingeübt hatte. Als Reichskanzler und Oberbefehlshaber der Wehrmacht musste er eindrucksvoll repräsentieren. Witwe Goldmann stand erstarrt und stumm.
Marktschreier Hitler hielt auf dem Marktplatz keine Ansprache. Das Mikrophon auf dem Balkon des Rathauses wartete vergeblich auf ihn. Nachdem Hitler die Stadt Richtung Prag verlassen hatte, schrie Bürgermeister und Ortsgruppenleiter der NSDAP Kayser mit entzückter Stimme ins Mikrophon: „Geht nach Hause und schaltet den Volksempfänger ein. Unser Führer hält in einer Stunde in Prag auf dem Hradschin eine Ansprache an sein deutsches Volk.“

Wenzel Jägers Geigenunterricht

Heinrich Häusler besaß drei Geigen. Eine davon war eine Kindergeige. „Die kleine Geige gehört Dir Karl, wenn Du darauf so gut spielen kannst wie ich auf meiner großen Geige.“ Wenn sie Zeit hatten, spielten Heinrich und Tereza auf ihren Violinen im Duett. Sie zeigten Karl und dessen Freund Helmut Stelzig, der auch eine Kindergeige besaß, wie man die Geige auf die Schulter legt, mit dem Kinn festhält, den Geigenbogen am Frosch fasst und mit dem Bogen über die vier Saiten streicht.
Wenzel Jäger war Musiklehrer, Orgelspieler und Kirchenchorleiter. Er wohnte mit Frau und Enkeltochter Vera Máchová im Stadtteil Neustadt in seiner schönen Villa. In der Mitte seines Musikzimmers, das mit zwei hohen, schmalen Rundbogenfenstern ausgestattet war, stand ein großer schwarzer Konzertflügel.
Als sich Karl und Helmut zum Violinunterricht anmeldeten, begutachtete Herr Jäger ihre Geigen. Er murmelte dabei im Selbstgespräch leise vor sich hin: „Elegant geformte Schnecke am Wirbelkasten. Sanft gewölbte Decke aus feinjährigem Fichtenholz und schön geflammtes Ahornholz des Bodens.“ Schließlich schaute er erstaunt durch die F-Löcher der Geigen.
„Auf den Geigenzetteln stehen die Namen berühmter Geigenbauer. Helmut, Du hast eine Rauchgeige. Hier steht: Sebastian Rauch, Lauten- und Geigenmacher in Leitmeritz 1768. Karel, Du besitzt eine Eberle-Geige aus Prag von 1749. Ich selbst habe eine Prager Helmergeige. Die Vorfahren dieser Geigenbauer stammen alle aus Füssen im Allgäu.“
Was die Freunde miteinander schon zuhause gelernt hatten, wurde jetzt gründlich geübt. Nach den ersten Tönen öffnete sich eine Seitentüre des Musikzimmers und Vera trat ein. Sie winkte Karl freundlich zu, setzte sich an den Konzertflügel und tippte mit dem Zeigefinger auf die gleichklingenden Elfenbeintasten. Jedes Mal, wenn Helmut und Karl zum Violinunterricht kamen, war Vera dabei.
Das Notenlesen bereitete weder Karl noch Helmut Mühe. Als jedoch die ersten schwierigen Fingerübungen auf dem harten schwarzen

Ebenholz des Griffbretts der Geige begannen, konnte Helmut bei der Tonfindung nicht mehr folgen. Vera kannte ihren Großvater und wusste, was geschieht, wenn Misstöne auftreten. Deshalb verließ sie sofort das Musikzimmer, sobald Helmut daneben spielte.
Zuerst spielte Herr Jäger eine misslungene Passage auf seiner Helmergeige noch einmal vor. Karl wiederholte diese auf der Eberle-Kindergeige erfolgreich, denn er hatte ein sehr gutes Gehör und konnte seine Fingerstellung auf den Geigensaiten schnell anpassen und dadurch den Ton geschickt regulieren. Helmut aber erzeugte sehr oft falsche Töne und bekam deshalb von Herrn Jäger mit der Geigenbogenspitze einen kurzen Hieb auf sein rechtes Ohrwaschel. Auf diese Weise gewarnt, übte Karl zuhause eifrig und entging solchen Bestrafungen. Helmut hatte auch Schwierigkeiten mit der Haltung seiner linken Spielhand. Immer wieder hielt er diese nicht steil genug. Dadurch konnte er auf dem Griffbrett die Noten nicht richtig treffen. Um diese Fehlhaltung zu regulieren, besaß Herr Jäger eine „Foltergeige“. Durch Griffbrett und Hals dieser Industriegeige hatte er einen spitzen Nagel geschlagen. Damit ihm der Nagel nicht ins Handgelenk sticht, musste Helmut notgedrungen die richtige Handhaltung beibehalten.
Helmut kämpfte sich mühsam durch die Fingerübungen der Violinschule für Anfänger. Karl hatte keine Probleme.
Nach einigen Monaten forderte Musiklehrer Jäger Karl auf, nach dem Unterricht dazubleiben. Von da an durfte Karl das Geigenspiel unentgeltlich weiter üben. Er wurde dabei von Vera entweder auf dem Klavier oder mit der Blockflöte begleitet. Wenn Vera und Karl miteinander musizierten, begann für Wenzel Jäger eine unruhige Zeit. Verließ er das Musikzimmer, hörten Vera und Karl nach kurzer Zeit mit Klavier, Blockflöte und Geige zu musizieren auf. Sie krabbelten auf dem Boden herum und spielten fang mich! Oder Vera machte es plötzlich Spaß ihren Opa zu ärgern. Sie haute furios mit beiden Händen kreuz und quer in die Klaviertasten und Karl versuchte Paul Hindemith nachzuahmen. Ihr Zusammenspiel erreichte eine Tonfolge jenseits von Dur und Moll. Opa Wenzel konnte moderne Musik nicht leiden. Aus diesem Grund, aber auch

wenn längere Zeit keine Musik erklang, kam der alte Meister Musikus wutentbrannt ins Musikzimmer gestürmt und schaute nach dem Rechten. Vera und Karl huschten unter den großen Konzertflügel. Opa Wenzel versuchte sie zu greifen. Aber die Kinder wichen dem Riesen geschickt aus. Auf dem glatten Eichenparkett rutschten sie hin und her. Oma Jäger musste oft eingreifen, um den Zorn ihres Mannes zu zügeln.
Ging Karl nach Hause, stellte sich Vera ans offene Fenster und spielte mit der Blockflöte ein Abschiedslied.

Kavka, die Dohle der Nemcová

Vera, Karl und Helmut besuchten seit September 1940 die deutsche Volksschule von Eichberg. Eine tschechische Schule gab es nicht mehr. Das Klassenzimmer der Schulanfänger befand sich im Erdgeschoss gleich hinter der Eingangstüre links. Karl und Helmut saßen nebeneinander in einer Schulbank mit Schreibpult. Vera befand sich an der Fensterseite bei den Mädchen. Der tschechische Lehrer Rziha thronte auf einem hohen Podest hinter dem Lehrerpult. Drohend lehnte neben ihm ein langer Prügelstock am Fenster. Über ihm an der Wand hing nicht das Bild Kaiser Franz Josephs, nicht das Bild des ersten tschechoslowakischen Staatspräsidenten Masaryk, sondern das Bild Adolf Hitlers.
Die tschechischen Vorfahren des Lehrers hießen Rzíha. Zur Zeit Kaiser Franz Josephs I. ließen sie ihren Namen eindeutschen in Rschiha. Seine Mutter gehörte zur deutschen Volksgruppe. Deshalb konnten er und seine zwei Brüder sich 1938 entscheiden, ob sie Deutsche oder Tschechen sein wollen. Sein älterer Bruder war wie sein Vater Bäckermeister und hieß als Tscheche Tschiha. Ihm gehörte die alte Bäckerei beim Baderteich. Sein jüngerer Bruder war zuerst tschechoslowakischer Soldat. Später aber wollte er lieber Deutscher sein, um mit seinen kriegsbegeisterten deutschen Schulkameraden in den Krieg ziehen zu können. Er behielt seinen Namen Rschiha. Beim Feldzug gegen Polen starb er 1939 im Kampf.

Lehrer Rzíha beherrschte seine deutsche Muttersprache perfekt. Er erteilte Privatunterricht in Tschechisch. Vera Máchová konnte bereits tschechisch sprechen. Weil Vera den Privatunterricht nicht besuchte, hatte Karl keine Lust Tschechisch zu lernen.
Helmut Stelzig lernte Tschechisch, denn seine tschechische Mutter Marie Stelzigová, geborene Witschel, forderte das von ihm.

Im Sommer 1941 unternahm Wenzel Jäger mit Vera, Karl und Helmut einen Fahrradausflug zur Burgruine Bösig. Die steile Persteiner Straße hinauf mussten die Fahrräder geschoben werden. Durch die lange Kastanienbaumallee ging die Fahrt vorbei am Schloss Neuperstein der Grafen von Waldstein. Den Berg Richtung Wrchhaben wieder hinunter, ließen sie links die Fuchsfalle und rechts die Wolfsschlucht hinter sich. Nach dem Goldhübel und dem Eichhübel erreichten sie Wrchhaben. Den Wegweiser „Burgruine Altperstein“ beachteten die Pedaltreter nicht.
Gleich danach fuhren sie durch den kühlen und düsteren Wald Sichdichfür. Nach der Berghöhe Kalken war die Stadt Hirschberg zu sehen. Sie überquerten den Dox-Bach, der weiter unten in den großen Hirschberger See fließt und bogen nach rechts zum Galgenberg ein. Jetzt ging es bergauf. Vorbei am Langenberg und am Schlattenberg mussten die vier Wanderer ihre Räder Richtung Bösigberg schieben. Lehrer Wenzel Jäger war nicht nur Musiker, sondern auch Heimatforscher. Er liebte seine Eichberger Schweiz.
„Das Dorf Schloss Bösig“, begann er vorzutragen, „hieß früher Bezdez. Seine uralte Dorfanlage reicht zurück in die erste Zeit der slawischen Besiedlung. Ihr seht vor Euch einen Berg mit zwei Gipfeln: Den 605 m hohen Bösigberg mit der Burgruine und weiter unten den Neuberg. Das Schloss Bösig wurde vom tschechischen Premysliden-König Ottokar II. erbaut, der Deutscher Kaiser werden wollte. Er veranlasste vor 800 Jahren die Einwanderung der Deutschen nach Böhmen. Auch sein blutsverwandter Abkömmling, der deutsche Kaiser Karl IV. hielt sich nicht nur in Prag auf, sondern residierte mit Vorliebe auf dem Schloss Bösig.“
„Und wo wohnt er jetzt?“

„Ist schon vor vielen hundert Jahren gestorben."
„Aber den Froschkönig, den gibt es bestimmt noch im Hirschberger See."
„Der lebt doch in jedem Wassertümpel."
Eine breite Schotterstraße führte durch das Dorf Schloss Bösig zum Schloss hinauf. Hingeduckt zu beiden Seiten der Straße klammerten sich unten im Dorf kleine, grau verwitterte Schindeldach- und Holzbalkenhäuser an den Berghang. Ein Bach floss jauchefarben neben der Straße und mündete weiter unten in einem kleinen Tümpel. Gereinigt verließ er diesen wieder und schlängelte sich gelangweilt durch bucklige Wiesen, vorbei an Weidenbaumstümpfen mit vielen schlanken, grünblättrigen Weidenruten.
Die vier Radschieber blieben bei einer Bauernhütte stehen. Regen, Sonne und Wind hatten in Holzbalken und Holzbretter tiefe Risse gekerbt. Die offene Stalltüre hing schief im Türrahmen. Im dunklen Stall standen zwei Kühe. Sie rissen mit Maul und langer Zunge raschelndes Heu aus der Futterkrippe. Geräuschvoll kauten sie rülpsend mit schräg wetzendem Unterkiefer. Zwischen den Kühen saß eine alte Frau auf einem Holzschemel. Aus den Kuheuter-Zitzen streifte sie mit beiden Händen weiße Milchstrahlen zischend in einen Eimer, den sie mit ihren Oberschenkeln umklammert hielt. Sie trug ein Kopftuch und über ihrem Kleid eine dreckverschmierte Schürze. Es roch nach Kuhmist und die Luft hing voller summender Schmeißfliegen.
„Dobrý den", grüßte die ausgemergelte Frau, als sie hochblickte. Sie stellte den Milcheimer weg und stand auf.
„Grüß Gott. Wir möchten Milch." Nachdem die Milch bezahlt und reihum aus einem Blechnapf getrunken war, sagte Herr Jäger: „Wir sind unterwegs zum Schloss."
Die tiefen Runzeln im Gesicht der alten Bäuerin zogen sich in die Länge, als sie redete. „Ha-ha-ha. Z-um Sch-Sch-Schlo-oss. Jaja. Do-ort ob-en", stotterte die Alte und begann in sich hinein unverständliche Sprachfetzen zu murmeln. Jedes einzelne Wort formte sie mühsam mit schwerer Zunge und spuckte es aus ihrem

zahnlosen Mund. Es waren tschechische und deutsche Vokabeln, die sie durcheinander mischte.
„Meine Kavka“, schrie sie plötzlich.
„Was ist geschehen, Mütterchen?“, fragte Herr Jäger.
Da löste sich der Krampf im schmerzgeplagten Hirn der greisen Frau. Wehleidig jammerte sie: „Meine liebe Kavka, meine Dohle, sie ist fortgeflogen.“
„Danke für die Milch“, sagte Wenzel Jäger und ging mit den Kindern den Rest der steilen Schotterstraße zum Schloss hinauf. Vor ihnen erhob sich der große Wehr- und Aussichtsturm. Weiter unten links entdeckten sie den Teufelsturm.
Im Schlosshof hörten sie das laute Gezeter einer Frau: „Mistvieh! Was willst Du hier? Raus mit Dir, raus!“ Die Schreie kamen aus der Kapelle. Die vier Besucher gingen hinein. Spärlich sickerte trübes Licht durch die oben spitz zulaufenden gotischen Fenster und zerfloss am Boden auf roten Steinfliesen. Zuerst sahen sie nur eine große, weiße, hüpfende Kugel. Dann erkannten sie eine Schürze, die den prallen Leib einer Frau umfing. Immer wieder klatschte sie in die Hände. „Fort mit Dir!“, schrie die Dicke.
Ein schwarzer Vogel flog vom Altar hoch und flatterte zu den bleigefassten, bunten Fensterscheiben. Es war eine Dohle. Mit dem Schnabel knallte sie gegen das harte Glas. Dann schwirrte die Dohle zur Decke hoch. Als sie dort keinen Fluchtweg fand, glitt sie zum Altar zurück. Vor dem Tabernakel ließ sie sich nieder, als wollte sie sagen: „Hier bin ich. Opfert mich.“
„Weshalb schimpfen Sie? Die Dohle hat Angst“, sagte Wenzel Jäger.
„Ich bin die Pfarrköchin und soll die Kapelle absperren. Vorher muss die Dohle raus. Sie gehört der Bozena Nemcová; der tschechischen Hexe im Dorf unten.“
„Wir waren im kleinen Stall der Nemcová“, sagte Wenzel Jäger. „Die arme, alte Frau ist keine Hexe! Niemand wird von ihr verhext. Ihren Mitmenschen wünscht sie nichts Böses.“
„Ihre Dohle“, sagte die Köchin, „hat die Kapelle vollgeschissen!“ Wenzel Jäger wandte sich ab und verließ die Kapelle.
„Kinder, wir gehen zum Aussichtsturm.“

Der Eingang zum Turm glich einer Felsennische. Dumpf tappten ihre Schritte, als sie die enge, steinerne Wendeltreppe hinauf gingen. Schritt für Schritt drehspiralten sie sich immer weiter nach oben. Die ausgelatschten, grauen Steinstufen schienen kein Ende zu nehmen. Hin und wieder fiel ein Lichtstrahl durch ein kleines Guckloch. Die Wände waren kühl und feucht. Allmählich wurde es heller über ihnen. Oben angekommen, standen sie auf einem runden und flachen Steinboden. Rundherum befanden sich Schießscharten zwischen hohen, dunklen Quadersteinen.
„Schaut auf die Vögel“, sagte Herr Jäger.
Vom Aufwind empor getragen huschte eine Rabenkrähe über ihre Köpfe hinweg. Andere Krähen zogen weite Kreise um den Turm. Mit gespreizten Flügelfedern schaukelten sie in der Luft. Sie hoben und senkten sich. Plötzlich wurden die Rabenkrähen unruhig. Sie flogen aufeinander zu und schlossen sich zu einem kleinen Schwarm zusammen. Der schwarze Vogelschwarm schwirrte auf und ab und hin und her. So formten die Krähen einen Ball, der seine Gestalt ständig änderte.
Hoch oben in der Luft schwebte ein kaum sichtbarer Wanderfalke.
Blitzschnell stieß er von oben herab. Er sauste durch den sich bewegenden Krähenschwarm, konnte aber keine Krähe schnappen. Nach drei vergeblichen Versuchen Beute zu fangen, verharrte er in der Höhe.
„Die Dohle kommt!“, rief Karl.
Mit hastigem Flügelschlag flog die Dohle zum Dorf Bösig hinunter. Weit unten standen die kleinen Hütten des Dorfes friedlich in der Sonnenglut. Das bunte Feldermuster des entfernten Hügellandes zog an der hinabstürzenden Dohle vorbei. Der Wanderfalke hatte die Dohle entdeckt. Im Steilstoß durchschnitt er mit 300 km/h wie ein Geschoss die Luft. Die Beobachter sahen nur eine dunkle Linie herabsausen. Im Darübergleiten griff der Wanderfalke seine Beute. Er schlug die Krallen seiner Fänge in den Rücken der Dohle. Und schon landete er mit seinem Opfer auf dem Teufelsturm. Dort tötete er die Dohle durch einen Schnabelbiss in den Nacken. Dann begann der Wanderfalke die Dohle Kavka zu rupfen und zu fressen.

„Das ist ein schlechtes Zeichen“, sagte Herr Jäger, der abergläubisch war. „Mir gefällt nicht, dass diese alte tschechische Babicka im Dorf unten, genauso heißt wie die berühmte tschechische Schriftstellerin. „Vielleicht sind sie miteinander verwandt“, meinte Karl.
„Bestimmt nicht. Unsere Babicka Nemcová vom Dorf Bösig ist eine Tschechin. Sie ist nicht böse. Die Schriftstellerin Bozena Nemcová jedoch ist eine Deutsche. Sie wurde 1820 als Barbara Pankl in Wien geboren und heiratete den Tschechen Nemec. Vor mehr als hundert Jahren hat sie gefordert, dass alle Deutschen über die böhmischen Grenzen vertrieben werden sollen. **Sie hat aus dem Jenseits den Wanderfalken auf die Dohle gehetzt und Kavka getötet**.“
„Ich fürchte mich vor dem Teufelsturm. Hat sich darin ein Teufel versteckt?“, fragte Vera.
„Könnte sein“, erwiderte Opa Wenzel. „In diesen Turm ließ der Landvogt von Dubá vor langer Zeit zu Tode verurteilte Verbrecher werfen. Sie mussten verhungern oder wurden, wenn sie sehr geschwächt waren, noch lebend von Ratten gefressen. Auch einen jungen Mann der Schiffner hieß, warf er in den Teufelsturm. Aus Liebesleid und Eifersucht ermordete er seinen Vater. Vater Schiffner hatte seinem Sohn die Geliebte genommen.“
„Das ist ja gruselig“, schüttelte sich Vera Máchová vor Entsetzen. „Der berühmte tschechische Poet Karel Hynek Mácha hat über diese Tragödie das Gedicht „Mai (Máj)“ geschrieben“, sagte Veras Opa.
„Er hat den gleichen Namen wie ich. Sind wir verwandt?“, fragte Vera. „Ja. Du machst Musik mit Klavier und Flöte. Mácha musizierte mit Worten“, lächelte Opa Wenzel.
Als der Lärm einer Besuchergruppe zu hören war, stiegen Herr Jäger und die Kinder wieder vom Turm zum Schlosshof hinunter. Dort standen Gäste aus Sachsen. Das war an ihrem Dialekt zu erkennen. Sie standen um den Dorfpfarrer herum, der eine Schlossführung leitete. Seine laute Predigerstimme war unüberhörbar: „Albrecht von Wallenstein aus dem böhmischen Geschlecht derer von Waldstein gründete auf dem Schloss Bösig ein römisch-katholisches Kloster. Hier wurden für sein Seelenheil Messen gelesen. Das erregte den Neid des Kurfürsten Maximilian I. von Bayern. Als Wallenstein

religiöse Toleranz im Deutschen Reich forderte und mit den protestantischen Gegnern verhandelte, um Frieden herbeizuführen, wurde er im Auftrag des Kaisers in Eger ermordet. Und was machte der römisch-katholische bayerische Kurfürst? Er brannte das Kloster Schloss Bösig nieder und vertrieb die Klosterbrüder."

Wenzel Jäger und seine kleinen Begleiter bremsten mit ihren ratternden Rädern den Bösigberg hinab. Ein scharfer Aufwind pfiff ihnen um die Ohren. Sie kehrten in der Schänke Wallensteinstube ein und löffelten Kuttelflecksuppe. Auf der Rückfahrt nach Eichberg fragte Vera ihren Karl: „War das nicht schön Karel, als wir den Bösigberg hinuntersausten?"

Die Wende im politischen Denken des Heinrich Häusler (1941)

Das Großdeutsche Reich war auf dem Höhepunkt seiner Macht angelangt: Polen und Frankreich waren besiegt. Jugoslawien und Griechenland einschließlich Kreta wurden besetzt. Erwin Rommel kämpfte mit seinem tapferen Afrikakorps erfolgreich gegen die englische Kolonialmacht. Mehr als drei Millionen deutsche Soldaten trieben in Russland eine Überraschungsoffensive gegen die Sowjetunion voran. Sie wurden unterstützt von den verbündeten Militärverbänden Italiens, Rumäniens, Ungarns und der Slowakei.
Da geschah etwas, was Heinrich Häusler zutiefst kränkte. Er wurde vom SA-Sturmbannführer zum SA-Obersturmführer degradiert.
Für Tereza war das eine erfreuliche Mitteilung. Sie unterdrückte den Hauch zufriedenen Lächelns, das über ihr Gesicht huschen wollte.
„Sie haben kein Vertrauen zu Dir", sagte sie ernst.
„Aber ich hatte doch meinen Ahnen-Pass vorgelegt, der bis 1630 zurückreicht."
„Gut. Alle Deine Vorfahren waren Deutsche. Aber Du bist mit mir, einer Tschechin, verheiratet. Vergiss auch Deine Schwestern nicht.

Julia ist mit Edvard Suchy verheiratet. Suchy kämpft in Russland als Offizier der Svoboda-Armee gegen Hitler.
Antonie hat Dr. Alex Geitler geheiratet, einen überzeugten Nationaltschechen. Dr. Geitler ist ein sogenannter „Halbjude". Sein jüdischer deutscher Vater kommt aus Wien und war Oberlandesrichter in Reichenberg. Geitlers Mutter ist eine vornehme Tschechin aus Niemes. Dein tschechischer Schwager Dr. jur. Alex Geitler ist ein hoher Ministerialbeamter am Justizministerium in Prag. Die Nationalsozialisten halten Dich für eine undichte Stelle."
Wutentbrannt schrieb Häusler einen Brief. Den vorgeschriebenen Heil-Hitler-Gruß am Schluss des Schreibens ließ er weg.

Sehr geehrter Herr Obersturmbannführer von Böhmisch Leipa!
Ist meine Degradierung der Dank für meine langjährige treue und zuverlässige Arbeit? Ich fordere Sie auf, sich für diese Beleidigung zu entschuldigen. Wie ich erfahren konnte, sind Sie selbst kein Sudetendeutscher, sondern kommen aus Berlin. Viel Erfolg für Ihre Arbeit mit meinen Landsleuten. Hiermit erkläre ich meinen Austritt aus der SA. Meinen Mitgliedsausweis füge ich bei.
Mit freundlichen Grüßen
Heinrich Häusler

Tereza entfernte das Bild Adolf Hitlers von der Wand über dem Kanapee im Wohnzimmer. „Heinrich, Du siehst dem Adolf so ähnlich, dass es ausreicht, wenn Dein Bild alleine an der Wand hängt."
Das Wochenende verbrachte Dr. jur. Alex Geitler stets in Niemes bei seiner Familie. Um sich von seinem tschechischen Schwager beraten zu lassen, fuhr Häusler nach Niemes. Dr. Geitler forderte ihn auf, auch aus der NSDAP auszutreten.
„Die NSDAP ist eine verbrecherische Organisation", sagte er. Alex berichtete Heinrich von den Massenmorden an Juden. Auch Geitlers jüdische Angehörige waren vergast worden. Er empfahl Heinrich so lange keine Mitgliedsbeiträge zu zahlen, bis er rausgeschmissen wird.

Vorher solle er aber der Deutschen Wehrmacht beitreten und sich ihrem Schutz unterstellen. Wie empfohlen, so geschehen.
Wie ernst Häuslers Lage war, bewies eine Vorladung ins Rathaus durch Herrn Kayser, dem Ortsgruppenleiter der NSDAP.

Kayser blickte Häusler mit finsteren, stahlgrauen Augen aus seinem vierkantigen, kahlen Kopf an und schrie: „Zuerst treten Sie aus der SA aus und jetzt auch noch aus der NSDAP. Sie sind ein Verräter an Führer, Volk und Vaterland. Dafür werden Sie mit dem Tod bestraft!“
„Ich bin kein Verräter, sondern Soldat der Deutschen Wehrmacht.“
„Weshalb sind Sie aus der NSDAP ausgetreten?“
„Ich bin nicht ausgetreten, sondern wurde rausgeschmissen!“
„Weil Sie Ihre Mitgliedsbeiträge trotz wiederholter Mahnung nicht bezahlt haben. Zahlen Sie endlich und wir nehmen Sie wieder auf. Das ist eine letzte Mahnung und Aufforderung. Ändern Sie Ihre schlechte Gesinnung!“
„Ich habe mich freiwillig zur Deutschen Wehrmacht gemeldet. Ist das eine schlechte Gesinnung? Mein Uhrengeschäft kann ich nicht weiterführen, weil ich in der Rüstungsindustrie arbeite. Im Monat verdiene ich nur noch 400 Reichsmark und nicht 2.000 RM. Damit muss ich meine Familie ernähren. Für Mitgliedsbeiträge reicht mein Geld nicht.“
„Wo arbeiten Sie?“
„Bei der Firma Reichmann in Haida.“
„So? Bei den Brüdern Reichmann? Das sind Halbjuden. Das passt zu Ihnen. Sie haben ja einen Halbjuden in Ihrer Verwandtschaft.“
„Herr Ortsgruppenleiter, ich werde mich über Sie bei meinem Wehrbereichskommando in Böhmisch Leipa beschweren. Wir produzieren Handgranatenzünder für unsere Soldaten an der Front in Russland und Sie reißen hier Ihr großes Maul auf. Melden Sie sich doch auch als Freiwilliger zum Militär statt hier herumzusitzen.“
Heinrich Häusler, Uhrmachermeister und Abteilungsleiter bei der Firma Reichmann, drehte sich ohne Gruß um, knallte die Türe hinter

sich zu, verließ das Rathaus und atmete erleichtert auf, als er unten am Adolf-Hitler-Platz angekommen war.

Bäckermeister, Bürgermeister und Ortsgruppenleiter der NSDAP Josef Kayser aber stand oben am geöffneten Fenster seines Amtszimmers und schrie mit dröhnender Stimme hinab: „Nach dem Endsieg unseres Führers werden wir Sie zur Rechenschaft ziehen. Heil Hitler.“

Karl lernt den Kriegsveteranen Schiffner kennen

Schon früh am Morgen stand Karl auf, leerte die Wasserkanne ins Lavoir, wusch sich flüchtig und frühstückte. Er rannte zum Viehmarkt, der im Volksmund Schweinemarkt hieß. Es war Markttag. Karl hörte das Wiehern, schrille Quietschen, Meckern, Muhen und tiefe Grunzen der Tiere. Bauern verkauften oder tauschten ihre Fohlen, Kälber, Ziegen und Ferkel. Es roch nach Pferdeschweiß und dem Duft noch nicht gebratener Schweinebäuche und Kalbsrücken. Grasflächen, lehmverschmierter Boden, Pfützen und Schotter wechselten einander ab. Die wenigen um diesen Platz angeordneten Häuschen waren klein und verschmutzt. Mit müdem Blick zog ein schwerfälliger Ochse einen mit Kartoffelsäcken beladenen, knarrenden und polternden Karren. Zinkeimer wurden klirrend auf Pflastersteine gestellt. Eine Wasserpumpe seufzte quietschend. Glucksendes Wasser sprudelte und plätscherte seinen Gesang tief, hoch, höher und verstummte. Ein zweiter Eimer lief voll. Die gusseiserne Pumpe stand in einer Seitennische, aus der eine junge Frau heraustrat. Mit kurzen, schnellen Schritten trug sie die beiden Wassereimer fort und verschwand in der Toreinfahrt eines Bauernhauses. Hinter Holzbretterscheunen erhob sich der wuchtige Vulkanrücken des Osterbergs. Karl hatte von zuhause einen Apfel mitgenommen. Knackend durchbiss er die dünne rotgelbe Schale und kaute mit dicken Backen. Den Apfelstrunk warf er einem Schwein zu. Das fuhr erschrocken zurück und schaute abwartend mit kleinen,

spitzbübischen Augen. Dann stieß das hellhäutige Borstenvieh mit seinem grunzenden Rüssel nach vorn, schnappte sich das restliche Apfelstück und verschlang er laut schmatzend.
Zwei Bauern unterhielten sich: „Der Krieg wird bald vorbei sein“, hoffte der eine und nickte dabei bedächtig mit seinem gutmütigen, vom Wetter zerfurchten Bauernschädel.
„Bei uns wird sich wenig ändern“, meinte der andere mit brüchiger Stimme. „Ich freue mich auf den Frieden. Meine Söhne können mir dann wieder auf dem Hof und bei der Ernte helfen.“
Ein leichter Windhauch wirbelte feinen Staub die Straße zum Stadtteil Tampel hinunter. Urnenstaub?
„Bist Du nicht der Sohn des Uhrmachermeisters Häusler?“, fragte ein alter Mann. Karl nickte mit dem Kopf. Es war Herr Schiffner, der ihn angesprochen hatte. Als Kriegsveteran der k.u.k.-Monarchie arbeitete er nach dem Niedergang des Kaiserreichs Österreich-Ungarn bis zu seiner Pensionierung als Lehrer. Begegnete er jungen Menschen, erwachte in ihm der Drang, sein Wissen weiterzugeben. Herr Schiffner streute Weizenkörner zwischen Felsentauben, die auf dem Schweinemarkt auf der Suche nach Futter hin- und herliefen. Bei jedem Wurf flatterten sie kurz auf. Sie pickten am Boden und stolzierten mit wippendem Schwanz und geblähtem Hals dumpf gurrend zwischen den Beinen der Marktbesucher. Erschreckt durch einen angreifenden Dackel, flog eine Felsentaube auf einen Dachgiebel. Dort setzte sie sich auf den eisernen Wetterhahn, der bei jedem Windhauch rostig ächzte.
„In und um Eichberg gibt es sehr viele wild lebende Felsentauben“, sagte Herr Schiffner und lächelte dabei Karl freundlich an. **Vor mehr als tausend Jahren sind Sachsen die Elbe entlang bis hierher vorgedrungen. Duba ist das altsächsische Wort für Taube. Ursprünglich hieß deshalb unsere Stadt Duba und nicht Dubá mit einem Strich über dem a.** Eine Friedenstaube im Stadtwappen von Eichberg würde mir gut gefallen. Ich war österreichischer Offizier und habe in Russland erfolgreich gekämpft. Mir ist aber der Frieden lieber als der Krieg. Neben meiner Uniform gehört zu meiner

Ausrüstung eine Pistole und auch ein Säbel. Komm mit zu mir! Ich zeige Dir meine Waffen.“ Karl war begeistert.
Kriegsveteran Schiffner führte Karl zu seinem Fachwerkhäuschen, das in der Nähe stand. An zwei mächtigen Fichten vorbei, erreichten sie die Eingangstüre. Durch einen kleinen Flur gelangten sie ins Wohnzimmer. Zwei kleine Kreuzbalkenfenster spendeten spärliches Licht, das in den rissigen Holzdielen des Fußbodens umherirrte und matt auf der Wand gegenüber ausruhte. In der Mitte des Zimmers standen ein kleiner, runder Tisch und zwei Klubsessel. Ein muffiger Geruch nach Staub erfüllte den Raum. Das Räderwerk einer großen Standuhr tickte. An der Wand hingen das Bild Kaiser Franz Josephs und darunter ein leicht gebogener Säbel.

„Haben Sie mit dem Säbel gekämpft?“
„Nur ein einziges Mal bei einem Säbelduell.“ Gedankenversunken rollte Schiffner den rechten Hemdsärmel hoch. „Hier hat es mich erwischt.“ Er zeigte auf eine verheilte Hiebwunde am rechten Unterarm.
„Ein ungarischer Offizier fühlte sich in seiner Ehre gekränkt, weil ich ihn bei einem Zechgelage scherzhaft Zigeunerbaron nannte. Er forderte mich zum Duell. Duelle waren verboten. Wir trafen uns kurz vor Sonnenaufgang mit unseren Sekundanten an einer verborgenen kleinen Waldlichtung. Nachtnebel hing noch in den Ästen. Es war kalt und ich fror. Als wir uns gegenüber standen, gaben die Sekundanten das Zeichen. Wir gingen mit blankgezogenem Säbel aufeinander los. Ich sehe noch das kreideweiße, verbissene Gesicht des Ungarn, mit den schmalen, zusammengepressten Lippen und den tiefen Falten zwischen den Augenbrauen. Die eigenartig grün leuchtenden Augen meines Gegners erschreckten mich. Der Kampf war kurz. Bevor ich den Säbel heben konnte traf mich ein wuchtiger Hieb am rechten Unterarm. Mein Säbel fiel in den weichen Waldboden. Schon spürte ich die Säbelspitze des Gegners an meiner Brust. Da packte mein Sekundant den Ungarn blitzschnell am Handgelenk. Er rettete mir mein Leben. Ich war besiegt und die Ehre des Ungarn wiederhergestellt.“

Herr Schiffner schwieg. Es war still im Zimmer. Nur die Standuhr in der Ecke klopfte mit ihrem langen Pendel immer den gleichen Takt.

Die heimlichen Bräute
Ein Heimatfilm mit Rudolf Prack

Familie Hein war mit ihrem kleinen Sohn Rüdiger von Aussig an der Elbe nach Eichberg neu zugezogen. Während eines Fronturlaubs konnte Vater Hein beim Umzug helfen. Sie verließen die Großstadt, um auf dem Land vor feindlichen Luftangriffen besser geschützt zu sein. Karl freute sich über diesen Neuzugang in der vierten Klasse der Grundschule. Er erkannte sofort, dass Rüdiger kein Bauernjunge ist. Die Kinder von Bauern haben am Nachmittag keine Zeit, weil sie im Stall oder auf dem Feld mithelfen müssen.
Schon in der Unterrichtspause sprach Karl den Neuankömmling an.
„Lehrer Rziha hat Dich als Rüdiger Hein vorgestellt. Ich bin der Karl Häusler. Hast Du am Nachmittag Zeit? Ich zeige Dir meine Kaninchen. Wo wohnst Du?“
„Hinter der Stadtpfarrkirche.“
„Treffen wir uns nach dem Mittagessen am Heldengedenkmal bei der Kirche?“ „Ja.“
Am Nachmittag fütterten und streichelten Karl und Rüdiger die vielen Kaninchen, die im Stall in acht aufeinander stehenden Käfigen untergebracht waren. Da heulten im nahe gelegenen Rathausturm plötzlich die Sirenen auf.
Rüdiger schrie: „Luftalarm! Wir müssen in den Luftschutzbunker.“
„Bei uns gibt es keine Luftschutzbunker. Wir brauchen keine. Die Bomber fliegen immer über uns hinweg. Wir gehen auf den Hof und schauen uns die Bomber an.“ Ein fernes dröhnendes Brummen ließ sie zum wolkenlosen Himmel blicken. Hoch droben sahen sie einen Schwarm winzig kleiner Flugzeuge, die im Sonnenlicht glitzerten. Sie tauchten über dem Osterberg auf und flogen Richtung Kühnelsberg. Karl und Rüdiger liefen barfuß durch die belebten Straßen Eichbergs und blickten nach oben. Wie so oft schon bei

Luftalarm, waren die Bürger Eichbergs aus ihren Häusern auf die Straßen gesprungen und schauten dem Bomberschwarm hinterher.

„Bestimmt werfen sie wieder Flugblätter und Spielsachen herunter", sagte Karl. Rüdiger und Karl rannten so schnell sie konnten durch die Stadt zum Kühnelsberg hinauf. Auf der Hochfläche angekommen, konnten sie die Flugzeuge nur noch weit hinten am Horizont entdecken. Die Sirenen gaben Entwarnung. Vom blauen Himmel schaukelten keine Geschenke herab.

„Diesmal haben sie nichts abgeworfen", schimpfte Karl.

Rüdiger und Karl standen vor dem Schloss Neuperstein. Sie schlenderten die hohe, dunkle Sandsteinmauer des Schlossparks entlang. Das schwarze, schmiedeeiserne Gittertor zum Schloss der Grafen von Waldstein war weit geöffnet.

In dem Moment, als die beiden neugierigen Kinder durch die Einfahrt hüpften, kam ihnen ein hoch beladener Heuwagen entgegen. Die Zugpferde scheuten und bäumten sich auf.

„Gottverfluchte Saukerle! Was habt ihr hier zu suchen?", brüllte der Kutscher und zog die Zügel an. „Brrr!"

Bevor Rüdiger und Karl fliehen konnten, waren sie von Frauen in ländlicher Tracht umringt und wurden festgehalten. Als der Kutscher mit seiner langen Peitsche ausholte, um den beiden Knaben eine drüberzuziehen, sprang ein kleiner Mann hinzu. Er hielt den Arm des Pferdelenkers fest.

„Ihr barfüßigen Bengel kommt mir wie gerufen. Ich brauche Euch als Schauspieler. Wollt ihr mitspielen?" „Ja!"

Der kleine Mann war der Regisseur. Auf dem Kopf trug er eine Schirmmütze und mit der linken Hand hielt er ein großes Sprachrohr. Der Kutscher arbeitete als Bauer im Schloss. Die Frauen waren Schauspielerinnen aus Berlin.

„Wir drehen einen Heimatfilm. Wenn der Heuwagen fährt, laufen meine kleinen Schauspieler neben dem Wagen. Ihr springt dabei immer wieder lustig in die Luft. Aber nicht vor die Pferde springen, sonst werden sie scheu. Ihr müsst auf das kleine Mädchen im Dirndlkleid aufpassen. Romy läuft rechts von Euch mit. Seht ihr den

Kameramann dort hinten zwischen den hohen Bäumen? Mit seinem großen schwarzen Kasten macht er die Filmaufnahmen."
„Wer ist der Mann dort drüben auf der Treppe zum Schloss?", fragte Rüdiger.
„Das ist Rudolf Prack, unser Hauptdarsteller. Mit Jägerkluft und Jagdgewehr spielt er den Rittergutsbesitzer."
„Und die schöne Frau daneben?", wollte Karl wissen.
„Das ist Magda Schneider."
Die gleiche Einstellung wurde so oft wiederholt, bis der Regisseur endlich zufrieden war. In den kurzen Drehpausen lief das kleine Mädchen hinüber zum Schloss. Dort ergriff das Kind die Hand der Magda Schneider. Das kleine Mädchen war Romy Schneider.
„Die beiden Jungen haben keine Schuhe an", sagte Romy Schneider zu ihrer Mutter.
„Es sind arme Kinder. Ihre Eltern können ihnen keine Schuhe kaufen", antwortete Mutter Magda.
Die Dreharbeiten wurden fortgesetzt.
„Unser Propagandaminister Dr. Goebbels fordert Selbstbewusstsein, Lebensfreude und Schwung! Das Ganze noch einmal! Und noch einmal!" Als der Regisseur „mehr Fröhlichkeit!" in sein Megaphon schrie, stolperte er über einen Sandstein. Er verstauchte sich den rechten Fuß und hinkte den Rest des Tages wie Hinkebein Goebbels.

Am Abend fuhr Rudolf Prack mit einem Fahrrad zum Hotel Sonne. Er war immer noch rotbraun geschminkt. Kurze Zeit rannten Karl und Rüdiger neben ihm her. Als Prack mit quietschenden Bremsen den Persteiner Berg hinuntersauste, konnten sie ihm nicht mehr folgen. Die beiden Freunde freuten sich über zwanzig Reichsmark, die jeder von ihnen erhalten hatte.

Am folgenden Tag gingen Rüdiger und Karl nach dem Mittagessen zum Hotel Sonne. An der großen Eingangstüre stand ein kleiner Junge.
„Wer bist denn Du?", fragte Karl.
„Ich bin der Bert Vogel. Das Hotel gehört meinem Onkel."

Auf einem Messingschild an der Türe stand geschrieben: >Hotelier Albert Mahrla<.
„Mein Vater ist der Uhrmacher Häusler“, sagte Karl.
„Dann sind alle Uhren in unserem Hotel von Deinem Vater. Euch beide habe ich im Schulhof der Volksschule herumspringen sehen. Ihr seid in der vierten Klasse; ich aber bin erst in der zweiten Klasse“, sagte Bert. „Was wollt ihr hier?“
„Wir wollen ein Autogramm von Rudolf Prack.“
„Er ist oben im Schloss. Meine Mama hat mir gesagt, dass er Hauptdarsteller im Film >Die heimlichen Bräute< ist.“
„Gestern sind wir zusammen mit Rudolf Prack, Magda Schneider und der kleinen Romy Schneider gefilmt worden.“
„Dann seid ihr Schauspieler!“, lachte Bert. „Ich lade Euch ein. Kommt heute Abend um achtzehn Uhr zu mir. Unsere BDM-Mädchen werden auch da sein. Prack hat sie eingeladen.“ (BDM = Bund Deutscher Mädchen der Hitlerjugend)

Die Filmgesellschaft Ufa (Universum-Film AG) hatte ihre besten Schauspieler von Berlin nach Eichberg geschickt, um in der schönen Eichberger Schweiz, dem späteren Mácha-Land, einen Heimatfilm zu drehen. Es waren Rudolf Prack (39 Jahre) und Wolf Albach-Retty (38 Jahre) aus Wien. Aber auch die berühmte 35-jährige Magda Schneider aus Augsburg war mit ihrer erst 6 Jahre alten Tochter Romy Schneider dabei.

In Egerländer Tracht gingen Rüdiger und Karl am Abend zum Hotel Sonne. Bert wartete schon. „Kommt mit! Die kleine Romy wartet auf Euch.“
Als Karl, Rüdiger und Bert in das Hotelzimmer der Schauspielerin Magda Schneider gingen, wurden sie von Mutter und Töchterchen freundlich begrüßt.
Die lustige und zierliche Romy Schneider lachte, als sie Rüdiger und Karl wiedersah. Sie machte einen Hofknicks und sagte: „Ihr beiden Möchtegernschauspieler habt Schuhe an und seid nicht barfuß. Mama

schau Dir ihre bunten Trachtengewänder an. Das sind keine armen Kinder."

Karl überreichte der kleinen Romy ein gebratenes Hähnchen, das seine Mutter in Stanniol eingewickelt hatte und zwei Stück Butter der Eichberger Molkerei. In die Butter war das Relief der Burg Bösig eingedrückt.

„Ihr lebt hier wie im Schlaraffenland", sagte Magda Schneider.

Sie gab den Knaben mit Autogramm versehene Bilder von sich, Rudolf Prack und Wolf Albach-Retty.

Eintritt in die Hitlerjugend (20.04.1944)

Am 19.04.1944 feierte Karl seinen zehnten Geburtstag. Er hatte Helmut Stelzig zum Mittagessen eingeladen. Es gab böhmische Knödel mit Knoblauchsoße, Sauerkraut und Selchfleisch. Als Nachspeise erhielt jeder von ihnen ein großes Stück Linzer- und Sachertorte. Karl bekam von seiner Mutter eine Schultasche aus Schweinsleder geschenkt und von seinem Vater einen Füllfederhalter und ein Fahrtenmesser.

„Helmut, Du hast gute Schulnoten. Bist Du schon für die Oberschule in Böhmisch Leipa angemeldet?", wollte Tereza wissen.

„Meine Mutter war in Böhmisch Leipa. Sie hat im Sekretariat der Oberschule für Jungen vorgesprochen und erfahren, dass sie mich erst anmelden kann, wenn ich der Hitlerjugend beigetreten bin."

„Das ist ja schrecklich", entsetzte sich Tereza.

„Unser Junge geht zum Jungvolk der Hitlerjugend. Er darf dann die Oberschule besuchen und alles ist in Ordnung", versuchte Heinrich seine Frau zu beruhigen.

„Adolf Hitler hat morgen seinen 55. Geburtstag. Wir haben schulfrei", freute sich Karl. „Ich gehe zum Stingelhaus und melde mich als Pimpf an. Helmut, Du kommst doch mit?"

„Das weiß ich noch nicht. Vielleicht."

„Mein Freund Rüdiger wird auch dort sein. Er möchte Dich kennen lernen. Es wäre doch schön, wenn wir drei zusammen in die Oberschule gehen“, sagte Karl.
Am Tag darauf lief Karl schon um acht Uhr zur Schulgasse und betrat das Haus, das vor 1938 der Familie Stingel gehört hatte. Das Textilgeschäft des Juden Stingel, der kein Tscheche, sondern ein überzeugter Deutsch-Österreicher war, gab es nicht mehr. Im großen Stingelhaus waren die Versammlungsräume der Hitlerjugend und das Parteibüro der NSDAP untergebracht. Von den anwesenden Pimpfen wurde Karl mit großem Jubel empfangen. Dieser Jubel brauste bei allen Neuankömmlingen auf. Rüdiger war schon da. Jungvolkführer Herbert Queisser aus Wrchhaben begrüßte jeden Eintretenden mit „Heil Hitler!“ Queisser war der Nachfolger von Emil Prinke.
An der Rückwand des Versammlungsraumes - der früher als kleine Synagoge gedient hatte - hingen, von Hakenkreuzfahnen und Wimpeln des Jungvolks umgeben und von Eichenlaubzweigen umrankt, Adolf Hitlers Bild und die Bilder der Reichsjugendführer Baldur von Schirach und Arthur Axmann. Karl schaute sich um, konnte aber seinen Freund Helmut Stelzig nicht entdecken.
„Du hast ja nur ein Fahrtenmesser und sonst nichts“, lachte Franz Doleschal. Karl kannte Franz vom Spielen im Sandkasten des Kindergartens. Franz war als Pimpf bereits vollständig eingekleidet mit Uniformhose, hemd und schlips. An seinem Schulterriemen steckte ein Hakenkreuzfähnchen. Voller Stolz klopfte Franz mit der flachen Hand auf das klirrende Hakenkreuzkoppelschloss seines Uniformgürtels.
Plötzlich donnerte eine laute Befehlsstimme: „Angetreten!“
Franz Doleschal lief zu den uniformierten Knirpsen, die sich stramm vor den Bildern Hitlers und seiner Reichsjugendführer aufgestellt hatten. Karl und die anderen Knaben, die noch nicht militärisch gedrillt wurden, stellten sich salopp dazu.
„Unser Führer und Reichskanzler Adolf Hitler hat heute seinen 55. Geburtstag. Wir grüßen unseren Führer mit einem dreifachen „Sieg Heil!“, schrie Jungvolkführer Queisser. Er rief zuerst „Sieg!“ Die Pimpfe antworteten im Chor mit „Heil!“

„Ich erinnere Euch an die Worte, die unser Führer an seine Hitlerjungen gerichtet hat:
>Hart wie Kruppstahl, zäh wie Leder und flink wie Windhunde< sollt Ihr sein!“ Queisser erhob seinen rechten Arm zum Hitlergruß und die Knaben folgten seinem Beispiel. Nur die Neuankömmlinge waren etwas ungeschickt. Sie streckten den Arm nicht richtig aus oder öffneten die Handfläche nicht. Einer hielt sogar die geballte Faust nach oben, wie das die Kommunisten machen. Karl hob den linken Arm mit dem Fahrtenmesser in der Faust.

„Führer, befiehl!“, schrie Jungvolkführer Queisser.

„Wir folgen Dir!“, antwortete der Knabenchor.

„Liebe Jungen“, sagte ihr Anführer, „alle Pimpfe des Landkreises Eichberg haben sich heute hier versammelt. Ihr gehört zum Jungstamm IV / 606 Eichberg. Im Stockwerk über uns sind die 14 bis 16-jährigen Hitlerjungen zu Ehren unseres Führers angetreten. Ich lese Euch jetzt die Namen der Jungvolkführer vor, die seit 1938 in Eichberg und Landkreis unsere **Pimpfe auf den Kampf für Führer, Volk und Vaterland vorbereitet** haben: Rudolf Seliger – Burkhard Linke.“ Die pathetisch vorgetragenen Namen wurden von einem Trommelwirbel kleiner runder und flacher Pimpftrommeln begleitet.

„Wenzel Plodek – Franz Postelt – Emil Prinke. Wir gedenken auch all derer, die in vorderster Front für Führer, Volk und Vaterland den Heldentod gestorben sind.“ Der Trommelwirbel hörte auf und ehrfurchtsvolle Stille herrschte im Raum.

„Ich selbst habe meinen Einberufungsbefehl zur Waffen-SS bereits erhalten. Wenn im Herbst die Ernte eingebracht ist, gehe auch ich an die Front. Ich fordere jetzt unsere Neuankömmlinge auf, sich vorzustellen. Bald war Karl an der Reihe:

„Ich heiße Karel Häusler.“

„Ist Dein Vater Uhrmachermeister Heinrich Häusler?“ „Ja.“

„Wie ich vom Ortsgruppenleiter der NSDAP, unserem hoch geehrten Herrn Bürgermeister Josef Kayser hörte, ist Dein Vater aus SA und NSDAP ausgetreten. Das ist eine Schande für Deutschland!“

„Mein Papa hat mich doch zu Euch geschickt.“

„Das wird ihm nach dem Endsieg auch nicht helfen! Und Du willst ein deutscher Hitlerjunge sein? Mit einem tschechischen Vornamen?“
„Meine Mama sagt Karel zu mir!“
„Ich taufe Dich um. Ab heute bist Du unser deutscher Pimpf Karl. Du hast große Namensvettern: Kaiser Karl den Großen und Kaiser Karl IV. Wie Adolf Hitler sind sie unsere Vorbilder. Sei stolz auf Deinen deutschen Namen Karl.“
Was Queisser, der hugenottische Vorfahren hatte, nicht wusste: Karl der Große war Kaiser der Deutschen und Franzosen. Kaiser Karl IV. war Kaiser der Deutschen und Tschechen. Karl IV. hatte eine tschechische Premysliden-Prinzessin als Mutter. Eine tschechische Mutter, wie Pimpf Karl der Kleine von Eichberg.
Zwei junge Männer betraten unbemerkt den Raum. Langsam gingen sie nach vorne und stellten sich seitlich auf. Der Jüngere trug eine feldgraue Uniform ohne Totenkopf. Der Ältere hatte eine schwarze Uniform mit Totenkopf. Beide waren Angehörige der Waffen-SS. An vorderster Front bestand zwischen den beiden SS-Männern jedoch ein wesentlicher Unterschied. Die feldgrau Uniformierten ohne Totenkopf wurden als Kanonenfutter missbraucht.
Queisser wandte sich an die Neuankömmlinge: „Ich stelle Euch meine beiden Freunde vor. Emil Prinke in seiner feldgrauen Kampfuniform ist achtzehn Jahre alt. Er ist ein halbes Jahr älter als ich. Emil hat sich vor einem Jahr freiwillig an die Front zu den Waffen gemeldet, um gegen unsere Feinde zu kämpfen. Er hat gerade Fronturlaub. Wie er mir mitteilte, sind seine Vorfahren nachweislich seit 1588 in Scbitsch als deutsche Freibauern ansässig. Neben ihm steht unser leuchtendes, großes Vorbild, SS-Obersturmbannführer Bartholomäus Stebrich, der Sohn des Bürgerschuldirektors Stebrich. Im nur vierzig Kilometer entfernten Jungbunzlau bildet er unseren SS-Führungsnachwuchs aus. Zuerst erteile ich das Wort meinem Kameraden Emil.“
Vom oberen Stockwerk des Stingelhauses erklangen Trommeln und der schmetternde Schrei heller Fanfaren. Der Spielmannszug der Hitlerjugend übte Marschmusik.

„Meine lieben Pimpfe“, begann Emil Prinke. „Vor 1938 gehörten wir noch zur CSR. Damals war ich so alt wie ihr. Um Heimatabende abzuhalten, mussten wir uns verstecken. Versammlungen deutscher Bürger waren verboten. Im Wald Tannenborn in der Nähe der Ruine Pauska, die nicht weit von meinem Geburtsort Dürchel entfernt ist, haben wir uns verkrochen. Wir haben eine große Grube ausgehoben und mit Baumstämmen, Balken, Holzpflöcken, Brettern und Dachpappe zu einem wetterfesten Unterstand ausgebaut. Durch Gestrüpp und Baumäste haben wir unser Versteck gut getarnt. Zu unseren Zusammenkünften kamen Jungen aus Dürchel, Klum, Hirschmantel, Sebitsch und Welhütta.“
„So eine Räuberhöhle habe ich zusammen mit meinem Freund Helmut Stelzig im Kaiserwald gebaut“, rief Karl dazwischen. „Hattet ihr Gewehre, um im Wald zu jagen?“
„Nein. Wir haben deutsche Volkslieder gesungen“, sagte Prinke.
Karl war enttäuscht. „Dann ward ihr keine Räuber oder Wilderer. Das ist ja langweilig.“ Alle lachten.
Hinter dem Weinberg im Kaiserwald geschah zur gleichen Zeit etwas, was die Pimpfe und Hitlerjungen nicht wussten. In der Nähe der Kaiserstraße, die durch Eichberg weiter nach Melnik und Prag führt, hatte sich in einem geheimen Versteck die Beneschjugend versammelt. Es waren tschechische Kinder und Jugendliche aus Eichberg, Pablitschka, Maschnitz, Nedoweska, Sakschen und Dolecken. Sie hatten sich um ihren Jugendführer Lehrer Rziha versammelt. Karls Freund Helmut Stelzig war auch dabei. Rziha sang mit ihnen tschechische Volkslieder.
Jungvolkführer Queisser unterbrach das Kinderlachen. „Ich erteile das Wort Bartholomäus Stebrich.
„Wie ich hörte, wollt ihr gerne Räuber sein“, begann Stebrich.
„Ja“, riefen die kleinen Bengel, denn sie spielten gerne Räuber und Gendarm.
„Dann könnt ihr auch Krieger werden und für Führer, Volk und Vaterland tapfer kämpfen. Ich bin jetzt 33 Jahre alt. 1934 bis 1937 war ich Jugendführer der Sudetendeutschen Turnerjugend. Ich war aber auch Lehrer und als solcher im tschechischen Staatsdienst

beschäftigt. Ich wurde zum tschechoslowakischen Militärdienst einberufen. Meine tschechische Großmutter freute sich darüber. Ihr werdet Euch fragen, warum ich nach 1938 der Waffen-SS beigetreten bin? Wir müssen ein Bollwerk gegen die Bolschewiki Stalins sein. In Russland wird hart gekämpft. Unser Führer Adolf Hitler wird mit seinen Wunderwaffen den Endsieg erzwingen."

Oberschule für Jungen in Böhmisch Leipa

Karl und Rüdiger waren dem Jungvolk der Hitlerjugend beigetreten und durften deshalb an der Aufnahmeprüfung für die Oberschule teilnehmen. Am Prüfungstag fuhr Karl mit dem Reichspostomnibus zusammen mit Rüdiger und dessen Mutter nach Böhmisch Leipa.
An der Pforte des vier Stockwerke hohen Schulgebäudes erhielten sie einen Laufzettel. Darauf stand geschrieben:
08.00 – 10.00 Uhr: Sportprüfung am Sportplatz
10.30 – 12.30 Uhr: Rechtschreiben und Aufsatz (1. Stock Zi. 12)
13.00 – 14.00 Uhr: Mathematik (Erdgeschoss Zi. 4)
Die Bescheinigung der bestandenen Sportprüfung ist beim Betreten der Prüfungsräume vorzuzeigen.

Der Sportplatz befand sich auf einer Anhöhe hinter der Schule. Angefangen wurde mit dem Zielwurf. Die kleinen, harten Lederbälle waren so groß wie Eierhandgranaten. Rüdiger und Karl freuten sich, denn das hatten sie als Pimpfe schon oft geübt. Aus 10 m Entfernung musste wenigstens einer von drei Bällen in einen geöffneten, zimmertürgroßen Kleiderschrank geworfen werden.
Beim Weitwurf mit dem Lederball war in 30 m Entfernung ein im Boden steckendes Hakenkreuzfähnchen zu überwerfen.
Zuletzt kam die Übung: Absprung aus 3 m Höhe. Die mit Sand gefüllte Weitsprunggrube war in eine Tiefsprunggrube umgewandelt worden. Die kleinen Jungen mussten von einem Holzgerüst in einen unter ihnen aufgetürmten Sandhaufen springen. Oben stand ein Prüfling und wagte es nicht abzuspringen.

„Wenn Du nicht springst, bist Du bei der Aufnahmeprüfung durchgefallen“, rief ihm der Aufsicht führende Lehrer zu. Der Knabe sprang trotzdem nicht und ging weinend nach Hause.
Jetzt kletterte Rüdiger die Leiter hoch. Oben lief er hin und her und schaute dabei immer wieder nach unten. Als er zur Leiter zurückging, um den Sprungturm zu verlassen, stieg ihm seine Mutter entgegen und schimpfte: „Wenn Du nicht selber springst, schmeiße ich Dich hinunter!“ Rüdiger sprang, verstauchte sich sein rechtes Bein aber nur leicht.
Während er zuschaute, hatte sich Karl eine Sprungtechnik ausgedacht. Zu den Absprungbrettern kletterte er schnell nach oben. Ohne zu zögern legte er sich mit gestrecktem Körper parallel zur Absprungkante auf den Bauch. Liegend vollführte er eine halbkreisförmige Drehung, bis seine Beine frei nach hinten zeigten. Dann fasste er mit beiden Händen die Absprungkante und stieß seinen schlanken und leichten Körper schräg nach unten ab. Dadurch verringerte er die Absprunghöhe und landete weich auf dem Sandhaufen.
„Das hast Du geschickt gemacht“, wurde er vom Sportlehrer gelobt.

Bei den Prüfungsfächern Rechtschreiben und Mathematik erzielte Rüdiger sehr gute und Karl gute Leistungen. Am erfolgreichsten aber waren beide beim Aufsatzschreiben. Das Thema lautete: „Unser großes Vorbild Adolf Hitler.“ Beide schrieben, was sie von ihrem Jungvolkführer über Hitler gelernt hatten. Woher sollten sie wissen, dass ihr großes Vorbild wegen unzureichender Leistungen die Bürgerschule verlassen musste, keinen Beruf erlernte und einige Jahre in einem Obdachlosenasyl in Wien untergebracht war?

Karl und Rüdiger fuhren jetzt jeden Werktag mit dem Omnibus nach Böhmisch Leipa zur Oberschule für Jungen. Im klapprigen und nach Öl stinkenden Holzvergaserbus wurde es Karl übel. Er musste sich oft erbrechen.
Dem tschechischen Lehrer Matouschek war die Leitung ihrer Klasse 1 c anvertraut worden. Matouschek hatte einen tschechischen Vater

und eine deutsche Mutter. Im Jahr 1938 optierte Familie Matouschek auf Tschechisch. Ihr Sohn musste deshalb 1939 nicht in den Krieg ziehen. Er verlor aber seinen Arbeitsplatz an der Oberschule für Jungen in Böhmisch Leipa. Im Sudetengau des Großdeutschen Reiches wurden keine tschechischen Beamten beschäftigt. Deshalb unterrichtete er an einem tschechischen Gymnasium in Prag. Das änderte sich nach Kriegsbeginn. In Böhmisch Leipa herrschte großer Lehrermangel, denn die deutschen Lehrer mussten an die Front.
Matouschek war Gymnasiallehrer für Deutsch und Erdkunde. Wenn er das Klassenzimmer betrat, grüßte er laut: „Heil Hitler!" Alle Schüler sprangen gleichzeitig auf und brüllten im vielstimmigen Chor „Heil Hitler!" Nach dem Kommando „Setzt Euch!", krachten die Hintern der Schüler wieder auf ihre Sitzplätze zurück.
Eines Tages befahl Matouschek: „Karl Häusler aufstehen!" Karl stand auf und stellte sich stramm hin. Die flachen Hände presste er an die Hosennaht.
„Deine Note in Erdkunde schwankt. Kennst Du unsere geliebte Reichshauptstadt?" „Berlin."
„Wie heißt die Hauptstadt Europas?"
Karl war verunsichert. Er hatte vor einiger Zeit auf dem Dachboden seines Elternhauses ein altes Buch über Napoleon gefunden und aufmerksam darin gelesen.
„Paris", lautete seine Antwort.
Matouschek grinste. „Jetzt nennst Du mir noch die natürliche Ostgrenze des Großdeutschen Reiches."
Neben der schwarzen Wandtafel hing an einem Kartenständer eine große geographische Landkarte Europas. Politische Staatsgrenzen waren nicht eingezeichnet.
„Die Elbe kann es nicht sein", dachte Karl, „denn Berlin liegt noch weit dahinter." Außerdem hatte Karl schon oft in der Elbe bei Liboch gebadet und wusste, dass dieser Fluss die südliche Grenze des Landkreises Eichberg ist.
„Die Oder ist die natürliche Ostgrenze Deutschlands."
„Das ist falsch! Deine Gesamtnote ist nur ausreichend."

Matouschek fuhr auf der Landkarte mit dem großen Zeigestock das Uralgebirge entlang. „Die natürliche Ostgrenze des Großdeutschen Reiches ist der Ural."

Militärisches Standgericht in Haida

Nicht nur im Bürgermeisteramt der Stadt Eichberg gab es einen eifrigen Parteigenossen der NSDAP, sondern auch bei der Firma Reichmann in Haida.
Eines Tages konnte Abteilungsleiter Heinrich Häusler mit seiner Arbeit nicht wie gewohnt beginnen. Er wurde an der Eingangspforte aufgefordert, in den großen Firmenhof zu kommen. Schnell ging er an Werkbänken, Fließband und Kontrollstand vorbei. Seine Tasche stellte er in den Spind. Er zog seine neue rot-weiß-blau karierte Jacke aus und den schlichten hellgrauen Arbeitskittel an.
Die Betriebsangehörigen hatten sich schon im Hof versammelt. Fast alle waren Frauen, denn die deutschen Männer mussten an die Front. Die meisten Männer waren Tschechen. Sie betrachteten sich als Zwangsarbeiter des SS-Führers Heydrich, obwohl sie Unterkunft und Verpflegung umsonst bekamen und die gleiche Bezahlung erhielten wie ihre deutschen Mitarbeiter. Reinhard Heydrich war seit 1941 Stellvertreter des Reichsprotektors in Prag.
Die beiden Reichmann-Brüder waren dem Terror Heydrichs ausgeliefert. Die deutsch-österreichischen „Halbjuden" Reichmann mussten sich am Anthropologischen Institut der Karls-Universität in Prag auf ihre Rassenmerkmale untersuchen lassen. Hätte der beurteilende Professor keine überwiegend „arischen Merkmale" entdeckt, wären sie enteignet worden. So aber hatten sie die zweifelhafte Ehre, für das Großdeutsche Reich des „Vierteljuden" Adolf Hitler arbeiten zu dürfen. Heydrich soll ein „Achteljude" gewesen sein.
Ein großer und kräftiger Hauptmann saß auf einer erhöhten Bühne an einem Tisch hinter einem Mikrophon. Heinrich Häusler erkannte ihn sofort. Es war sein Freund Erhard Müller aus Eichberg. Links und rechts von ihm standen Soldaten mit Maschinenpistolen.

Hauptmann Müller stand auf und sprach: „Meine Damen und Herren. Sie befinden sich hier vor einem militärischen Standgericht. Die Firma Reichmann ist ein Rüstungsbetrieb der Deutschen Wehrmacht. Es werden Zünder für Handgranaten hergestellt. Das ist eine sehr verantwortungsvolle Arbeit. Sabotage unterliegt dem militärischen Standrecht. Die Beschuldigten sollen vortreten."
Aus der vorderen Zuschauerreihe gingen zwei junge Männer langsam an die Bretterbühne heran. Ängstlich blickten sie zum Hauptmann hinauf. Dieser stand breitbeinig über ihnen. Er hatte die Arme angewinkelt und die Fäuste in die Hüften gestemmt.
„Sie heißen?"
„Jaroslav Benda", sagte der eine, „Petr Hoblatschek" der andere.
„Also, Tschechen."
Müller wandte sich an den Personalchef der Firma und fragte: „Wo kommen die Kerle her?"
„Petr Hoblatschek kommt aus der Kleinseite von Prag. Er hat eine deutsche Mutter. Sein Vater ist Omnibusfahrer. Jaroslav Benda kommt vom Karlsplatz (Karlovo Námesti) in Melnik. Seine Mutter ist Kriegerwitwe, denn sein Vater, Uhrmachermeister Benda, ist als Soldat der Svoboda-Armee im Kampf gegen Deutschland gefallen."
„Ich erteile das Wort dem Ankläger Herrn Kunze", sagte der Hauptmann.
„In meiner Abteilung sind durch Benda und Hoblatschek auffallend viele unbrauchbare Zünder abgeliefert worden. Wenn bei einer Serie von 200 Stück mehr als 20 Fehler auftreten, dann muss Absicht dahinter stecken. Das ist Sabotage! Besonders Benda hat sich verdächtig gemacht, denn er ist Uhrmachergeselle und mit feinmechanischer Arbeit bestens vertraut."
Hauptmann: „Was sagen Sie dazu, Benda?"
„Wir sind unschuldig. Wir haben fleißig gearbeitet. Es tut uns leid, dass wir Fehler gemacht haben."
Hauptmann: „Und mir tut es leid, dass Sie jetzt sterben müssen. Wer so viele Fehler macht, ist für mich ein Saboteur."
Da stellte sich Heinrich Häusler neben die beiden angeklagten Tschechen. Mit lauter Stimme rief er: „Nicht Benda und Hoblatschek

gehören vor dieses Standgericht, sondern Bäckermeister Kunze aus Berlin."
„Eine Ungeheuerlichkeit!", schrie Kunze dagegen.
Erst jetzt erkannte Hauptmann Müller seinen Jugendfreund Heinrich. Er winkte ihm freundlich zu; fragte aber sachlich: „Wie kommen Sie zu so einer Auffassung Herr Häusler?"
„Kunze fordert, dass jeder seiner Mitarbeiter täglich zweihundert Zünder herstellt. Ich verlange nur hundert pro Tag. Meine Zünder funktionieren alle. Bei Piefke Kunze müssen Fehler auftreten, denn seine Arbeiter sind völlig überfordert. Das ist die eigentliche Sabotage. Benda und Hoblatschek sind unschuldig."
Hauptmann Erhard Müller: „Ich verkünde das Urteil! Hoblatschek und Benda sind unschuldig. Sie sollen ab sofort bei Herrn Häusler arbeiten, um sich dort zu bewähren."
Wie der brave Soldat Schwejk ließ Hoblatschek die Absätze seiner Schuhe zusammenknallen. Er stellte sich kerzengerade hin und hob den rechten Arm zum Hitlergruß. „Is mier grooße Ähre, fier Fierer zu arbejten."
Benda und Hoblatschek tanzten vor Freude eine böhmische Polka.Sie sangen: „Hobladi - hoblada - hobladi - hoblatschek."

Der Hauptmann von Eichberg (20.07.1944)

Erhard Müller von der Postgasse in Eichberg war seit 1938 nicht mehr Bürgerschullehrer, sondern Realschullehrer. Er schloss sich dem Sudetendeutschen Freikorps Konrad Henleins an, das Heinrich Häusler anführte. Erhard Müller wurde Hauptmann der Deutschen Wehrmacht. Erst nach seinem Tode stellte sich heraus, dass er dem militärischen Widerstand gegen Hitler angehörte. Mit der Tschechin Maria Wihán aus Karlsbad war er glücklich verheiratet. Bis 1938 unterrichtete Frau Maria Müllerová, geborene Wihán, an der Bürgerschule von Eichberg Deutsch und Tschechisch. Da sie die tschechische Staatsbürgerschaft behielt, durfte sie im Großdeutschen Reich an keiner Schule unterrichten. Frau Müllerová erteilte aber

Privatunterricht in Deutsch und Tschechisch. Diese übernationale, völkerverbindende Arbeit wurde jedoch im Jahre 1945 nach dem Zusammenbruch des Großdeutschen Reiches Adolf Hitlers durch Eduard Benesch nicht gewürdigt, sondern sogar hart bestraft. Weil sie mit einem deutschen Offizier verheiratet war, kam sie als Kollaborateurin in ein tschechisches Konzentrationslager und musste dort harte Zwangsarbeit leisten, verbunden mit ständigen Beschimpfungen und Schlägen. Gebrochen an Körper, Geist und Seele, musste sie 1946 als heimatvertriebene Tschechin ihr geliebtes Land verlassen. In einem schmutzigen Viehwaggon, mit dem sie nach Sachsen abgeschoben wurde, sang sie weinend ohne Unterbrechung: **„Kde domov muj, kde domov muj?“ (Wo ist mein Heim, mein Vaterland?)**

Doch jetzt, einige Tage nach dem misslungenen Attentat auf Hitler am 20. Juli 1944, kam Frau Müllerová zu Heinrich Häusler gerannt.

„Helfen Sie mir! Mein Mann will sich erschießen!“

„Ihr Mann ist doch Hauptmann bei der Deutschen Wehrmacht. Hat er Fronturlaub?“, fragte Häusler auf dem Weg in die Postgasse.

„Nein. Er wurde vom Stabsarzt seiner Kompanie krankgeschrieben.“

„Weshalb?“

„Nervenzusammenbruch. Erhard macht einen völlig verwirrten Eindruck.“

Zuhause angekommen, klopfte Frau Müllerová an die verschlossene Türe ihres Wohnzimmers. „Erhard, bist Du da?“ „Nein.“

„Dein Freund Heinrich Häusler ist hier. Er möchte mit Dir reden.“

„Kenne ich nicht. Ich kenne nur Heinrich Himmler und Adolf Hitler. Ich werde mich jetzt erschießen.“

„Das ist ein sinnloser Tod! Beruhige Dich Erhard. Lege die Pistole auf den Fußboden und öffne die Türe!“, befahl Heinrich Häusler.

„Das ist kein sinnloser Tod. Das Attentat auf Hitler ist misslungen. Aber ich weiß, wo sich Hitler aufhält. Er hat sich in meinem Kopf versteckt. Wenn ich mich erschieße, dann stirbt auch Hitler.“

„Erhard, Du hast Dich dem Freikorps Henleins angeschlossen und Dich anschließend als Freiwilliger zur Wehrmacht gemeldet. Du bist mutig.“

„Führer befiehl, ich folge Dir!“, brüllte Hauptmann Müller. Er bekam einen Lachkrampf.
„Wir sind uns in Haida bei der Firma Reichmann begegnet. Du hast das militärische Standgericht hervorragend geleitet.“
„Ja, ja. Das Ersatzheer, dem ich angehöre, sollte dem Grafen von Stauffenberg helfen.“ Müllers Stimme klang ruhiger und besonnener.
„Erhard, denk an Dein Standgericht in Haida. Du hast zwei unschuldigen, jungen Tschechen das Leben gerettet. Auch Du bist unschuldig. Du darfst Dich nicht selbst zum Tode verurteilen. Hauptmann Müller, ich befehle Dir, komm raus zu mir!“
Müller sperrte die Türe auf. Seine große, wuchtige Gestalt erschien im Türrahmen. Frau Müller fiel ihrem Mann um den Hals. Häusler hob die Armeepistole vom Boden auf.
„Schieß mir in den Kopf Heinrich. Dort hat sich unser Verführer Adolf Hitler versteckt.“ Mit weit aufgerissenen Augen blickte Erhard ins Gesicht seines Freundes.
„Hitler wird in die Hölle fahren. Du aber wirst von den Toten wieder auferstehen“, sagte Heinrich Häusler als er fortging. Die Pistole nahm er mit.
In der Postgasse, durch die Adolf Hitler 1938 mit seinem schwarzen Mercedes fuhr, stand ein Kübelwagen der Deutschen Wehrmacht. Der Militärarzt des Hauptmanns holte seinen Kompaniechef ab. Ihm halfen dabei drei bewaffnete Feldjäger.
Gemeinsam fuhren sie nach Kosmanosy im tschechischen Protektorat Böhmen und Mähren. Dort wurde der Hauptmann von Eichberg als „lebensunwertes Leben“ in der Irrenanstalt mit einer Giftspritze getötet. So konnte er keine Mitverschwörer verraten.

Die Zeitgeschichtliche Forschungsstelle Ingolstadt stellte unter Leitung von Dr. Alfred Schickel fest: „In einem Bericht des amerikanischen Office of Strategic Services aus Washington vom 30. Juli 1944 steht, dass Hitlers Überleben ein Glücksfall für die Alliierten gewesen sei. Mit dem Misslingen des Anschlags auf Hitler war für die Alliierten deutlich geworden, dass die Nazis jetzt fest im Sattel sitzen und der Mythos vom >edleren Deutschen< täglich unglaubwürdiger wird". Im Bericht wird wörtlich von der Möglichkeit gesprochen, alle Deutschen für die Untaten der NS-Machthaber haftbar zu machen: „Wir bekämpfen jetzt die Nazis, die Deutsche sind, und die Deutschen, die Nazis sind." (Auszug aus: Die Welt, 18. Juni 1987–Kultur. „Das beste Ergebnis des Hitlerwunders. Freigegebenes Geheimdokument erhellt Haltung der Alliierten gegenüber Deutschland."

Volkssturm

Heinrich Häusler arbeitete als Gefreiter der Deutschen Wehrmacht im militärischen Rüstungsbetrieb der Gebrüder Reichmann in Haida. Während eines Kurzurlaubs in Eichberg wurde er aufgefordert, sich beim Ortsgruppenleiter der NSDAP zu melden.
Josef Kayser saß zurückgelehnt und mit breitem Grinsen an seinem Schreibtisch, als Heinrich Häusler das Büro des Bürgermeisters und Ortsgruppenleiters betrat. Hinter Kayser hing ein großes, farbiges Adolf-Hitler-Bild an der Wand.
„Grüß Gott, Herr Kayser."
„Sie erfrechen sich, nicht mit Heil Hitler zu grüßen?", fuhr ihn Kayser an.
„Ich grüße wie ich will!"
„Und ich befehle Ihnen mit Heil Hitler zu grüßen, wie das von jedem anständigen Deutschen verlangt wird!"
„Sie haben mir überhaupt nichts zu befehlen. Ich bin Soldat und Sie sind kein Offizier!"
„Ich bin ihr Ortsgruppenleiter der NSDAP!"
„Sie haben mich doch aus der NSDAP rausgeschmissen, als ich meine Mitgliedsbeiträge nicht mehr bezahlen konnte."
Kayser sprang auf und haute mit der Faust auf seinen Schreibtisch.
„Ich werde Bericht erstatten und veranlassen, dass Sie ins Konzentrationslager nach Theresienstadt kommen."
„Und ich werde meinem zuständigen General Bericht erstatten. Ich gehe jetzt ohne Gruß.

„Bleiben Sie. Vor mir liegt der Erlass unseres Führers vom 25.09.1944 und eine Anordnung unseres Gauleiters der NSDAP Konrad Henlein. Zur Verteidigung des deutschen Heimatbodens mit allen Waffen und Mitteln wurde der Volkssturm als Kampforganisation zur Unterstützung der Deutschen Wehrmacht geschaffen. Ihnen überträgt Henlein die Ausbildung und den Kampfeinsatz des Volkssturms von Eichberg und Landkreis."
„Ich muss im Rüstungsbetrieb in Haida arbeiten."
„Sie arbeiten dort weiter. Zusätzlich übernehmen Sie die militärische Ausbildung unserer Volkssturmmänner an allen Sonntagen. Als Soldat sind Sie verpflichtet, Ihr Vaterland zu verteidigen. Der Feind rückt näher. Ab sofort muss sich auch unsere Stadt auf den Abwehrkampf vorbereiten."
„Ich brauche das Wochenende, um mich zu erholen."
„Das habe ich mir gedacht. Ich habe Ihr Ablehnungsschreiben schon vorbereitet. Sie brauchen es nur noch zu unterschreiben."
„An wen leiten Sie dieses Ablehnungsschreiben weiter?"
„An unseren lieben Bartholomäus Stebrich. Sie kennen ihn doch. Er ist der Sohn des Bürgerschuldirektors. Bestimmt hat er Verständnis für Ihre persönliche Situation."
Heinrich Häusler überlegte. Wer ist der Vorgesetzte von Stebrich? Heinrich Himmler. Mein tschechischer Schwager Dr. Alex Geitler hat mich vor Stebrich und Himmler gewarnt. Das ist eine Falle. Sie wollen mich liquidieren und Kayser hilft ihnen dabei. Wenn ich unterschreibe, dann unterschreibe ich mein Todesurteil.
Als ihm Kayser das Ablehnungsschreiben zur Unterschrift hinschob, sagte Häusler laut und deutlich: „Ich übernehme den Volkssturm."
Kayser war die Enttäuschung anzusehen, als er sagte: „Ihnen unterstehen Ausbildung und Kampfeinsatz des Volkssturms. Morgen beginnt die Ausbildung. Hier ist die Liste der von mir ausgesuchten Knaben und Männer von Eichberg und Landkreis."
„Das sind doch nur Kinder und Greise! Und wo steht der Name Ihres Sohnes Hubert? Er fehlt!"
Kayser stand auf: „Ich entscheide was zu geschehen hat! Sie können abtreten. Heil Hitler."

Häusler ging langsam und nachdenklich zur Türe. Er drückte den schwarzen, kunstschmiedeeisernen Türgriff nach unten und öffnete den eichenschweren in seinen Scharnieren quietschenden Durchlass.
„Heil Häusler", brüllte er zurück.
Zuerst krachte die Türe zu und anschließend ein Gegenstand von innen gegen die Türfüllung.
Draußen wartete Karl, der seinem Vater nachgelaufen war. Der Amtsbote Houschwic stand neben Karl.
„Heinrich", sagte er, „ich habe den Auftrag Dir die Waffenkammer zu übergeben. Hier sind die Schlüssel."
Im Erdgeschoss befanden sich die Gefängniszellen. In der ersten Zelle rechts lagen aufgestapelt oder standen: Stahlhelme, Panzerfäuste, Infanteriegewehre, KK-Gewehre, ein schweres Maschinengewehr, zwei leichte Maschinengewehre, Pistolen, kurze Spaten, Kisten mit Stiel- und Eierhandgranaten und Munitionskästen.

Am Sonntagmorgen erschienen auf dem Adolf-Hitler-Platz 28 junge und alte Männer. Zusammen mit Amtsarzt Dr. Adolf Hafenrichter, führte Karls Vater eine Musterung durch. Zuerst ließ er alle in Zweierreihen antreten und im Gleichschritt um die Mariensäule marschieren. Das ging sehr gut, denn die Kriegsveteranen aus dem Ersten Weltkrieg und die Hitlerjungen des Zweiten Weltkrieges waren militärisch gedrillt. Nur ein kleiner buckliger Junge und zwei alte Männer mit Beinprothese schieden sofort aus.
Es folgte ein Wettrennen mit Massenstart. Die Wiesengasse hinunter ging es zum Schweinemarkt. Von dort liefen die Kinder und Greise zum Baderteich. Anschließend führte der Lauf die Untere Kirchengasse entlang und rechts die Rathausgasse hoch, zurück zum Adolf-Hitler-Platz. Karl rannte den vielen Volkssturmanwärtern voraus. Er war durchtrainiert. Für ihn war es eine Kleinigkeit, die 10 km von Eichberg nach Hirschberg barfuß über Wiesen, Stoppelfelder und durch Wälder zu laufen, um im Hirschberger See zu baden. Behäbig und fettleibig fuhr Dr. Adolf Hafenrichter mit seinem klapprigen DKW hinter der Meute her. Auf seiner Liste strich er die

Namen der alten Männer durch, die unterwegs schlappmachten. 18 Knaben und 5 Greise waren wehrtauglich.
Zuhause sagte Karl: „Ich möchte beim Volkssturm an den Waffen ausgebildet werden. Spielzeuggewehre, Holzschwerter, Pfeil und Bogen gefallen mir nicht mehr."
„Kommt nicht in Betracht!" schimpfte Tereza.
„Dann gehe ich zu meinem Jungvolkführer und melde mich bei ihm an. Er hat uns gesagt, dass an der Ostfront 10-jährige Pimpfe der Hitlerjugend kämpfen."
Karls Vater überlegte. Dann sagte er: „Du darfst dabei sein. Ich bilde Dich an den Waffen aus. Das kann in dieser gefährlichen Zeit nicht schaden."
Seiner weinenden Tereza flüsterte Heinrich ins Ohr: „So ist es besser. Dann weiß außer uns niemand, dass Karl ein kleiner **Werwolf** ist."

Ab jetzt fanden an jedem Sonntag Wehrübungen des Volkssturms statt. Vergeblich hatte Karl seinen Freund Rüdiger Hein aufgefordert auch teilzunehmen.
Auf dem Sokolplatz wurden mit den kurzen Spaten Schützengräben ausgehoben. Aus dem Schützengraben heraus mussten mit dem Spaten kleine Lederbälle zurückgeschlagen werden, die Angreifer anstelle von Handgranaten warfen. Für die Abwehr im Graben war Karl zu klein, aber er konnte gut werfen und spielte deshalb Angreifer.
Der Kurzspaten wurde auch als Nahkampfwaffe eingesetzt. Geübt wurde mit Schlägen gegen einen Baumstamm, auf dessen Rinde mit weißer Farbe der Umriss eines Mannes aufgepinselt war.
„Karlchen", sagte ein alter Kriegsveteran, „Du musst Deinem Gegner mit dem Spaten zwischen die Beine hauen. Bis zu seinem Hals reichst Du nicht rauf." Alle lachten.
„Ich schlage ihm aufs Knie, dann ist er kampfunfähig", antwortete Karl trotzig und drosch mit voller Wucht auf seinen Baumgegner ein.

Das nächste Ausbildungsziel war der Umgang mit Handgranaten. Geübt wurde am Spritzenhausplatz.

„An den Übungsgranaten befinden sich keine Abzugsschnüre. Ihr handhabt sie aber trotzdem so, als ob welche dran wären. Schaut her. Zuerst die Stielhandgranate links in den Hüftgürtel stecken. Jetzt ist sie einsatzbereit. Ihr werft die Granate hinter die Baumstämme. Dort befindet sich der feindliche Schützengraben."
Sollte wirklich eine entschärfte Granate explodieren, dann würden die Baumstämme die Splitter abfangen. Zusätzlichen Schutz boten die Stahlhelme. Heinrich Häusler führte diese Übung vor.
„So wird beim Sturmangriff gezählt. Einundzwanzig. Während des Laufens die Abzugsschnur ziehen. Die Handgranate wird gezündet. Zweiundzwanzig. Mit dem Arm ausholen und die Handgranate werfen. Dreiundzwanzig. Schmeißt Euch auf den Boden und nehmt den Spaten oder die Pistole in die Hand. Nach der Explosion zum Nahkampf in den feindlichen Schützengraben springen."
Karl durfte die Übung als Erster vormachen. Dann kam einer nach dem anderen an die Reihe. Die Kindersoldaten übten fröhlich und lachten. Die alten Kriegsveteranen blickten ernst und innerlich abweisend. Sie übten bewusst langsam. Karl gefielen die Eierhandgranaten besser als die Stielhandgranaten. Sie können nicht nur außen an Gürtel oder Jacke gehängt, sondern auch in die Hosentasche gesteckt werden. Sie sind nicht sperrig, sondern passen gut in die hohle Hand. Der Stahlring, der in der Mitte um den Bauch der Eierhandgranate herumläuft, macht sie griffig. Auch bei Angstschweiß an der Hand, rutschen sie nicht weg. Für einen Zielwurf sind sie besser geeignet.
Die Stahlhelmträger in Zivil marschierten auf Kommando los: „Angetreten! In Zweierreihen marsch! Links - zwei - drei - vier."
Der Soldaten-Knabenchor intonierte den zackigen Marschrhythmus auf folgende Weise: „Links - links - hinterm Hauptmann stinkt`s." Den großen Stahlhelm der Deutschen Wehrmacht auf dem Kopf, marschierte Karl mit seinem Vater voraus.
„Wo läuft denn der Stahlhelm mit den dünnen Beinen hin?", spottete ein alter Austragsbauer, der hinter Karl schwerfällig Schritt hielt. Von da an trug Karl nur noch seinen kleinen Kinderstahlhelm, den er aus seiner Kiste mit militärischen Kinderspielsachen herauskramte.

Seit 1939 gab es für Knaben nur noch aus Blech nachgebautes militärisches Spielzeug: Panzer, Jagdbomber, Gewehre, Pistolen, Handgranaten, Säbel, Kriegsschiffe und Stahlhelme.
Wieder an einem anderen Sonntag marschierten die Kinder und Greise aus der Stadt hinaus zum Weinberg. Vor einem baufälligen kleinen Holzschupfen blieben sie stehen. Die aus der Verankerung gebrochene Türe stand offen.
„Ich habe zwei scharfe Handgranaten mitgebracht. Wir üben den Ernstfall. Ich führe Euch vor, wie wir Stielhandgranaten werfen. Wenn ich mich hinlege, schmeißt ihr Euch auch auf die Wiese. Stahlhelm Richtung Granate. Wir sind zehn Meter entfernt. Der Feind hat sich in der Hütte versteckt. Zielwurf offene Türe. Achtung! Einundzwanzig-Zweiundzwanzig-Dreiundzwanzig."
Heinrich Häusler erklärte, warf und legte sich auf den Boden. Er verfehlte die Türöffnung. Die Handgranate traf den Türrahmen, fiel in die Wiese und explodierte. Kieselsteine und Granatsplitter schwirrten durch die Luft und hagelten auf die Amateurfrontkämpfer herab. Ein graubrauner Feldhase raste aus der Hütte heraus und hoppelte im Zickzacklauf Richtung Kaiserwald. Alle lachten. Keiner war verletzt.
Volkssturmführer Häusler hatte vor dem misslungenen Wurf eine Eierhandgranate neben sich auf den Wiesenboden gelegt. Karl schnappte sich die kleine Granate blitzschnell und ließ sie in seiner Hosentasche verschwinden.
Karl stand auf und rief selbstbewusst: „Ich kann besser werfen!"
„Du kannst besser in die Hose scheißen", erwiderte ein älterer Junge, dem der erlittene Schreck noch anzusehen war.
Karl war wütend. Er ging fünf schnelle Schritte näher zur Holzhütte hin. Er hielt Distanz zu den anderen, die für ihn Riesen waren. Mit der rechten Hand zog er die Eierhandgranate aus seiner Hosentasche. Er hob sie in die Höhe und fasste mit der linken Hand nach der Abzugsschnur.
„Werft Euch zu Boden. Diese Handgranate ist scharf."
„Karl!", schrie sein Vater verzweifelt.
„Hinlegen!", kommandierte Karl. Auch sein Vater gehorchte.

„Wer scheißt sich jetzt in die Hose?“
Karl riss am Abzug und zählte wie gelernt. Bei „dreiundzwanzig“ warf Karl die Eierhandgranate zielgenau durch die gähnende Türöffnung der Bretterbude. Die Kinder und Greise kreischten und gingen in Deckung. Auch Karl schmiss sich ins kurz geschnittene Wiesengras. Die Druckwelle der Detonation schoss den am Boden liegenden Kriegern in die Ohren. Rote, bemooste Dachziegel flogen umher. Staub wirbelte durch die Luft. Die morschen Balken, Bretter und Latten der Hütte konnten dem Explosionsdruck nicht standhalten. Als die Knaben bereits hochgesprungen waren und die alten Männer mühsam und langsam aufstanden, sank die Hütte in sich zusammen.
Bei Regenwetter wurde im Rathauskeller Waffenkunde unterrichtet. Im Gefängnisgang lagen auf Tischen Infanterie- und KK-Gewehre, Maschinenpistolen, Pistolen und Panzerfäuste. Der Umgang mit den Waffen wurde ohne Munition vorgeführt und nachvollzogen. Bei der Panzerfaust stand die Handhabung des kurzen, schlanken Rohrs im Vordergrund. „Haltegriff mit der linken Hand fassen. Trichter nach vorne richten. Rohr auf die rechte Schulter legen. Zielen und mit der rechten Hand den Abzugshebel auf dem Rohr nach unten drücken. Seitlich in den Panzer zwischen die Radketten schießen. Niemand darf sich in den Feuerstrahl stellen, der beim Abschuss aus dem Rohr hinten herauskommt.“ Auch die Funktion des Aufnahmetrichters für die panzerbrechende Granate wurde erklärt.
Das Laden und Sichern der Armeepistole Mauser P08 wurde nur besprochen. Wegen ihres kräftigen Rückschlags kam sie nicht zum Einsatz.
Schießübungen fanden bei schönem Wetter im Freien statt.
Um zu zeigen, dass auch kleine Knaben mit der Panzerfaust schießen können, durfte Karl als Einziger einen scharfen Schuss abgeben. Ziel war ein alter, verrosteter und ausrangierter Lastwagen. Er stand im Ortsteil Tampel hinter Hellers stillgelegter Fabrik. Karl schoss aus zehn Meter Entfernung in den großen Motorblock. Alle warfen sich hinter einem Baumstamm in Deckung. Der Laster zerbarst und brannte wie ein Feuerball. Die Kindersoldaten brüllten „Hurra!“.

Hinter Scheunen wurde ein großer, ebener Schießplatz eingerichtet. Geübt wurde das Liegendschießen mit Gewehren. Geschossen wurde auf einen zwanzig Meter entfernten Pappsoldaten. Im schwarzen Brustbild mit Helmkopf befand sich die weiße Zielscheibe. Karl bereitete der Rückschlag des handlichen Kleinkalibergewehrs keine Schwierigkeiten. Für das Schießen mit dem Infanteriegewehr verwendete er ein kleines Polster, um das Schlüsselbein zu schützen. Auf Kommando schossen jeweils fünf Schützen gleichzeitig.
„Gewehrkolben fest an die Schulter drücken! Ellenbogen abstützen und Gewehrlauf mit der Hand ruhig halten! Über Kimme und Korn zielen! Durchatmen und Atem anhalten! Den Abzugshebel mit dem Zeigefinger langsam durchziehen! Nicht reißen! Der Schuss muss sich wie von selbst lösen.“ Karl schoss keine einzige „Fahrkarte“. Er traf stets ins Weiße.

Oben auf dem Kühnelsberg stand das Gasthaus „Zur Schweiz“. Sein Mauerwerk bestand aus dunklen Sandsteinquadern. Kräftige Balken aus Eichenholz, grau verwitterte Holzverschalungen, Fenster mit Holzsprossen, Fensterläden und Blumenkästen verliehen dem Gebäude ein ländliches Aussehen. Die Gastwirtschaft musste schon vor Jahren geschlossen werden, weil aus den zerstörten Städten Sachsens keine Gäste kamen. Für Propagandazwecke wurde das Gasthaus von der NSDAP in ein Kino umgebaut.
Obwohl die Sowjetarmee bereits Vororte von Berlin erobert hatte, wurden durch die Wochenschauen wie bisher immer nur Siegesmeldungen gesendet.
Seine letzte Wochenschau sah Karl am 20. April 1945, dem letzten Geburtstag des Verführers Adolf Hitler. An diesem „Volksfeiertag“ waren alle Schulen und Geschäfte geschlossen. An öffentlichen Gebäuden wurden Hakenkreuzfahnen gehisst. Simplizissimus Karl war jetzt elf Jahre alt.
In Berlin hatte sich Hitler in einem tiefen Bunker verkrochen. Die Wochenschau zeigte ihn noch einmal in Großaufnahme. Auf der flimmernden Leinwand erschien Adolf Hitler vor der zerbombten Reichskanzlei. Er war mit einer einfachen Gefreitenuniform aus dem

Ersten Weltkrieg bekleidet. Ein Gefreiter als oberster Befehlshaber der Deutschen Wehrmacht? Das konnte nicht gut gehen.
Vor Adolf Hitler standen kleine Pimpfe der Hitlerjugend. **Einem zehnjährigen Knaben in Uniform hängte er das Eiserne Kreuz Erster Klasse um den Hals.** Er klopfte dem Kindersoldaten auf die Schulter und zupfte ihn leicht am Ohrläppchen. Das war eine Geste, die Hitler dem Imperator Napoleon abgeschaut hatte. Die Filmmusik spielte das Lied: „Der kleine Trommler". Ein Sprecher jubelte: „Dieser mutige deutsche Junge hat mit der Panzerfaust drei russische Tanks vernichtet!"
„Ihr seid tapfere **Werwölfe**", predigte Hitler mit suggestiver Stimme, während er die Kinder mit herrischem Blick fixierte.
Die aufpeitschende Stimme Goebbels gellte hinterher: „Wenn der Feind mitten unter uns steht, werden unsere mutigen kleinen Krieger als **Werwölfe** unerbittlich weiterkämpfen!" Simplizissimus Karl war begeistert. „Hoffentlich kommen die Russen bald", dachte er, „dann schieße auch ich ihre Panzer ab."
Um sich in einen **Werwolf** verwandeln zu können, bat Karl seine Mutter zu Hause: „Ich möchte eine Wolfsjacke haben."
„Ich kann Dir eine Jacke aus einem Schafsfell nähen. Wolfsfelle gibt es bei uns nicht."
„Gut, dann bin ich eben ein **Werwolf** in einem Schafsfell."
Tereza lächelte. Sie konnte nicht ahnen, was im Kopf ihres kleinen Jungen vor sich ging.
Zur gleichen Zeit waren sowjetische Truppen, zusammen mit der Svoboda-Armee, bereits in Jägerndorf nach Mähren durchgebrochen. Sie befanden sich auf dem Vormarsch ins Innere Böhmens.

Karpfenaugen

Karl und Franz hörten dröhnende Motorengeräusche. Sie schauten vom Marktplatz aus die Schillerstraße hinunter. Bald erkannten sie die Ursache für den Lärm. Wie 1938 und 1939 fuhren deutsche Panzer und mit deutschen Soldaten voll gestopfte Militärlastwagen

auf der Schillerstraße in die Stadt. Aber keine jubelnden Menschen begrüßten die düster dreinblickenden Soldaten. Die Häuser waren nicht mit Hakenkreuzfahnen geschmückt.
„Wohin fahren die Soldaten?“, fragte Karl einen alten Mann, der am Straßenrand stand. „Sie wollen über die Eger zu den Amerikanern.“
Karl und Franz beobachteten, dass die motorisierten Truppen bei der Kreuzauffindungskirche nicht Richtung Prag weiterfuhren, sondern nach rechts in die Leitmeritzer Straße abbogen. In Leitmeritz fließt die Eger in die Elbe.
„Franz, die fahren bestimmt über Ober- und Untereichberg nach Leitmeritz.“ Karl lachte und sang: „Heut′ kommt der Franz zu mir freut sich die Lies. Ob er aber über Untereichberg kommt, oder aber über Obereichberg kommt, das ist nicht gewiss.“
Die beiden Freunde sahen, dass jetzt auch Kampffahrzeuge der Deutschen Wehrmacht auf der Melniker Straße in die Stadt hereinströmten.
Wenzel Jäger kam mit Enkeltochter Vera Máchová aus seiner Villa. Sie stellten sich neben Karl und Franz. Vera schmiegte sich an Karl, denn sie hatte Angst vor den bewaffneten Soldaten. Ein VW-Kübelwagen hielt an. Ein Offizier sprang aus dem Wagen. „Wo geht es nach Leitmeritz?“, fragte er militärisch kurz.
„Warum sind Sie denn nicht nach Wegstädtl an der Elbe gefahren? Wegstädtl hätten Sie von Liboch aus schneller erreichen können. Das ist die kürzere Strecke“, antwortete Wenzel Jäger.
„Wir mussten ausweichen. Russische Jagdbomber haben Straßen und Eisenbahnlinie zerstört.“
Franz stieß Karl an. „Schau auf seine Achselklappen. Das ist ein General in Kampfuniform.“
„Herr Offizier“, sagte Veras Großvater, der sich in der militärischen Hierarchie nicht auskannte, „ich heiße Wenzel Jäger und bin Organist und Chorregent an der Kirche hinter uns.“
„General Toussaint, Oberbefehlshaber von Prag. Spielen Sie ein frommes Lied auf ihrer Orgel. Beten Sie für meine Soldaten. Vielleicht hilft das noch.“
„Sie kommen aus Prag?“

„General Wlassow und ich wollten in Prag die Stellung halten, bis der amerikanische General Patton aus Pilsen mit seinen Panzern bei uns angekommen ist. Wlassow ist schon nach Pilsen gefahren. Ich erhielt von ihm den Funkspruch: Patton kommt nicht. Bin in amerikanischer Gefangenschaft."
„Ein russischer General hilft seinen Feinden?"
„Mit uns und seiner antisowjetischen Befreiungsarmee wollte er Stalin besiegen und ein freies demokratisches Russland schaffen."
„Ich habe Verwandte in Prag."
„Gnade ihnen Gott. Frantisek Bürger, Stabschef des tschechischen Aufstands in Prag, hat mit dem tschechischen Nationalrat und mir einen Befriedungsvertrag unterschrieben. Er hat seinen Vertrag gebrochen, denn er lässt wehrlose Deutsche ermorden. Ich habe den Befehl des Generalfeldmarschalls Ferdinand Schörner nicht befolgt. Mir wurde befohlen, das rebellierende Prag zu vernichten. Ich bin ein kultivierter Mensch und kein Barbar und Zivilistenschlächter wie der englische Luftmarschall Harris. Er hat Dresden ausgelöscht. Ich habe mit meinen schweren Waffen Prag nicht vernichtet!"
General Toussaint salutierte kurz und fuhr weiter Richtung Leitmeritz. Ihm folgten zwölf Panzer und Lastwagen mit Munition. Es waren Panzerkampfwagen Tiger I, Typ IIB mit gewaltigen Kanonen.
Karl verabschiedete sich von Vera und ihrem Großvater. Mit Franz lief er zum Kriegerdenkmal. Auf großen Marmorplatten standen die Namen tschechischer und deutscher Soldaten des Ersten Weltkrieges. Von dort hatten die Kinder einen besseren Überblick. Als weitere Militärverbände von Sebitsch aus in die Lange Gasse fuhren und an der Bürgerschule vorbei in die Stadt hineindrängten, entstand ein völliges Chaos. Viele Fahrzeuge hatten kein Benzin mehr. Um die Straßen freizuhalten, wurden die Fahrzeuge links und rechts in die Straßengräben geschoben. Als Panzerfahrzeuge und Lastwagen den Weg versperrten, irrten noch fahrbare Militärwagen in der Stadt umher und suchten andere Ausfallwege. Franz und Karl liefen zum Adolf-Hitler-Platz. Dieser war mit Fahrzeugen vollgestopft. Als eine Fahrzeugkolonne die Talgasse hinunterfuhr, rannten Karl und Franz

hinterher. Am Baderteich und Spritzenhaus vorbei ging die Fahrt hinaus in die Wiesen und Felder. Nach vierhundert Metern war der eingeschlagene Feldweg zu Ende. Ein Kübelwagen, ein Sanitätsauto, zwei Kleinlaster und ein Panzerspähwagen konnten nicht weiterfahren. Die Soldaten flohen zu Fuß zum Weinberg und von dort in den Kaiserwald Richtung Elbe. Karl und Franz durchsuchten die Fahrzeuge.

„Wir müssen so viel Waffen und Munition wie möglich fortschaffen, bevor Erwachsene kommen und alles wegräumen“, schlug Franz vor. Neben der Zaunumfassung des Pestfriedhofes, mit seinem graubraun verwitterten, himmelhoch ragenden Holzkreuz, befand sich hinter dichtem und dornigem Gestrüpp eine kleine Sandsteinhöhle. Dort richteten die Knaben ihr Waffenlager ein. Karl und Franz besaßen jetzt Infanteriegewehre mit viel Munition, einen Kasten mit Eier-Handgranaten und eine kleine Damenpistole mit mehreren Päckchen Ersatzpatronen. Karl hatte beim Volkssturm den Umgang mit Pistole, Gewehr und Handgranate gelernt. Er sicherte die Damenpistole und steckte sie in die linke Brusttasche seiner Jacke. In die Seitentasche der Jacke stopfte er eine Schachtel mit Ersatzpatronen. Von jetzt an trug er die Pistole immer bei sich.

„Karl, wir gehen zum Schwarzteich. Dort fangen wir Fische mit Handgranaten.“

„Franz bist Du einverstanden, dass wir den Rüdiger mitnehmen?“

„Ja. Wir holen ihn ab. Aber unser Waffenlager verraten wir ihm nicht!“ Jeder der beiden Knaben steckte zwei Handgranaten in die Taschen ihrer kurzen Lederhose. Für den Transport der Karpfen nahm Rüdiger eine aus Hanfstricken geknüpfte Netztasche mit.

Der Schwarzteich lag neben einer schmalen Landstraße. Die Straße führte zu einem Betonbunker, der von den Tschechen 1938 errichtet wurde. Er hatte nach allen Seiten ausgerichtete Schießscharten. Auf halber Höhe des Rothberges stand der Bunker zwischen hoch gewachsenen Kiefern. Von dort führte ein Weg über den Rothberg zur Wolfsschlucht hinunter. Zur Badezeit wurde der Bunker von den Kindern als Abort verwendet. Die drei ehemaligen Pimpfe gingen zum Eingangsschacht des Bunkers.

„Ist jemand im Bunker?“, rief Rüdiger hinein. Stille. Nur ein leises Rascheln war zu hören.
„Vorsicht! Wir werfen Handgranaten. Herauskommen!“, schrie Karl. Er erklärte seinen Freunden, wie die Granaten zu zünden und zu werfen sind. Rüdiger sagte: „Ich werfe nicht“, und lief weg. Franz aber war begeistert. Sein perfekter Wurf detonierte im Bunker. Nach einer kurzen Pause kam ein Fuchs mit gestrecktem Schwanz aus dem Bunker herausgesaust. Die Kinder lachten.
„Die Granatsplitter haben den Fuchs nicht erwischt. Sie können nicht um die Ecke fliegen“, beurteilte Franz die Lage. „Mit einem Flammenwerfer hätten wir den Fuchs gegrillt.“ Die Kinder wussten aus Kriegsberichten, Wochenschauen und Siegesmeldungen, dass feindliche Bunker mit Flammenwerfern bekämpft werden.
Nach diesem Erfolg rannten die drei Freunde zum Schwarzteich hinunter. Sie kletterten auf einen dunklen Sandsteinfelsen. In diesen waren kleine Sitzflächen eingemeißelt. Neben dem Felsen standen aus Holzbrettern gezimmerte Badekabinen auf Stelzenbeinen im Wasser. Ein Laufsteg aus glatt gehobelten, dunklen Eichenbrettern führte an den Kabinen vorbei zum Sprungbrett. Die gegenüber liegende Uferseite war mit Schilf bewachsen. Dahinter stand die Schwarzschänke. Neben dieser erhob sich ein großer, alter Lindenbaum mit mächtigen Ästen und einer ausladenden Baumkrone. Im leicht wehenden Wind bog sich das Schilf. Mit weit herausragenden Halmen marschierte es im Schilfstiefelschritt immer weiter aus dem Wasser heraus. Seine Schilfblattstandarten pflanzte es auf die Uferböschung und hatte schon einen großen Teil des umliegenden Ufers erobert.
Die Kinder saßen auf dem Felsen und beobachteten einen Karpfen, der unten im Wasser stand. Er schien müde und gelangweilt zu sein. Sein Maul gähnte schlaftrunken. Seine breiten Kiemendeckel pressten die vom runden Maul eingesogene dunkelgrüne Brühe wieder seitwärts heraus. Mit den Seitenflossen hielt sich der Karpfen im Wasser fest und drehte mit seiner Schwanzflosse Wellenlinien. Die runden Karpfenaugen traten weit hervor und glotzten aufmerksam. Als Karl die Handgranate warf und diese als kleiner

Ball auf den Karpfen zuflog, schnellte der große, rundbauchige Fisch fort und fuhr als dunkler Strich zwischen schlammverkrustete Schilfhalme. Dort wirbelte er im Zickzack einige Male hin und her und verschwand in einer Schlammwolke. Die Handgranate klatschte ins Wasser und formte immer größer werdende Wellenringe. Karl, Rüdiger und Franz legten sich flach hinter den Felsen. Zwei in der Luft tanzende Libellen raschelten mit den Flügeln. Grillen zirpten Maschinengewehrgekicher. Über dem Wasser lag brütende Hitze.

Als es dumpf krachte, spritzten Wasser und Schlamm auf die Rücken der Jungen. Das Echo der Explosion verhallte und antwortete noch einmal leise aus dem hügeligen Waldgürtel des Mühlberges hinter der Schwarzmühle.

Die kleine Schlammwolke des Karpfens war untergegangen in einem schwarzen Brei, der sich gespenstisch durch das Wasser wälzte. Sechs Karpfen erschienen an der Wasseroberfläche. Zur Seite gedreht, mit leuchtend weißem, schuppenlosem Bauch, lagen sie auf dem Wasser und blickten einäugig nach oben in die Sonne. Ihre Mäuler waren weit aufgerissen und ihre Augen erstarrt. Im Monat Mai erfrorene Karpfenaugen.

Am Laufsteg hing an einen Pfosten angekettet ein Ruderkahn. Die Knaben rannten zu dem Boot und rüttelten am Pfosten. Karl schlug mit einem Ast die Stange hoch, die als Handlauf auf den Pfosten genagelt war. So konnten sie die mit Hängeschloss versperrte Eisenkette zwischen Pfosten und Handlauf hindurchziehen und klirrend ins Boot werfen. Vorsichtig stiegen sie in den wackeligen Kahn. Franz ruderte zu den Karpfen. Rüdiger zog die toten Fische aus dem Wasser und legte sie in seine Netztasche. Franz lenkte das Boot zum Steg zurück.

Auf dem Laufsteg stand ein alter Mann und schimpfte: „Hab´ ich Euch Dreckskerle erwischt!“ Franz manövrierte den Kahn wieder auf den See hinaus.

„Diesmal entkommst Du mir nicht! Dich schwarzen Wuschelkopf kenne ich“, schrie der Mann.

„Der meint Dich Franz. Rüdiger und ich haben glatte braune Haare“, sagte Karl.

„Das ist Herr Bürgermeister vom Schloss. Er überwacht die Fischteiche. Vor zwei Wochen hat er mich beim Schwarzfischen beobachtet und verjagt“, antwortete Franz.
Mit gewaltigen Ruderschlägen trieb Franz das Boot voran. Die Kinder erreichten das gegenüberliegende Ufer und sprangen an Land. Die schwere Netztasche mit den Karpfen trugen Rüdiger und Karl gemeinsam. Der alte Mann lief auf der Uferstraße hinter ihnen her und rief: „Bleibt stehen ihr Diebe!“
Franz blieb stehen. Er zog eine Eierhandgranate aus seiner Hosentasche und hielt sie hoch in die Luft.
„Zurück oder Sie müssen sterben!“, rief er dem Verfolger entgegen. Franz zog die Zündschnur und warf die Granate. Herr Bürgermeister, der als Soldat den Ersten Weltkrieg überlebt hatte, sprang in den Straßengraben. Auch die drei Jungen hatten sich auf den Boden geworfen.
„Ihr Saukerle, ist das alles was Ihr bei der Hitlerjugend gelernt habt?“, schrie der alte Mann. Unverletzt stand er wieder auf. Franz zeigte ihm die vierte Granate. Herr Bürgermeister vermied es, die Pimpfe weiter zu verfolgen. Für die drei Lausbuben gab es zum Mittagessen gedünstete Karpfen.
„Wir haben die Karpfen von Herrn Bürgermeister geschenkt bekommen!“, sagten die Kinder als sie zuhause ankamen.

Am frühen Nachmittag ließ Heinrich Häusler seinen Volkssturm am Adolf-Hitler-Platz antreten. Der Teichaufseher Herr Bürgermeister vom Schloss Neuperstein war nicht dabei. Er war schon älter als 70 Jahre. Aber Franz Doleschal war gekommen. Er hatte sich seinem Freund Karl Häusler angeschlossen.
„Stillgestanden!“ Alle standen stramm, die Hände an der Hosennaht. Heinrich Häusler hielt ein Schreiben in die Höhe.
„Das ist ein Einsatzbefehl. Ich lese vor.“

Lieber Turnerfreund Häusler.
In Deiner Funktion als treuer und zuverlässiger Verbandsturnwart und Anführer des Volkssturms für den Landkreis Eichberg fordere

ich Dich in meiner Eigenschaft als Gauleiter der NSDAP und Reichsstatthalter im Reichsgau Sudetenland auf, unsere deutsche Heimaterde mit allen Waffen und Mitteln zu verteidigen. Teile der Sowjetarmee bewegen sich bereits auf Eichberg zu. Mein Freund Barthel, der mutige SS-Obersturmbannführer Bartholomäus Stebrich, wird Dir beistehen.
Heil Hitler.
Konrad Henlein

Konrad Henlein befand sich bereits zusammen mit den Generälen Wlassow und Toussaint in Pilsen in amerikanischer Gefangenschaft. Die drei Kriegsgefangenen hatten vergeblich gehofft, dass die Amerikaner die sowjetischen Truppen stoppen und zurückwerfen. Deshalb hatte Henlein dem Volkssturm von Eichberg irrtümlich befohlen zu kämpfen.
General Wlassow wurde an die Sowjets ausgeliefert und in Russland erschossen.
Henlein konnte den Tschechen nicht ausgeliefert werden, da er am 10.Mai 1945 in Pilsen Selbstmord beging. Er hätte sonst in Prag am Galgen sterben müssen.
General Toussaint, ehemaliger militärischer Oberbefehlshaber von Prag, wurde in Prag von den Tschechen begnadigt. Er hatte die Goldene Stadt Prag und seine Bewohner vor der Vernichtung bewahrt.

Nachdem Häusler den Einsatzbefehl Henleins vorgelesen hatte, wurde ihm von hinten auf die Schulter geklopft. Er drehte sich um. Vor ihm stand SS-Obersturmbannführer Stebrich mit sechs bewaffneten SS-Männern.
„Tüchtig, tüchtig!“, sagte Stebrich. Häusler lief es eiskalt über den Rücken.
Häusler salutierte. „Wir sind angetreten, um oben beim Schloss Schützengräben auszuheben und Panzersperren zu errichten“, meldete er.

Die Volkssturm-Greise und Volkssturm-Kinder wurden mit Hacke, Spaten, Schaufel, Beil und Säge ausgerüstet. Sie marschierten los und begannen mit ihrer Arbeit. Sie hoben Schützengräben aus und fällten Bäume als Panzersperren.

Tiefflieger

Großadmiral Karl Dönitz, deutsches Staatsoberhaupt nach Adolf Hitler, kapitulierte am 07. Mai 1945. Die Kapitulation trat am 08. Mai 1945 in Kraft.

06. Mai 1945
Karl besuchte Herrn Schiffner, einen alten Kriegsveteranen des Ersten Weltkrieges. An der niedrigen Decke des Wohnzimmers hing Pfeifenrauch. In dichten Schwaden zog der helle Rauch um einen Glasschrank mit alten Waffen. Pulverdampf oder Weihrauch? Der große Degen des ehemaligen Rittmeisters schmückte die Wand.
Von der Straße, die neben dem kleinen Haus vorbeiführte, drang Lärm herein. Herr Schiffner öffnete ein Fenster. Auf der Straße gingen Soldaten. Ihre genagelten Lederstiefel schlürften über den Schotter. Karl winkte ihnen zu. Sie nahmen keine Notiz davon, sondern gingen stur geradeaus.
„Wo bleibt die Marschmusik Herr Schiffner? Die schauen drein, als ob sie auf eine Beerdigung müssten."
„Karlchen, weißt Du denn nicht, dass der Krieg bald vorbei ist?"
„SS-Obersturmbannführer Bartholomäus Stebrich hat uns Kämpfern vom Volkssturm gesagt, dass wir mit unseren Wunderwaffen den Endsieg erringen. Wir werden siegen!"
„Weißt Du kleiner Pimpf denn nicht, dass Hitler Deutschland ruiniert hat? Adolf Hitler und Joseph Goebbels haben sich in Berlin durch Selbstmord feige davongeschlichen."
„Für einen **Werwolf** ist der Krieg nie zu Ende!"
Herr Schiffner: „Wie willst Du kämpfen?"

Karl sprang auf. „Beim Volkssturm wurde ich an der Pistole, der Panzerfaust, an Gewehren und Handgranaten ausgebildet."

„Und wo hast Du Deine Waffen?"

„Mein Freund Franz und ich haben ein Waffenlager."

Karl griff in seine rechte Hosentasche und zeigte Herrn Schiffner eine Eierhandgranate.

„Du bist ein Kindersoldat?"

Als Herr Schiffner aufstand, lief Karl zur Zimmertüre.

„Bleib doch; ich will Dir helfen. Gib mir Deine Handgranate."

„Ich kann sie Ihnen ruhig geben. Wir haben davon noch eine ganze Kiste."

Herr Schiffner nahm die Granate und befestigte deren Zündschnur mit einem Heftpflaster am gewölbten Granatenbauch.

„Hier hast Du eine Rolle Leukoplast. Ihr müsst die Zündschnur durch ein Heftpflaster absichern, bevor ihr die Handgranate in die Tasche steckt. Jetzt weiß ich, warum Du eine kurze Lederhose anhast. Die Ausbeulung durch die Granate ist nicht zu sehen."

Karl bekam seine gesicherte Eierhandgranate zurück. Er steckte sie in die Hosentasche. Voller Stolz klopfte er auf seine linke Jackentasche.

„Hier habe ich meine Damenpistole versteckt. Sie schießt mit spitzen Stahlmantelgeschossen." Herr Schiffner streckte mit sorgenvollem Gesicht seine Hand aus.

„Gib mir die Waffe." Karl lachte. „Keine Angst. Sie ist gesichert."

„Bevor Du nach Hause gehst Karl, gebe ich Dir noch einen Rat. Wulf, der Anführer der Haidbauern, schlug erst dann als rächender Wehrwolf zurück, nachdem ihm die Schweden seinen Bauernhof mit Frau und Kindern verbrannt hatten. Du kennst doch das Denkmal neben unserer Volksschule. Es wurde für Hermann Löns, den Dichter der Lüneburger Heide errichtet. Er schrieb den Roman >Der Wehrwolf<. Dargestellt wird das Schicksal der Haidbauern im Dreißigjährigen Krieg. Löns starb 1914 im Kampf gegen Frankreich den Heldentod.

Merke Dir: Als **Werwolf** darfst Du Deine Waffen nur in äußerster Notwehr einsetzen! Das fordert die Ehre eines Kriegers."

Mit der Heftpflasterrolle, die ihm Herr Schiffner geschenkt hatte, ging Karl zur kleinen Sandsteinhöhle; dem Waffenversteck beim Pestfriedhof. Er sicherte eine Handgranate nach der anderen. Zurück aus dem Versteck, schlenderte er eine Anhöhe hinauf. Er hielt erst an, als er einen aus Lehm geformten Hohlweg erreichte. Dieser führte zur Frapsmühle am Mühlbach hinunter. Der tiefe Pfad trennte den Saugraben von einer flachen Anhöhe, die Scheibe genannt wurde. Dort oben auf der Scheibe legte sich Karl in einer Blumenwiese auf den Rücken. Ein schwacher Windhauch bewegte das Gras. Mückenschwärme tanzten im Sonnenlicht. Hoch aufgetürmte weiße Wolken hingen am tiefblauen Himmel. Schwalben schossen durch die Luft nach unten. Ruckartig schwebten sie mit ihren schwarzen Krummsäbelflügeln wieder nach oben. Im ständigen Wechsel stürzten sich diese Jagdflieger nach unten und rasten mit flatterndem Flügelschlag im weiten Bogen flach über den Boden. Im Zickzack flogen sie eine kurze Strecke durch übermütig tanzende Mückenschwärme, um dann wieder hoch hinaufzuziehen. Weit oben versuchten sie, als kleiner Gedankenstrich der Schöpfung, einen winzigen Teil der Ewigkeit zu erhaschen.
Karl stand auf und ging nach Hause. Er hüpfte den steilen, mit Buschwerk bewachsenen Hang hinunter. Nistende Singvögel schimpften erzürnt. In der Ebene unten angekommen, stapfte Karl über Wiesen und Felder. Den Kartoffelacker schonend ging er geradlinig in der Furche. Er überquerte frisch bearbeitete Gemüsebeete, vermied es aber auf Radieschen, Kohlrabi oder Möhren zu treten. Er lief an einem nicht genutzten Hopfenfeld vorbei. Nackte Hopfenstangen zeigten schräg nach oben. Als er den großen Platz vor dem Spritzenhaus erreicht hatte, schaute Karl zurück. Ganz weit hinten konnte er die hoch gelegene Wiese sehen, auf der er sich ausgeruht hatte. Er erinnerte sich. Vor zwei Jahren stand er auch hier. Ein grollendes, dunkles Gewitter zog heran. Auf der Anhöhe ging ein Bauer mit geschulterter Sense. Ein grell leuchtender Blitz fuhr in die Sense. Von einem glühenden Feuerschein umrahmt stürzte der Bauer. Dann folgte ein knallender Donnerschlag.

Die Suppe dampfte schon auf dem Tisch, als Karl in die Wohnküche ging. Im Herd knisterte brennendes Holz und glühende Briketts warfen funkensprühendes Rot unter gusseiserne Ofenplatten.
„Wo warst Du so lange?“, fragte Tereza vorwurfsvoll.
„Ich habe den Schwalben zugeschaut.“
„Du bist ein Träumer.“
„Wo ist Papa?“
„Bei seinen Volkssturmmännern. Da kommt er schon.“
Die Suppe war schnell gegessen. Karl freute sich sehr, denn es gab sein Lieblingsgericht: Böhmische Semmelknödel mit Sauerkraut, Selchfleisch und Knoblauchsoße. Während der Kriegsjahre herrschte in Eichberg keine Hungersnot. Nahrungsmittel gab es in Hülle und Fülle. Die Lebensmittelkarten waren nur eine Formsache.
„Was war los beim Volkssturm?“, wollte Tereza wissen.
„Ich leite die Vorausverteidigung beim Schloss Neuperstein.“
„Das ist Euer sicherer Tod. Kannst Du diesen Unsinn nicht bleiben lassen?“, jammerte Tereza.
„SS-Obersturmbannführer Stebrich hat es befohlen. Beruhige Dich. Ich erkläre Dir nach dem Essen alles ganz genau.“
Tereza zitterte vor Angst. Der naive Simplizissimus Karl jedoch freute sich. Er wollte kämpfen.
Karl schnitt ein Stück vom Geselchten ab und kaute es gründlich durch. Er dachte: „Wenn ich kämpfe, muss ich stark sein.“
„Wie oft muss ich Dir noch sagen, dass Du beim Essen den Mund zulassen sollst?“, schimpfte Tereza.
„Geht nicht“, hauchte Karl durch die Zähne.
„Nimm doch keine so großen Brocken!“
Nach dem Essen ging Heinrich Häusler mit seiner Frau nach oben ins Schlafzimmer.
„Ich gehe zum Rüdiger. Wir wollen Fußball spielen“, rief Karl seinen Eltern hinterher. Er öffnete die Haustüre, schlug sie aber von innen wieder zu. Vorsichtig und leise schlich er die Betontreppe nach oben und lauschte an der Schlafzimmertüre.
Vater Heinrich erklärte die militärische Lage: „SS-Führer Stebrich sichert mit seinen SS-Männern vom Eichberg aus die Straße nach

Leitmeritz. Er hat aus unserem Waffenlager Panzerfäuste und ein Maschinengewehr mitgenommen. Er gab den Befehl, dass bei uns zurück gebliebene Soldaten und die Volkssturmmänner miteinander vermischt werden sollen. Ich muss beim Schloss und in der Schillerstraße die Fahrzeuge und Panzer der Russen zerstören."
Simplizissimus Karl war glücklich, denn er war überzeugt, dass auch er angreifende russische Panzer mit der Panzerfaust vernichten wird. Der elfjährige Pimpf aus Eichberg wollte, wie der durch die Wochenschau verherrlichte zehnjährige Pimpf aus Berlin, drei russische Panzer abschießen.
„Hörst Du etwas?", fragte Tereza. „Nein."
„Vor der Türe hat es geraschelt." Sie öffnete die Schlafzimmertüre und entdeckte Karl.
„Was machst Du denn noch hier?"
„Ich habe den Fußball vergessen", sagte Karl.
„Der Ball liegt doch nebenan im Kinderzimmer."
Freudestrahlend rannte Karl ohne Fußball zu seinem Freund Rüdiger. Stattdessen nahm er einen kleinen Beutel Murmeln mit.
Nachdem Karl weggelaufen war, setzten Heinrich und Tereza ihr Gespräch fort.
„Wirst Du wirklich tun, was Du vorhin gesagt hast?", fragte Tereza.
„Nein! Nachdem die Totenkopf-SS-Männer weg waren, habe ich alles umorganisiert. Die Soldaten der Deutschen Wehrmacht wurden von mir zum Kaiserwald abkommandiert. Ich hoffe, dass sie klug genug sind und abhauen. Meinem Volkssturm habe ich keine Waffen ausgeteilt. Ich werde die armen Kerle nach Hause schicken, sobald die Russen kommen. Sie warten im Rathaus auf meine Befehle."
„Weiß Bürgermeister und Ortsgruppenleiter der NSDAP Kayser was Du vorhast?"
„Nein. Er würde mich sofort von der SS erschießen lassen."
„Gut, dass Du Deine alten Männer und die Kinder vom Volkssturm im Rathaus auf den Einsatzbefehl warten lässt. Das täuscht diesen Halunken."

„Ich habe Kayser sogar gebeten, meine Krieger mit Essen und Getränken zu versorgen. BDM-Mädchen in Uniform haben diese Aufgabe übernommen."
Was Heinrich Häusler nicht wusste: Ortsgruppenleiter Kayser arbeitete mit dem tschechischen Geheimdienst zusammen. Kaysers Verbindungsmann nach Prag war sein tschechischer Schwager Svoboda, dem das Gasthaus Schantin gehörte.
Im Vergleich mit Paul Thümmel, dem Hauptvertrauensmann der reichsdeutschen militärischen Abwehrstelle Dresden, war Kayser nicht einmal ein kleines Kirchenlicht. Heydrich hielt Thümmel für den besten Agenten des tschechischen Nachrichtendienstes. Worin sich Thümmel und Kayser jedoch glichen: Jeder von ihnen hatte eine tschechische Mutter.
Kayser lief zu Svoboda, um diesem mitzuteilen, was er über die SS-Männer, die bewaffneten deutschen Soldaten und den Volkssturm wusste. Sofort berichtete Svoboda durch Funkspruch nach Prag: „Die Waffen-SS, Soldaten und der Volkssturm von Eichberg wollen den Vormarsch unserer sowjetischen Freunde nach Prag stoppen."
Wieder zu Hause rief Kayser seinen 13-jährigen Sohn zu sich.
„Geh zum Spritzenhaus. Gegenüber wohnt der kleine Karl Häusler. Du kennst ihn vom Kegeln bei Deinem Onkel Svoboda. Schlage ihn windelweich!"
„Warum soll ich ihn denn verprügeln?"
„Sein frecher Vater braucht einen Denkzettel."

Rüdiger und Karl spielten im kühlen Schatten des Spritzenhauses mit ihren Murmeln. Sie knieten auf dem Erdboden und schubsten mit dem Zeigefinger die kleinen Schusser gegeneinander. Wer die Kugel seines Gegenspielers mit der eigenen Kugel in eine kleine Mulde stößt, dem gehört die Kugel.
„Meine Kugeln galoppieren wie Pferde", lachte Karl und sang: „Schon trabt mein Pferdchen - **uz konícek pádí**. Habe nur den Wunsch, dem Pferdchen die Sporen zu geben, um unten im Kühlen mit Murmelkugeln zu spielen."

Plötzlich stand der große, kräftige Sohn des Bürgermeisters Kayser neben Karl und Rüdiger und schaute auf sie hinab.
„Du bist doch der kleine Häusler?"
„Der bin ich", sagte Karl und stand langsam auf.
Der junge Kayser zertrampelte die am Boden liegenden Murmeln. Als Rüdiger versuchte, einige Schusser zu retten, trat ihm Kayser auf die Hand. Rüdiger schrie auf und rannte nach Hause. Bevor auch Karl weglaufen konnte, schlug ihm sein brutaler Gegner mit der Faust in die Magengrube. Von diesem Schlag blieb Karl ein kleines Hämangiom im rechten Leberlappen, wie Jahrzehnte später durch MRT des Oberbauchs diagnostiziert wurde. Karl fiel in sich zusammengekrümmt auf den steinigen Boden. Sein Gegner setzte sich mit gespreizten Oberschenkeln auf den schmerzenden Bauch Karls und schlug grinsend weiter. Karl schützte seinen Kopf mit Unterarmen und Händen so gut er konnte. Als pausenlos Schläge auf seine Schulter, Hände und Arme prasselten wehrte er sich nicht. Er gab keinen Laut von sich, sondern beobachtete seinen Feind. Er spürte die Faustschläge nicht mehr. Als er einen schweren Schlag gegen die linke Stirnseite seines Kopfes erhielt, sackte er absichtlich in sich zusammen, um seinen schweren, großen Gegner zu täuschen. Obwohl Karl eine maßlose Wut erfasste, blieb er ruhig. Er bändigte seinen Jähzorn und wartete auf eine Blöße seines Gegners. Das geschah in dem Moment, als Bürgermeister Kaysers junger Henkersknecht meinte, der kleine Karl Häusler sei erledigt. Der vom Schlagen ermüdete Folterknabe trug ein kurzärmeliges, dünnes Hemd. Karl besaß ein festes Gebiss mit vier langen, spitzen Eckzähnen. Wer möchte von einem kleinen, aufs Äußerste gereizten Wolf gebissen werden? Als sich der etwas schwerfällige Schläger nicht mehr auf sein Opfer konzentrierte, sondern langsam aufrichtete, gab er den kleinen, schlanken und sehnigen Karl frei. In diesem Augenblick schnellte Karl empor. Er biss seinem Feind in die Schultermuskeln des rechten Oberarms. Dieser schrie vor Schmerzen. Erschrocken und entsetzt stand er vollständig auf und zog dabei den kleinen Karl mit nach oben. Karl riss seine langen, spitzen Eckzähne aus den vier blutenden Fleischwunden des Gegners heraus und

sprang mit zwei großen Sätzen zurück. Am Straßenrand lagen einige handliche Pflastersteine. Blindwütig vor Jähzorn bückte sich Karl und ergriff einen Stein. Als er zum Wurf ausholte, fletschte er seine Zähne, öffnete seinen kleinen Wolfsrachen und stieß einen hohen, schrillen, durch Mark und Bein dringenden Kampfschrei aus. Er fixierte seinen Feind mit finsterem Wolfsblick. Karl hatte sich in einen **Werwolf** verwandelt. Ängstlich wandte sich sein Gegner ab, um zu fliehen. Der mit großer Wucht geschleuderte Stein klatschte auf Rücken und Wirbelsäule des feigen Sadisten. Dieser brach zusammen. Er konnte nicht mehr aufstehen. Sein rechtes Bein konnte er nicht mehr bewegen. Auch der Fuß war gelähmt, mit dem er Karls und Rüdigers Murmeln zertreten hatte. Karl ergriff einen auf dem Erdboden liegenden Stecken und drosch damit immer und immer wieder auf die Körperstellen, auf die sein Gegner zuvor bei ihm geschlagen hatte. Jämmerlich winselnd kroch der Kaysersohn davon. Er wusste nicht, dass er den Nachkommen eines Henkers verprügelt hatte. Karls Ur-Ur-Großvater Kastner war der letzte Scharfrichter von Bilin.

07. Mai 1945

Karls Eltern gingen in den Abstellraum neben der Küche. Sie hatten dort drei große Koffer abgestellt, gefüllt mit wertvollen Taschen- und Armbanduhren, Gold- und Silberschmuck. Bereits vor zwei Wochen hatten sie die Koffer im Uhrengeschäft mit der wertvollsten Ware gefüllt und in der Nacht mit dem Leiterwägelchen abtransportiert. Jetzt trennten sie den Goldschmuck von der anderen Ware. Zwei Koffer mit Silberschmuck und wertvollen Uhren übergaben sie ihrem Nachbarn Schütz. Dieser vergrub die Koffer in seiner Scheune. Zehn Jahre später stand im tschechischen Tageblatt der Stadt: „Beim Bau eines Hauses wurden nach Abriss einer Scheune wertvolle Uhren und ein Silberschatz gefunden.“
Heinrich Häusler hatte von seinem tschechischen Schwager Dr. Alex Geitler erfahren, dass Eduard Benesch alle Sudetendeutschen und auch Ungarn aus ihrer angestammten Heimat vertreiben wird.

Karls Vater legte die goldenen Ringe, Ketten, Armreifen und Broschen auf den großen Küchentisch. Heinrich entfernte Edelsteine aus ihrer goldenen Fassung. Tereza ließ den Goldschmuck über der Flamme eines Spiritusbrenners schmelzen. Karl schöpfte mit einem kleinen, halbkugelrunden Löffel flüssig wabbelnde Goldmasse aus dem Schmelztiegel. Er tauchte den Löffel in ein Gefäß mit kaltem Wasser. Das Gold erstarrte zu einer kleinen Kugel. Es entstanden viele Goldkugeln.
„Warum schmelzen wir das Silber nicht ein?“ fragte Karl.
„Silber ist nicht so wertvoll wie Gold.“

08. Mai 1945
Der braune Volksempfänger verkündete ununterbrochen „Der Krieg ist zu Ende. Die Deutsche Wehrmacht hat bedingungslos kapituliert.“

Als Eduard Benesch im März 1945 über Kairo und Teheran nach Moskau flog, ließ er tschechische Piloten als Fallschirmagenten in der Nähe von Prag abspringen. Von London aus hatten diese Piloten an Luftangriffen gegen deutsche Städte teilgenommen. Mit Hilfe seines Geheimdienstes wurden sie in die deutschen Militärflughäfen Prag-Rosin (Praha-Ruzyne) und Prag-Gbell (Praha-Kbely) eingeschleust.
Nach ihrer BDM-Zeit (Der Bund Deutscher Mädchen gehörte zur Hitlerjugend) wurden mehrere junge Frauen aus Eichberg nach Gbell und Rosin dienstverpflichtet. So auch die achtzehn Jahre alte Ria Kirpal aus Eichberg, Lange Gasse 96. Sie kannte den zwei Jahre älteren Tschechen Otto Rohde. Dieser war als Flugzeugtechniker am deutschen Militärflughafen Prag-Rosin beschäftigt. Rohde erwarb den Flugführerschein. Er machte mit reparierten Flugzeugen Probeflüge. Als „Halbjude“ wurde er von den Nationalsozialisten nicht ermordet, sondern durfte für das deutsche Militär arbeiten. Deutsche und Tschechen machten die gleiche Arbeit, bekamen die gleiche Bezahlung und auch die gleiche Verpflegung.
Am 08. Mai 1945 übernahmen Professor Albert Prazák, der Vorsitzende des Tschechischen Nationalrats und Frantisek Bürger,

der Befehlshaber des Prager Aufstands - aufgrund der mit General Toussaint getroffenen Vereinbarungen - die beiden Flugplätze in Prag. Auch die deutschen Militärflugzeuge wurden ihnen übergeben.

Der tschechische Geheimdienst von Prag hatte von seinem Agenten Svoboda aus Eichberg die Information erhalten: „ SS-Männer, noch bewaffnete Sodaten der Deutschen Wehrmacht und der Volkssturm von Eichberg stehen bereit, um die in Prag erwarteten Sowjetsoldaten zu bekämpfen.“ Daraufhin wurde von Bürger der Befehl erteilt, Eichberg mit den deutschen Kampfflugzeugen anzugreifen. Die deutschen Hoheitszeichen wurden übermalt.

Ein tchechischer Pilot, der in London ausgebildeter wurde und am Luftangriff gegen Dresden teilgenommen hatte, machte sich in Praha-Ruzyne mit den deutschen Flugzeugen vertraut. Flugzeugtechniker Otto Rohde stand ihm dabei hilfreich zur Seite. Rohde erreichte, dass er als Ortskundiger mit einer zweiten Maschine am Luftangriff teilnehmen durfte.

09. Mai 1945

Im Hof schaute Karl den gackernden Hühnern zu, die mit ihren Krallenfüßen am Boden scharrten. In der linken Hofecke stand ein Apfelbaum. Er war übersät mit schneeweißen Apfelblüten. Bienen summten von Blüte zu Blüte. Letzten Herbst konnte Vera Máchová nur einen einzigen Apfel von diesem Baum pflücken. Dieses Jahr war mit einer großen Apfelernte zu rechnen. Im rechten Hofeck summten Fliegen auf dem Misthaufen. Daneben stand das Plumpsklosett. Unendlich viele Schmeißfliegen erfüllten den Hof mit lautem Gebrumme.

Der Krieg war vorbei und Eichberg hatte keinen Luftangriff erlebt. Auf die kleine Stadt war keine einzige Bombe gefallen. Immer wieder hatten Bomber in großer Höhe Eichberg überflogen. Sie suchten ein anderes, ein besseres Ziel. Bei jedem Luftalarm liefen die Bewohner der Stadt auf die Straße und schauten nach oben.

Das Gesumme und Gebrumme wurde immer lauter. Plötzlich heulte die Rathaussirene: „Fliegeralarm!“ Tereza lief in den Hof und stellte sich neben Karl. Auch Heinrich Häusler kam in den Hof.
„Das ist ein sinnloser Fliegeralarm. Der Krieg ist doch schon seit gestern vorbei.“
Hoch oben über der Stadt kreisten zwei kleine Flugzeuge. Das Aufheulen der Sirene hatte die Stadtbewohner wieder einmal aus ihren Häusern auf Straßen und Plätze gelockt. Lachend schauten sie dem Ringelspiel der beiden Flugzeuge zu. Nur die kriegserprobten Soldaten, die sich noch in Eichberg aufhielten, verdrückten sich in Toreinfahrten und Hauseingänge. Die beiden Flugzeuge trennten sich und schienen fortzufliegen.
„Das waren zwei deutsche Messerschmittjäger ME 109“, sagte Karl. In seinem Kinderzimmer stand ein originalgetreues Spielzeugmodell dieses Jägers.
Doch plötzlich tauchte ein Jäger ME 109 über dem Weinberg auf und raste geradewegs auf das Stadtzentrum zu. Der andere überflog den Osterberg Richtung Kirchengasse-Lange Gasse. Mit Gewittergrollen donnerten sie heran.
„Tiefflieger!“, schrie Kindersoldat Karl und rannte ins Haus zurück. Seine Eltern liefen hinterher. Kaum hatten sie sich auf die ockerfarbenen Steinfliesen der Hausdiele geworfen, fegte ein ohrenbetäubender Lärm über sie hinweg. Pfeifende Geschosse aus ratternden Bordkanonen schlugen in den Apfelbaum. Danach war es still. Sogar die Bienen und Schmeißfliegen schwiegen.
Der erste Jagdflieger hatte den Häuslerhof zerhackt, das Haus des Konditors Kopetzki durchlöchert und direkt in die Zuschauer auf dem Adolf-Hitler-Platz und der langen Schillerstraße gefeuert. Er flog von Süden nach Norden. Der zweite Jäger erschien im Tiefflug über dem Osterberg. Baracken des Reichsarbeitsdienstlagers der Arbeitsmaiden auf dem Osterberg zertrümmerte er. Er hackte mit seinen Geschossen in die Wiesengasse, den Adolf-Hitler-Platz, die Schulgasse und am Hermann-Löns-Denkmal vorbei die Lange Gasse hoch bis in die Sebitscher Straße. Er flog von Osten nach Westen.

Lange kreisten die beiden tschechischen Piloten über Eichberg. Dabei standen sie in Funkkontakt mit Kayser und Svoboda, den Agenten des tschechischen Geheimdienstes. Schließlich heckten sie gemeinsam einen teuflischen Angriffsplan aus, der zum Tod vieler alter Männer, Frauen und Kinder führte. Ein hundertfacher Aufschrei gellte durch die Stadt; gefolgt durch Jammern und Wehklagen. Zerfetzte Leiber, durch Querschläger, Streif- und Durchschüsse schwer verletzte Menschen zeichneten mit ihrem Blut von Nord nach Süd und West nach Ost ein rotes Kreuz durch Eichberg.

„Die Flieger sind weg, aber sie können wiederkommen", sagte Heinrich. „Wir müssen zum Keller." Tereza nahm den Schlüsselbund von der Wand und verschloss die Haustüre. Heinrich, Tereza und Karl rannten über den Spritzenhausplatz zu einem Feldweg. Bei einem großen Steinhaufen angekommen, ging es nach links über eine Wiese und eine Schotterstraße zum Kartoffelkeller.

Neben dem Keller stand eine große Scheune. Links gegenüber befand sich die Hopfendörre. Der Keller wurde schräg nach unten in den Sandsteinfelsen gehauen. Vom Keller aus war das Gebäude der Kreuzauffindungskirche mit den beiden Kirchturmstümpfen zu sehen. Weiter rechts blickte der schmale, spitze Rathausturm herüber. Die Luft tanzte vor Hitze über den Hausdächern der Stadt.

Hastig kamen drei junge Mütter mit ihren Kinderwagen herangerollt.

„Wir bleiben hier. Die Flieger können wiederkommen." Die in den Elbsandstein gehauene Höhle bot viel Platz.

Drei schneeweiße Schimmel kamen im leichten Galopp aus der Stadt herangetänzelt. Die Pferde blieben vor dem Keller stehen.

Es waren ausgespannte Wehrmachtspferde. Zwei der Gäule ließen Rossäpfel auf die Straße fallen.

Karl ging zu einem Soldaten, der neben der Scheune stand.

„He, Kleiner", sagte der Soldat, „in dem Sandsteinkeller würde ich mich nicht vor Flugzeugen verstecken."

„Warum nicht?"

„Wenn hier eine Bombe runterkommt, dann erschlägt Euch die einstürzende Kellerdecke aus lockerem Sandstein."

„Soll ich es meinen Eltern und den drei Frauen sagen?"

„Sinnlos. Wo sollen sie denn alle hin?“
„Sie haben gleich zwei Kompasse umgehängt“, entdeckte Karl.
An einem der beiden schwarzen Militärkompasse erklärte der Soldat, wie das handliche Gerät funktioniert und zu bedienen ist.
„Darf ich den Kompass behalten?“ „Er gehört Dir.“
Der Autor des Romans besitzt diesen Militärkompass heute noch.
Karl bedankte sich und ging mit dem aufgeklappten Kompass den Hügel neben der Scheune hoch. Um den höchsten Aussichtspunkt hinter dem Witschel-Bauernhof zu erreichen, musste Karl, wie der Kompass zeigte, nach Norden aufsteigen.
Oben am Hügel angekommen sah er zwei Jagdbomber heransausen. Sein Kompass zeigte, dass sie aus Süd-Osten kamen. Dort liegt Prag, wusste Karl.
„Jagdbomber!“, schrie er laut nach unten und versteckte sich in einem Gebüsch. Die Sirene heulte diesmal nicht. Mit ihrem Motorenlärm gaben die Tiefflieger selbst den Alarm. Die Schatten der Flugzeuge huschten wie die Silhouetten von Raubvögeln über Wiesen, Felder, Gärten und Häuser.
„Bestimmt haben sie die Pferde gesehen“, sagte Tereza.
„Sofort in den Keller!“, kommandierte Heinrich Häusler.
Der erste Jagdbomber schwenkte hinter der Kreuzauffindungskirche in einem lang gezogenen Bogen nach links. Häusler gab jedem der Pferde einen klatschenden Klaps mit der flachen Hand. Langsam galoppierten sie Richtung Stadt zurück. Häusler ging das nicht schnell genug. Während der Soldat die besser geschützte Seite der Scheune aufsuchte, ergriff Karls Vater zwei Steine, rannte den Pferden nach und warf ihnen mit Geschrei die Sandsteinbrocken gegen die Hinterhand. Neben einem Holzstoß suchte er Deckung.
Karl sah von oben die Pferde im schnellen, gestreckten Galopp Richtung Stadtteil Tampel laufen. Sie galoppierten vorbei am Häuschen des alten tschechischen Korbflechterehepaares Houzovic und vorbei am kleinen Holzbalkenhaus des alten tschechischen Witschelbauern. Sie schwenkten nicht nach links zu Spieglers Gasthaus und zur Backstube des Tschechen Tschiha, sondern überquerten die nach Draschen führende Talgasse und trabten mit

ihren Eisenhufen auf knallharten Pflastersteinen durch die breite Wassergasse zum Schweinemarkt. Auf diesem großen Platz liefen sie im Kreis, als stellten sie sich die Frage, wohin es weitergehen soll.
Oben auf dem Hügel fand Karl Schutz hinter einem großen Felsenbrocken. War es ein durch eiszeitliche Gletscher verschleppter Findling? Jedenfalls konnte Karl nach Gefahrenlage seine Position ändern und dadurch gleichzeitig beobachten und in Deckung gehen.
Der erste Tiefflieger raste auf gleicher Höhe an Karl ganz nah vorbei. Die drei im Sonnenlicht blendend weiß leuchtenden Schimmel hatte der Pilot im Visier.
„Ein großer Vogel, der seine Eier vom Himmel fallen lässt", dachte Karl, als nacheinander vier Bomben den Bauch des Jagdbombers verließen. Der Pilot zog seine Maschine leicht nach links und dann steil nach oben, um nicht am Burgberg zu zerschmettern. Er hinterließ eine Spur der Vernichtung.
Seine erste Bombe verwandelte den Schweinemarkt in ein Trümmerfeld. Zwei der Schimmel fielen zerfetzt in den tiefen Bombentrichter. Das dritte Pferd, das vorausgelaufen war, hatte in der Wiesengasse Zuflucht gesucht und hinkte davon, von Bombensplittern getroffen. Als wollte sie um Hilfe schreien, riss die große Scheune des Viehhändlers Weigelt ihr Tor auf; fiel dann aber vom Luftdruck der Bombe durchgerüttelt in sich zusammen. Herr und Frau Weigelt wurden mit ihrem kleinen Töchterchen unter den Trümmern ihres Hauses begraben.
Die zweite Bombe landete direkt im Garten des Herrn Schiffner. Karl hatte ihn noch aus dem Haus laufen sehen. Schiffner sprang hinter eine mächtige Fichte, bevor ihn die heranfliegende Bombe erreichte. Als erfahrener Krieger hatte er den bestmöglichen Schutz gesucht. Als durch den Wind verweht, die Staubwolken die Sicht wieder freigaben, sah Karl mit weit aufgerissenen Augen was geschehen war. Vom Schiffner-Häuschen stand nur noch die Mauer zur Straße hin. Die Fichte wurde entwurzelt und stürzte um. Sie erschlug Herrn Schiffner. Vor dem Kriegsveteranen und ehemaligen Offizier der untergegangenen k.und k.-Monarchie lagen ein großer Säbel und ein Gewehr. Karl weinte.

Die dritte Bombe fiel rechts neben der Bäckerei Bürgermeister in eine Kastanienbaumgruppe. Bäcker Bürgermeisters Wohngebäude und Backstube wurden zertrümmert. Die Familie Bürgermeister wurde ausgelöscht.
Steine, Balken, Äste, Blätter, Köpfe mit Stahlhelmen, Arme, Gewehre und Beine mit Soldatenstiefeln flogen durch die Luft. Deutsche Soldaten, die unter den dicht belaubten Kastanienbäumen Schutz gesucht hatten mussten sterben. Von oben durch Flieger nicht sichtbar, glaubten sie sich in Sicherheit. Doch die beiden Agenten des tschechischen Geheimdienstes Svoboda und Kayser hatten ihre Position durch Funkspruch dem angreifenden Piloten mitgeteilt.
„Warum wehren sie sich nicht? Warum schießen sie nicht zurück?“, fragte sich Karl. Für die Soldaten war der Krieg vorbei. Sie hatten ihre Waffen abgelegt und waren bereit in Gefangenschaft zu gehen. Doch sie mussten einen sinnlosen Tod sterben.
Die vierte Bombe schlug im obersten Teil des Burgbergs ein, wo einst die alte Ritterburg der Grafen Berka von Dubá stand. Doch diese Burg konnte nicht zerstört werden, denn von ihr gab es nur noch die Grundsteine und einige verborgene Gänge tief unter der Erde. Der erste Jäger flog nach Praha-Ruzyne zurück.
Der zweite Messerschmitt-Jagdbomber kam auch aus Süd-Osten vom ehemaligen deutschen Militärflugplatz Prag-Rosin (Praha-Ruzyne). In ihm saß Otto Rohde. Er arbeitete bei der Deutschen Wehrmacht von 1939 bis 1945 als flugberechtigter Flugzeugtechniker.
Die Bürgerschule in der Langen Gasse im Visier, klinkte Rohde kurz hintereinander zwei Bomben aus. Karl sah, wie sie nach unten schaukelten. Nur einige Meter weiter links hätten die Bomben den großen Renaissancebau der Bürgerschule dem Erdboden gleichgemacht. So aber fiel die erste Bombe nicht auf das Gasthaus „Zum blauen Stern“, sondern direkt vor das Haus und die Scheune der Familie des Bauern Fischer in der Langen Gasse. Es knallte und eine Basaltsteinfontäne schoss hoch. Dachziegel, Fensterläden, zerfetzte Fenster und Türen flogen durch die Luft. Das aus massiven Sandsteinblöcken erbaute Bauernhaus jedoch hielt stand. Nur im ersten Stockwerk des Fischer-Hauses entstand großer Schaden. Es

wurden alle Fenster und Türen aus den Mauern gerissen. Im Schlafzimmer stürzte die Decke ein und in der Wohnküche fiel der Kachelofen in sich zusammen. Der Vorratsschrank wurde zerstört. Brote, Clobasy, Nudeln, Kolace, Butter, Karbonadeln, Käsestücke, Kabanossy, zerfetzter Speck und zerschlagene Eier lagen auf dem Küchenboden; bedeckt von einem weißen Leichentuch aus Mehl.
Im ersten Stock wohnte die alte tschechische Großmutter der deutschen Familie Fischer.
Babicka Bozena Dusilová zitterte am ganzen Körper. Wie ein Gespenst stand sie mehlbedeckt in den Speiseresten vor dem zertrümmerten Küchenofen. Sie fing zu singen an und hörte nicht mehr auf zu singen.

Der Backofen ist hin
Der Backofen ist hin
Wer gibt ihm wieder seinen Sinn?
Der alte Ofensetzer ist nicht da
Der junge kann nur blablabla.

Wir rufen mit Gejammer
Komm Maurer mit dem Hammer
Du haust nur einmal drauf
Schon steht der Ofen wieder auf.

Pec nám spadla
Pec nám spadla
Kdopak nám jí postaví?
Starý pecar není doma
A mladý to neumí.

Zavoláme si zedníka
Ten má dobré kladivo
On do toho jednou bouchne
A uz je to hotovo.

Am Abend sagte Frau Fischer zu ihrem Mann: „Eiser Omma is meschugge!"
Drei Tage und Nächte sang Babicka ununterbrochen dieses eine Lied immer und immer wieder auf Tschechisch. Dann fiel sie wie der Ofen um und war tot.

Die zweite Bombe schlug neben dem Wachezky-Häusl und dem Sekatz-Häuschen ein. Beide Familien waren Kleinhäusler mit nur einer Kuh im Stall. Ihre leicht gebauten Balken- und Bretterbuden wurden völlig zerstört. Sie klappten wie Kartenhäuser zusammen. Die in Eichberg alteingesessenen tschechischen Familien Wachezky und Sekatz gab es nicht mehr. Eltern und Kinder waren vom zweiten Luftangriff beim Mittagessen überrascht worden.
Die deutschen Familien Havel und Seemann kamen mit dem Schrecken davon. Karl sah, wie der Explosionsdruck der zweiten Bombe Staub, Steine und Balken gegen das Bauernhaus der Familie Graß in der Langen Gasse schleuderte. Dachziegel flatterten wie in die Luft geworfene Spielkarten in das grüne Laub der Eichen hinter dem Haus.
Am dunklen Sandsteingebäude der Bürgerschule, dem eigentlichen Angriffsziel des hasserfüllten Otto Rohde, zerbrachen nur die Glasscheiben der Fenster an der Straßenseite. Rohde hatte das Symbol deutschen Bürgertums und deutscher Kultur verfehlt. Er suchte jetzt, über der Stadt kreisend, nach weiteren Zielen. Oder wartete er auf Funk-Informationen der tschechischen Geheimdienst-Agenten von Eichberg?
Seine dritte Bombe warf Rohde in den Friedhof auf dem Minksberg.
Deutsche Bürger römisch-katholischer und jüdischer Konfession, aber auch viele Tschechen lagen dort begraben. Wollte er die Toten noch einmal töten? Einige Tage später erfuhr Karl den Grund für diesen gezielten Bombenabwurf. Deutsche Soldaten hatten sich unter dem Laubdach der Bäume des Friedhofs versteckt. Der Bombentrichter wurde ihr Massengrab. Die Druckwelle dieser Bombe zertrümmerte alle Fensterscheiben des Gasthauses „Zur Schweiz".

Nach Beitritt der Tschechischen Republik zur Europäischen Union versuchte die Verwaltung der jetzt Dubá genannten Stadt, alte Grabsteine den heimatvertriebenen Deutschen teuer zu verkaufen. Diese mehr als ein halbes Jahrhundert durch Pilzwuchs, Moos und Flechten fast völlig verrotteten Grabsteine sollten jedoch nicht würdevoll im Friedhof von Dubá aufgestellt werden. Es war vielmehr geplant, sie 5 km entfernt in einer Einöde zu lagern. Die Vertreibung der deutschen Grabsteine aus Eichberg sollte also von den vertriebenen Deutschen aus Eichberg bezahlt werden.
Gott schien seine schützende Hand im Spiel zu haben, als Rohde seinen Jagdbomber vom Friedhof zur römisch-katholischen Kirche lenkte. Karl stand immer noch auf dem Witschelberg. Hier oben hatten er, Rüdiger Hein und Franz Doleschal schon oft als Indianer verkleidet, die Friedenspfeife geraucht. Sein Aussichtspunkt war nur 500 m von der Kreuzauffindungskirche entfernt. Das von der Sonne beschienene Kirchendach leuchtete hellrot. Karl konnte den Zielabwurf der vierten Bombe genau beobachten. Diese letzte Bombe fegte steil von oben ganz knapp über das westliche Kirchendach. Sie schlug hinter der Kirche in der schmalen Feldstraße ein.
Rüdiger Hein berichtete seinem Freund Karl Häusler: „Unser Haus hat keinen Keller. Beim Luftangriff lief meine Mutter mit mir in den Garten. Wir legten uns ins Gras und versteckten uns unter einer Decke. Die letzte Bombe schlug wenige Meter neben uns ein. Sie explodierte in der Feldstraße hinter der Kirche. Uns geschah nichts, weil der Garten drei Meter höher liegt als die Feldstraße, abgestützt durch eine massive Sandsteinmauer.“
Als Otto Rohde Wochen später seine Schreckensherrschaft in Eichberg antrat, ließ er diesen letzten Bombentrichter mit Grabsteinen aus dem Klosterfriedhof auffüllen.
Der zweite Messerschmitt-Jabo, in dem Rohde saß, flog auch fort.
Beim tschechischen Bauern Witschel liefen Männer, Frauen und Kinder ins Freie. Kleinbauer Witschel hatte seinen großen Bierkeller befreundeten Nachbarn als Schutzraum zur Verfügung gestellt: Dem tschechischen Korbflechterehepaar Houzovic, dem tschechischen Bäcker Tschiha, den deutschen Familien Havel, Tischlermeister

Girtler, Gastwirt Spiegler und Wagnermeister Schubert. Der Einschlag einer Bombe vor dem Eingang zum Bierkeller, den Heinrich Häusler verhinderte, hätte 12 deutsche und 8 tschechische Bürger der Stadt Eichberg getötet. Auch den Helmut Stelzig.
Karl hüpfte den Hügel hinunter zum Kartoffelkeller seiner Eltern. Er rannte über die Straße auf die gegenüber liegende Wiese.
Seine Mutter rief: „Karel komm in den Keller."
„Die Flieger sind weg!", rief Karl. Er konzentrierte sich auf seinen Kompass und ging Richtung Westen über die Wiese. Karl knöpfte die linke Brusttasche seiner Jacke auf und nahm die Damenpistole in die Hand. Sie war geladen und gesichert. Er war stolz, denn mit Kompass und Pistole ausgerüstet, glaubte er ein Soldat zu sein.

Otto Rohde war in der Zwischenzeit in einem weiten Bogen um den Osterberg und von dort bis hinter den hohen Eichberg geflogen. Vorbei am hochgelegenen Dorf Nedoweska, kam er wieder zurück nach Eichberg. Als würden hundert Schwäne auf Karl zufliegen, so hörte sich das Geräusch des Jagdbombers an, der aus Richtung Süden kam.
„Karel!", schrie Tereza, als sie den Jäger über die Hopfendörre hinweggleiten sah. Heinrich Häusler riss seine Frau zurück in den Keller und schlug die Kellertüre zu. Karl ließ den Deckel seines Kompasses zuschnappen.
Rohde hielt Ausschau nach Opfern für seine Bordkanonen. Erst hinter der Hopfendörre entdeckte er Karl. Rohde konnte den kleinen Jungen, den er bereits überflogen hatte, nicht unter Beschuss nehmen. Karl hörte die Schreie und das Weinen seiner Mutter. Sein Vater musste sie mit Gewalt festhalten. Langsam, fast lautlos gleitend, schwenkte der Jäger nach links. Was sollte Karl tun? Diese Situation hatte er als Pimpf bei der Hitlerjugend nicht geübt.
„Wenn ich zum Keller zurücklaufe", dachte er, „entdeckt der Jäger unser Versteck. Wo das Kind hinläuft, da sind auch die Eltern und noch andere Menschen. Die Stahlmantelgeschosse der Bordkanonen des Messerschmitt-Jagdbombers würden die Kellertüre zerfetzen und

ihn, seine Eltern und die Frauen mit ihren kleinen Kindern durchlöchern."
Das Flugzeug flog nach einem engen Bogen mit abgestelltem Motor langsam seitlich am kleinen Karl vorbei. Dieser prägte sich das Gesicht des Piloten gut ein. Später erkannte er ihn wieder. Es war Otto Rohde mit einer braunen Lederkappe auf dem Kopf. Karl sollte diesem Luzifer noch oft begegnen. Schlagartig erkannte Karl seine Situation. Der Jagdflieger würde draußen vor dem Weinberg wenden und dann so zurückfliegen, dass für ihn die Hopfendörre nicht mehr in der Schusslinie liegt.
„Also Tiefflieger von links!", hieß jetzt das Kommando für den Kindersoldaten. „Nach rechts runter von der Straße und rein in den Straßengraben." Aber auf der offenen, flachen Wiese gab es keine Straße und auch keinen Straßengraben. „Volle Deckung", dachte Karl. „Aber wo?" Er blickte sich schnell um. Der Flugzeugmotor heulte auf.
Beim Kartoffelkeller drüben umklammerte Karls Vater seine Tereza mit dem rechten Arm und hielt ihr mit der linken Hand den Mund zu, damit ihre Schreie seinen Sohn nicht irritieren. Der Jagdflieger drehte bereits beim Weinberg nach links ab und zog vor dem Kaiserwald mit nach unten hängender Maschine einen engen Bogen.
„Wäre ich doch ein Vogel und könnte fliegen", wünschte sich Karl.
Dreißig Meter vor ihm lag ein Steinhaufen in der Wiese. Karl sah, dass der Jagdbomber mit gedrosseltem Motor knapp über dem Erdboden langsam auf ihn zuschwebte. Karl blieb nicht vor Angst gelähmt stehen, um auf seinen Tod zu warten. Er war ein sehr guter Sprinter.
Mit satanisch ausgebreiteten Raubvogelflügeln kam Rohde langsam näher. Der Motor des Jägers war abgestellt. Die Pistole fest in der rechten Hand, rannte Karl zum Steinhaufen. Die letzten zwei Meter sprang und flog der leichte kleine Junge mit gestreckten Armen und Beinen hinter den Steinhaufen in Deckung. Diese Bauchlandung hatte er als Pimpf geübt. Er entsicherte seine Damenpistole und fasste sie mit beiden Händen. Eine kurze Drehung und schon lag er schussbereit auf dem Rücken.

Die Garben der Bordkanonen des Jägers durchackerten die Wiese. Sie verirrten sich im 2 m breiten und 1m hohen Haufen großer, runder Kieselsteine, hinter denen Karl lag. Karl feuerte blitzschnell alle Patronen seiner Pistole in das sehr langsam über ihn hinweg gleitende Flugzeug. Die spitzen Geschosse aus hartem Stahl klatschten in die Flügel des Jagdbombers.
Bei den Luftangriffen hatte kein deutscher Soldat zurückgeschossen.
Nur Werwolf „Karl der Kleine" schoss zurück.
Vor Freude tanzte er wie ein Indianer mit Kriegsgeheul um den Steinhaufen, der ihm das Leben gerettet hatte. Schnell sicherte und versteckte er seine Pistole in der Jackentasche.
Rohde konnte nicht nach hinten schießen. Er schoss nach vorne und traf das Houzovic-Häuschen. Das tschechische Korbflechterehepaar Houzovic war nach dem Bombenangriff nach Hause gegangen. Sie setzten das unterbrochene Mittagessen fort. Sie saßen sich gegenüber, als die Geschosse durch Bretterwand und Dachziegel schlugen und ihren Küchentisch in zwei Teile zerlegten. Bratensoße im Gesicht und auf der Kleidung, lagen sie lange Zeit auf den Fliesen ihres Küchenbodens und dachten, sie seien tot. Karl lief zum Kartoffelkeller, wo ihn seine Mutter weinend umarmte.
Die Benzinuhr im Jagdbomber Rohdes zeigte an, dass sich die Treibstofftanks leerten. Von Eichberg nach Prag sind es nur 40 km Luftlinie. Bald landete die Maschine in Praha-Ruzyne.
Rohde: „Ich melde mich vom Kampfeinsatz zurück. Ich habe kampfbereite deutsche Soldaten, den Volkssturm und die SS-Männer in ihren Schlupflöchern vernichtet. Dem Vormarsch der sowjetischen Truppen nach Prag steht nichts mehr im Wege."
Rohde stand stramm vor Professor Albert Prazák, der sich eine hohe Position im wiedererstandenen tschechoslowakischen Staat erhoffte. Von Reportern umgeben, stellte er sich ins Rampenlicht der tschechischen Öffentlichkeit.
„Berichten Sie!", forderte Prazák.
„Ich bin in Ruzyne flugberechtigter Flugzeugtechniker. Schon lange habe ich mich auf die Stunde der Rache vorbereitet."
„Dann kennen Sie sich mit den Flugzeugen sehr gut aus."

„Richtig. Den ersten Angriff haben wir mit zwei Messerschmitt-Jägern ME 109 geflogen. Ihre genaue Typenbezeichnung lautet BF 109. Die Maschinen besitzen seit 1942 einen Daimler-Benz-Flugmotor Typ DD 605 D mit einer Leistung von 1800 PS. Damit können diese Flugzeuge eine Geschwindigkeit bis zu 680 Stundenkilometern erreichen."

„Nicht zu schnell reden", rief ein Reporter, „wir wollen mitschreiben und nicht mitfliegen." Alle Anwesenden lachten.

„Dieses einsitzige Jagdflugzeug ohne Bomben hat eine große Feuerkraft. Es besitzt zwei 7,92-mm-Maschinengewehre und zwei 20-mm-Bordkanonen.

„Herrlich", rief eine Reporterin. „Damit habt ihr viele deutsche Schweine geschlachtet." „Haben wir!"

Rohde war in seinem Element. „Beim zweiten Luftangriff sind wir mit der Messerschmitt-Variante >Emil< geflogen, die seit 1940 hergestellt wurde. Es ist der einsitzige Messerschmitt-Jagdbomber ME 109 E-4B, mit dem ich vorhin gelandet bin. Er kann eine Bombenlast bis 250 kg aufnehmen. Entweder eine 250-kg-Bombe oder vier 50-kg-Bomben oder 96 2-kg-Splitterbomben. Wir haben den Bombenschacht mit vier 50-kg-Bomben gewählt. Diese Maschine besitzt über dem Motor zwei MG 17 mit 7,92-mm-Geschossen und eine 20-mm-Bordkanone, die durch die Propeller-Nabe schießt. Dadurch wird die Treffsicherheit erhöht. Das Stahlmantelgeschoss einer Bordkanone wiegt 134 Gramm. Damit kann man an einer starken Haustüre kurz anklopfen und sie geht auf."

Die Zuhörer lachten in Siegerlaune.

„Der 1175-PS-Motor hat, wie Sie sehen können, eine Propellernabe mit drei Propellerblättern. Die Höchstgeschwindigkeit des Jabos beträgt 560 Stundenkilometer. Wird der Motor gedrosselt, fliegt der Jagdbomber sehr langsam. Auf eine Schwäche muss ich noch hinweisen. Die Benzintanks befinden sich in den Flügeln. Am Stahlblech der Tanks und an der Stärke der Flügelbespannung wurde gespart, um mehr Bombengewicht laden zu können."

„Mehr Bomben, weniger Deutsche", lachte Frantisek Bürger, der Stabschef des Prager Aufstandes. Die Zuhörer klatschten.

„Wir gehen ins Kasino zum Essen“, sagte Bürger. Er war ungeduldig. Als Kettenraucher zertrat er die glühenden Stummeln seiner Zigaretten mit drehender Schuhsohle. Seine letzte glimmende Zigarette schnippte er zornig zum eben gelandeten Jagdbomber hinüber.
Werwolf Karl hatte mit den kleinen spitzen Stahlmantelgeschossen seiner Damenpistole den rechten Flügel und Benzintank des Jagdbombers durchlöchert. Dünne Benzinstrahlen bildeten auf der Betonpiste des Flugplatzes eine Pfütze aus explosivem Flugzeugsprit.

Ein kleines Mädchen überreichte Otto Rohde einen Blumenstrauß.
Während Bürger, Prazák, Rohde, die Reporter, der Pilot aus London und das Mädchen zum ehemaligen deutschen Offiziers-Kasino gingen, zerbarst hinter ihnen der Jagdbomber in einem glühenden Feuerball.
Der Pilot aus London, der nach Dresden auch Eichberg bombardiert hatte, eine Reporterin, für die Deutsche keine Menschen sondern Schweine sind und das kleine unschuldige Mädchen verbrannten. Der fliegende Teufel Luzifer aber rettete Otto Rohde, damit dieser weitermorden konnte.
Noch am selben Tag fuhr Rohde nach Melnik zu seinen Großeltern. Dort beteiligte er sich am Massaker an mehr als vierhundert jungen deutschen Arbeitsdienstmännern. Sie waren jünger als 18 Jahre. Über die Elbe wollten sie nachhause zu ihren Eltern ins Eichberger Bergland fliehen. Vergeblich versuchten sie den Weg des Karel Hynek Mácha einzuschlagen, der oft von Prag aus über diese **„Todesbrücke“** in das später nach ihm benannte Mácha-Land gewandert war.

Die Sowjetarmee kommt

Landwirtssohn Walter Zwicker, Lange Gasse 111, und Elisabeth Böhm, Tochter des Viehhändlers Karl Böhm vom Schweinemarkt, liebten einander. Walter wurde vom Militärdienst freigestellt, um

seinem kranken Vater auf dem großen Bauernhof zu helfen. Elisabeth half als Arbeitsmaid auf dem Zwicker-Hof. Es war beschlossene Sache, dass Elisabeth und Walter heiraten.
Der Krieg war vorbei. Am Morgen des 09. Mai 1945 wanderte das Brautpaar zur Burgruine Altperstein. Auf dem Weg zu ihrem Ausflugsziel sagte Elisabeth: „Dr. Koch hat mich untersucht und mir mitgeteilt, dass ich ein Kind von Dir bekomme.“
„Mein liebe Liesl, das macht mich glücklich.“
Nachdem die verliebten jungen Menschen oben auf dem vor vielen Jahrtausenden erloschenen Vulkankegel des Alten Bärensteins angekommen waren und einen Rastplatz mit guter Aussicht gefunden hatten, aßen sie die mitgebrachten belegten Brote. Auf einer kleinen Strohmatte legten sich Walter und Elisabeth eng umschlungen ins warme Sonnenlicht. Schmetterlinge flatterten von Blume zu Blume und glitten im Aufwind schaukelnd über nackte Felsen. Von den Bergwiesen im Tal erklang Kuhglockengeläut, das Meckern von Ziegen und Blöken von Schafen. Plötzlich schreckte die Liebenden donnernder Flugzeuglärm aus ihrer Umarmung. Walter sprang auf und blickte nach Eichberg hinüber.
„Über unserer Stadt kreisen zwei Jagdflugzeuge. Jetzt gehen sie zum Tiefflug über. Sie schießen aus allen Rohren. Wir müssen sofort nach Hause.“
Walter und Elisabeth hüpften den Alten Bärensteinberg hinunter. Bald war das Dorf Wrchhaben erreicht. Wieder hörten sie Flugzeuglärm und dann das dumpfe Krachen einschlagender Bomben.
„Es waren acht Bomben“, sagte Walter.
„Ich kann nicht mehr“, stöhnte Elisabeth.“ In einer Wiese neben der Straße, die von Hirschberg nach Eichberg führt, legten sich die Verlobten unter eine große Eiche und schliefen erschöpft ein. Als die Sonne tiefer stand und der dunkelgrüne Nadelwald seinen kühlen Schatten über die beiden gleiten ließ, wachten sie wieder auf und gingen weiter. Sie durchwanderten den Talkessel der Wolfsschlucht und eilten an der dicht bewaldeten Fuchsfalle vorbei. Vor dem

Schloss Neuperstein war die Straße mit leer stehenden deutschen Militärfahrzeugen vollgestopft.
„Hier hat unser Volkssturm eine Panzersperre errichtet. Ich habe beim Bäume fällen und Ausheben von Schützengräben geholfen", sagte Walter.
Bei der Einfahrt zum Schloss stand eine kleine Dreifaltigkeitsstatue. Das verliebte Paar blieb davor stehen. Tief in sich gekehrt sprachen sie gemeinsam ein Dankgebet für den Frieden. Motorengeräusch ließ sie aufhorchen.
„Das ist der Omnibus aus Hirschberg. Er wird von der Wolfsschlucht bald zu uns heraufkommen. Die werden staunen, wenn sie bei unserer Panzersperre ankommen", lachte Walter.
Doch plötzlich brauste ein russischer T 34-Kampfpanzer heran. Es war zu spät um wegzulaufen. Der Führungspanzer hielt an. Folgende Panzer und Lastwagen stoppten. Laute russische Befehle ließen die auf den Panzern mitfahrenden Infanteristen abspringen und hinter ihren Panzern Deckung suchen. Aus den Militärlastwagen sprangen mehr als hundert Soldaten in brauner Kampfuniform auf die Straße. Sie warfen sich mit ihren Waffen im Anschlag links und rechts in die Straßengräben. Es waren Mongolen, die in Deckung gingen. Weshalb? Die Kaiserstraße war mit deutschen Militärfahrzeugen versperrt. Gefällte Kastanienbäume lagen als Panzersperre auf dem Asphalt. An beiden Seiten der Straße lag Erdaushub als Schutzwall vor Schützengräben. Ein kleiner Stoßtrupp kroch und sprang zwischen den verlassenen Fahrzeugen hindurch. Hinter den gefällten Baumstämmen robbten sie zu den Schützengräben.
Sie entdeckten keine Waffen-SS, keine deutschen Soldaten, keine Volkssturmmänner und auch keine Werwölfe. Heinrich Häusler, der Anführer des Volkssturms, hatte vorausplanend diese Situation herbeigeführt und dadurch Menschenleben gerettet. Dabei riskierte er sein eigenes Leben, denn er befolgte die Befehle des SS-Führers Stebrich nicht.
Der russische Kommandant des sowjetischen Führungspanzers winkte Walter Zwicker und Elisabeth Böhm zu sich heran. Er fragte sie zuerst auf Russisch und dann in tollpatschigem Tschechisch, wo

es nach Prag geht. Beide konnten keine Auskunft geben. Seit 1938 wurde an deutschen Schulen kein Tschechischunterricht erteilt. Diese Anordnung Adolf Hitlers rächte sich jetzt.
Dschingis Khans schlitzäugiger Urenkel, der nicht auf Pferdehufen, sondern auf Panzerketten nach Eichberg geritten kam, gab seinen Infanteristen einen Wink. Diese packten die Elisabeth und hoben und schoben sie hinauf zum Turm des Panzers. Um seiner Liesl beizustehen, sprang Walter auf den Panzer. Er schlug einem mongolischen Sowjetsoldaten mit der Faust in das breitbackige Gesicht. Dieser hatte seiner Braut die Bluse aufgerissen und nach ihren schönen weißen Brüsten gegriffen. Ein kurzer Feuerstoß aus einer Kalaschnikow tötete den wütenden Bauernburschen. Der Todesschütze spuckte Blut und Zähne aus. Als wolle er seine Liesl ein letztes Mal umarmen, fiel Walter mit ausgebreiteten Armen auf die Straße zurück. Mit keiner Panzerfaust, sondern nur mit der eigenen Faust bewaffnet, war der junge Volkssturmmann in die vorderste Kampflinie der Sowjetarmee geraten. **Walter Zwicker fiel als letzter mutiger Held im Zweiten Weltkrieg.**
Die Sowjetsoldaten zerrten und schoben die herzzerreißend schreiende Elisabeth durch die Einstiegsluke ins Panzerinnere.

Heinrich Häusler ging nach dem Luftangriff sofort zum Rathaus.
Das Motorrad seines Meldefahrers stand vor der Rathaustüre. Häusler stieg auf den Rathausturm und hielt mit seinem Fernglas nach den sowjetischen Truppen Ausschau. Als er die ersten Panzer sah, befahl er seinen Volkssturmmännern nach Hause zu gehen.
„Ich habe Nachricht erhalten, dass der Feind erst morgen kommt. Bleibt daheim und haltet Euch bereit!“ Alle hauten ab. Nur der fünfzehnjährige Meldefahrer wollte nicht gehen.
„Einer muss die Stellung halten. Wer soll die anderen verständigen, wenn es so weit ist? Nur ich habe Namen, Anschriften, Fahrplan und Motorrad.“
„Wie heißt Du?“
„David Goldblech. Ich habe eine arische Mutter.“
„Wo wohnst Du?“

„Im Tachetzki Gassel."
„Darf ich mir Deine Liste anschauen?"
„Hier ist sie."
„Ich behalte die Liste und bringe sie Dir persönlich vorbei, sobald es notwendig ist. Schnapp Dir Dein Motorrad und fahre damit sofort nach Hause. Das ist ein Befehl!", kommandierte Heinrich Häusler mit scharfer Stimme. David Goldblech gehorchte. Er war zu unbedingtem Gehorsam erzogen worden.
„Da will doch tatsächlich ein kleiner David gegen den Goliath Sowjetarmee kämpfen", dachte sich Häusler. Er sah dem blonden Burschen beim Anlassen seines Motorrads zu. Es war eine gut gepflegte BMW R 32-Maschine.
Häusler rannte so schnell er konnte die wenigen hundert Meter nach Hause. Im Küchenofen verbrannte er die Liste der Männer des Volkssturms. Er konnte nicht ahnen, dass Ortsgruppenleiter Kayser eine Abschrift davon bereits seinem tschechischen Schwager Svoboda ausgehändigt hatte.
Kindersoldat Karl wartete ungeduldig auf seinen Vater. Er wollte mit der Panzerfaust einen russischen T 34-Kampfpanzer abschießen. Wie das geht, hatte er beim Volkssturm geübt und im Kino durch die Wochenschau als Kriegspropaganda vorgeführt bekommen. Endlich kam sein Vater. Er sagte, dass die Russen da sind. Simplizissimus Karl freute sich. Aber was verlangte sein Vater? Er forderte, dass Mutter und Sohn das Haus nicht verlassen dürfen. Tereza brachte eine weiße Fahne.
Karl verstand sofort. Er entriss seinem Vater die Kapitulationsfahne und beschimpfte ihn als Feigling und Verräter.
Warum hatten Heinrich und Tereza Häusler ihren Sohn nicht aufgeklärt? Weshalb durften sie nicht widersprechen, als ihr kleiner Karl beim Volkssturm an den Waffen ausgebildet werden wollte? Kann man sich auf ein redseliges Kind verlassen, das von der Propaganda Goebbels´ völlig in die Irre geführt wurde?
Karls Eltern wären durch den Ortsgruppenleiter der NSDAP Kayser angezeigt worden. Die Gestapo hätte sie ins nur 40 Kilometer entfernte Konzentrationslager Theresienstadt verschleppt. Dort wären

sie als „Verräter am deutschen Volk“ von der SS liquidiert worden. Waisenkind Karl aber hätte man in ein Umerziehungsheim der Nationalsozialisten gesteckt.
Karls Jungvolkführer Queisser hatte seinen Pimpfen immer wieder eingetrichtert: „Meine jungen Krieger kapitulieren nie! Sie kämpfen bis zum Tod für Führer, Volk und Vaterland.“ Und was machte sein Vater jetzt? Er kapitulierte.
Als Heinrich zum Schlag ausholte, stellte sich Tereza schützend vor ihren Sohn. Dann umklammerte sie ihren Karel so fest, dass er sich nicht mehr rühren konnte.
Heinrich Häusler lief mit der weißen Fahne zum Adolf-Hitler-Platz hinauf. Dort warteten auf ihn schon die Apothekerin Frau Emilie Puhl und der Eisenwarenhändler und Stadtrat Franz Richter. Die weiße Fahne schwenkend gingen sie den Russen entgegen.
Die mongolische Militäreinheit hatte beim Schloss Neuperstein angehalten. Ein weißrussischer Verband war zur mongolischen Voraustruppe aufgerückt. Zwei schwere Räumpanzer schoben die liegen gebliebenen deutschen Militärfahrzeuge und die als Panzersperre gefällten Kastanienbäume zur Seite.
Der weißrussische Befehlshaber winkte die drei Parlamentäre der Stadt Eichberg zu sich heran. Frau Emilie Puhl konnte Tschechisch und Russisch sprechen. Sie bat um eine friedliche Besetzung Eichbergs. Mit den drei deutschen Unterhändlern auf dem Rücksitz seines Geländewagens, gefolgt von einem gepanzerten Kleinlaster mit schwer bewaffneten Infanteriesoldaten, fuhr der weißrussische Offizier zum Rathaus. Seine Soldaten schwärmten aus und sicherten alle strategisch wichtigen Punkte der Innenstadt.
Heinrich Häusler wies sich gegenüber dem russischen Offizier als Soldat der Deutschen Wehrmacht aus. Nach Übergabe der Waffen und des Munitionslagers des Volkssturms führte Häusler den russischen Offizier in sein Uhren- und Schmuckwarengeschäft. Dort überreichte er dem Weißrussen so viele Uhren und so viel Schmuck, wie dieser haben wollte. Als Dank dafür postierte der Offizier einen Kampfpanzer mit drei Mann Besatzung vor dem Geschäft. Von dort aus konnte der Panzer auch das Rathaus absichern.

Karls Vater war stolz darauf, dass er als Soldat keine Menschen töten musste, sondern Menschenleben retten konnte. Wären die Männer und Kinder seines Volkssturms bewaffnet in Gefangenschaft geraten, hätte sie der russische Befehlshaber als Partisanen erschießen lassen.
Der neue weißrussische Militärkommandant von Eichberg stellte Heinrich Häusler in russischer, deutscher und tschechischer Sprache eine mit Armeedienstsiegel versehene Bescheinigung aus. Darin stand geschrieben: „Gefreiter Heinrich Häusler hat sich für die Sowjetarmee verdient gemacht. Er ist privilegierter Kriegsgefangener der Sowjetunion. Er darf in seiner Heimatstadt Eichberg bleiben und besitzt dort volle Bewegungsfreiheit."
Schon auf dem Weg zum Rathaus hatte der sowjetische Offizier durch Funkspruch an seine Truppen Befehle ausgegeben. Die weißrussischen Einheiten wurden in Eichberg stationiert.
Die Panzer und Lastwagen der mongolischen Soldaten, gefolgt von Fahrzeugen mit Soldaten der Svobodaarmee, erhielten den Befehl Eichberg in Richtung Prag zu durchfahren. Die tschechoslowakischen Soldaten wurden von Oberst Hlavitschka angeführt.
Als der mongolische Führungspanzer, in dem die Böhm Elisabeth verschleppt wurde, die steile Persteiner Straße hinunterfuhr, rutschte der Panzer mit seinen großen Stahlkettenplatten auf dem vulkanischen Blaubasaltpflaster wie auf Glatteis hin und her. Während die Panzergrenadiere anfingen, der Elisabeth die Kleider vom Leibe zu reißen, wurde der Fahrer des Panzers abgelenkt. Er konnte nicht verhindern, dass sein Stahlkoloss gegen das Wohnhaus des Fotografen Ungermann schlitterte und es zertrümmerte. Der mongolische Infanterist, der den Walter Zwicker erschossen hatte, fiel dabei vom Panzer herab. Er wurde zerquetscht. Mit erstarrter, zahnlückengrinsender Fauns-Fratze lag er im Straßenstaub.
Das „Erstbesteigungsrecht" beanspruchte der Kommandant des Panzers. Er begann auf Elisabeth zu reiten. Diese bäumte sich auf und schmiss ihn aus dem Sattel. Gerade jetzt versuchte der Panzerlenker von der Schillerstraße nach rechts in die Schulgasse einzuschwenken. Die Geschützkanone des Panzers, die aussah wie der ausgefahrene Penis eines mongolischen Steppenhengstes, stieß

durch die Mauer des Hafenrichterhauses. Hinter dieser Mauer befand sich das Schlafzimmer der kranken tschechischen Mutter des Dr. Adolf Hafenrichter. Entsetzt sprang die alte Frau aus ihrem Bett.
Der Panzer hatte sich verkeilt und musste zurückfahren. Der Kommandant stand auf und schwenkte den Panzerturm mit der Kanone nach rechts.
Elisabeth rammte ihr rechtes Knie zwischen die Beine des vor ihr stehenden Rittmeisters. Dieser sank mit schmerzverzerrtem Gesicht neben ihr nieder. Vergeblich versuchte Elisabeth durch die Turmluke in Freie zu springen. Sie konnte nur kurz auf die Dreifaltigkeitssäule in der Mitte des Adolf-Hitler-Platzes blicken; dann wurde sie wieder in den Panzer zurück gezerrt.
Die Auspuffgase des erneut anfahrenden Panzers, die wie hundert sibirische Pferdefürze aus den Auspuffrohren krachten und grässlich stanken, ließen die aus ihrem Bett gesprungene alte Tschechin in ihrem Schlafzimmer ohnmächtig zusammenbrechen.
Ein weiterer Infanterist war vom Panzer gefallen. Seine Beine wurden vom nachfolgenden Panzer überrollt. Motorenlärm und Panzerkettengerassel übertönten Elisabeths Hilfeschreie und die Schreie des schwer verletzten Sowjetsoldaten.
Nach zwanzig Kilometer Folterfahrt im eisernen Kerker, warfen die Sowjetsoldaten ihr nacktes und ohnmächtiges Opfer in Liboch vor der Elbbrücke aus dem Panzer in die Sträucher der Uferböschung. Als die junge Frau wieder zu sich kam, bewegte sie sich nicht. Sie ließ die lange sowjetische Militärkolonne der Mongolen und die Fahrzeuge der Svobodaarmee an sich vorbeifahren. So wurde sie nicht wieder aufgegriffen oder sogar erschossen.
In der Nacht schaffte sie es, zu ihren Eltern nach Eichberg zurückzukehren.
Elisabeth rettete ihr Leben und das Leben ihres ungeborenen Kindes. Acht Monate später gab sie ihrem neu geborenen Sohn den Namen Walter.

Die weißrussische Besatzungsmacht in Eichberg

Franz Richter, auch Eisen-Richter genannt, der 1938 die Schilder „Marktplatz“ aufbewahrt hatte, als sie abmontiert und durch Schilder mit der Aufschrift „Adolf-Hitler-Platz“ ersetzt wurden, beeilte sich diese wieder an ihrem angestammten Platz anzubringen. Die Adolf-Hitler-Schilder bewahrte er nicht auf, sondern zerschlug sie mit einem Hammer und warf sie zum Schrott.

Der weißrussische Stadtkommandant Eichbergs kam aus Minks und war römisch-katholischer Konfession. Die meisten seiner Soldaten brachte er im Schloss Neuperstein unter. Die Bürgerschule ließ er als Lazarett einrichten. Er selbst wohnte in der Nähe der Bürgerschule im großen, schönen Haus der Familie Kirpal. Soldaten, die nicht im weitläufigen Schloss der Grafen von Waldstein untergebracht werden konnten, wurden in der Volksschule und beim Schantinwirt Svoboda einquartiert. Svoboda war der einzige Gastwirt Eichbergs, der den Russen ein solches Angebot machte. Er verwöhnte seine russischen Freunde mit Essen und Trinken. Waren die Soldaten besoffen, lockte er aus ihnen Informationen heraus, die er an den Geheimdienst nach Prag weiterleitete.

Bei der Ziegelei am Persteiner Berg richteten die Russen eine Feldbäckerei ein. Karl Häusler, Rüdiger Hein und Franz Doleschal bekamen dort Brote geschenkt. Bei der Brotausgabe mussten sie sich nicht hinter den russischen Soldaten anstellen, sondern wurden sofort nach vorne gewinkt. Die knusprigen, warmen Brotrinden schmeckten den drei Knaben besonders gut. „Unser Jungvolkführer hat sich geirrt!“, sagte Franz Doleschal. „Die Russen sind keine Untermenschen.“ Der Stadtkommandant suchte Hochwürden Stadtpfarrer Christian Storms auf, um einen Termin für einen Gottesdienst in der Kreuzauffindungskirche zu vereinbaren.

Zum Gottesdienst kamen nur runzelige Großmütter, alte Männer und Kinder. Junge Frauen hatten sich aus Angst vor Vergewaltigungen versteckt. Rüdiger, Franz, Helmut und Karl mit seiner Freundin Vera mussten sich eine Stunde vor Beginn des Gottesdienstes einfinden, um mit dem verkleinerten Kirchenchor zu üben. Chorregent Wenzel

Jäger ließ die Orgel jubilieren. Deutsche und russische Kirchenlieder wechselten einander ab. Der Eichberger Kirchenchor sang von der Empore herab. Die russischen Soldaten sangen vom Kirchenschiff nach oben. Pfarrer Storms begrüßte die anwesenden Soldaten und übergab das Wort dem Stadtkommandanten. Dieser hielt seine Ansprache abwechselnd in russischer und deutscher Sprache. Er dankte Gott für den Frieden und sprach von der Hoffnung einer baldigen Rückkehr in die russische Heimat. Nach dem Segen sprach Pfarrer Storms den abschließenden Satz, der ins Russische übersetzt wurde: „Gott hat unsere Gebete erhört. Wir sind wieder freie Menschen."

Gestern noch Bürgermeister und mächtiger Ortsgruppenleiter der NSDAP, war Josef Kayser aus der Postgasse 2 einen Tag später nur noch Bäckermeister mit parteipolitischer Vergangenheit. Er kam zum Haus Untere Kirchengasse 212 und schlug mit kräftiger Faust gegen die Hoftüre. Karl und sein Vater gingen in den Hof.

„Sie wünschen?", fragte Heinrich Häusler.

„Ihr Sohn hat meinen Jungen so zugerichtet, dass er von Dr. Koch behandelt werden muss."

„Das ist ja lächerlich. Schauen Sie sich doch meinen kleinen Jungen an. Ihr Sohn ist zwei Jahre älter, viel größer und stärker als Karl." „Ich werde Sie zur Rechenschaft ziehen. Häusler, wir sehen uns beim Stadtkommandanten wieder. Als Anführer des Volkssturms werden Sie noch büßen." Häusler nahm das Beil vom Hackstock und ging mit erhobener Axt auf Kayser zu. Kayser lief weg.

Das Ergebnis der Anklage und Verteidigung der beiden Kontrahenten vor dem russischen Befehlshaber bestand darin, dass der Weißrusse den federleichten Karl auf den Arm nahm. Er ging mit ihm ganz nah an Kayser heran.

„Ein tapferer deutscher Junge", sagte er und streichelte Karls Kopf. Kayser: „Heinrich Häusler war der Anführer des Volkssturms. Sie müssen ihn verhaften."

„Das ist mir bekannt. Er hat die Stadt kampflos übergeben." Kayser schaute erstaunt. Häusler ruhig: „Herr Josef Kayser war Ortsgruppenleiter der NSDAP. Er und sein eifriger Komplize SS-

Obersturmbannführer Stebrich haben mich gezwungen, Eichberg mit Waffengewalt gegen Ihre glorreiche Sowjetarmee zu verteidigen. Ich konnte die beiden überlisten. Es gelang mir, Ihnen die Stadt kampflos zu übergeben."

„Ortsgruppenleiter?", fragte der Russe. „Ja.", antwortete Kayser. „Aber nur zum Schein. Tatsächlich war ich ein Widerstandskämpfer gegen Adolf Hitler. Alle meine Kenntnisse habe ich dem tschechoslowakischen Geheimdienst mitgeteilt."

„Das wird das neu eingerichtete Bezirksgericht in Böhmisch Leipa überprüfen. Ich bringe Sie persönlich dorthin."

Am Nachmittag kam Amtsbote Houschwic mit seiner Glocke, um eine Bekanntmachung des Stadtkommandanten auszurufen: „Alle Bürger der Stadt Eichberg versammeln sich um vier Uhr nachmittags auf dem Marktplatz. Franz Richter, unser neuer Bürgermeister, hält eine Ansprache."

Der ehrenwerte Herr Franz Richter, Eisenwarenhändler in Eichberg Marktplatz Nr. 45, wurde vom russischen Stadtkommandanten zum Bürgermeister ernannt. Zuvor war er bereits viele Jahre Stadtrat und Vorstand des deutschen Schützen- und Jagdvereins. Zusammen mit Herrn Häusler und Frau Puhl übergab er seine Heimatstadt den Russen kampflos. Er verhinderte dadurch die Zerstörung Eichbergs und rettete viele Menschenleben.

Der Marktplatz war mit Menschen überfüllt. Karl Häusler stand neben Franz Doleschal. Herr Richter hatte sich auf die oberste Stufe der Dreifaltigkeitssäule gestellt.

„Liebe Mitbürger", rief Bürgermeister Richter mit hoher Stimme. „Hitler ist tot. Es lebe Benesch."

„Bravo! Bravo!". Zwei laut klatschende Zuhörer versuchten kläglich einen Beifallssturm auszulösen. Die große Masse jedoch schwieg. Ist Hitler wirklich tot? Sie hatten Angst vor ihm, seiner Gestapo und der SS. Der Redner fuhr fort: „Viele Söhne unserer Stadt verloren ihr Leben in einem sinnlosen Krieg. Befreit von der Diktatur Hitlers und seiner Henkersknechte können wir mit unseren russischen Freunden

und mit unseren tschechoslowakischen Volksgenossen wieder friedlich zusammenleben.“ Jetzt klatschten schon mehr Zuhörer.
„Im Auftrag unseres verehrten weißrussischen Stadtkommandanten übernehme ich als Bürgermeister die Stadtverwaltung. Unterstützt werde ich dabei von Herrn Mühl aus der Langen Gasse und von Herrn Bauer aus Sakschen. Unser wieder auferstandener Národní Výbor; er lebe hoch!“ Das jahrelang eingeübte dreifache Sieg-Heil fand sein Echo im dreifachen Lebe-Hoch. „Unser tschechischer Freund Herr Houschwic, der bis 1918 österreichischer Gendarm war, von 1918 bis 1938 tschechoslowakischer Polizist und von 1938 bis 1945 unser Amtsbote; wird wieder unser altbewährter Stadtpolizist. Seine Tätigkeit als Amtsbote übernimmt unser lieber Herr Joziek Fiedler. Bisher hat er uns zusammen mit seiner Frau in Gasthäusern durch böhmische Musik begeistert. Als Uhrmacher hat er aber auch Uhren repariert. Herrn Lehrer Rziha übertrage ich die Neugestaltung des Schulwesens in Eichberg. Unsere Kinder dürfen jetzt wieder die tschechische Sprache erlernen. Lehrer Rziha teilte mir mit, dass er insgeheim seit 1938 Anführer der Beneschjugend für Eichberg und Landkreis war. Dieses Amt führt er weiterhin und fordert unsere Jugend auf, seiner Organisation beizutreten.“ Bürgermeister Richter deutete mit ausgestrecktem Arm auf eine Gruppe ehemaliger Hitlerjungen. „Ihr Deutschen Jungen müsst die Ersten sein, die den neuen Weg beschreiten! Euch gehört die Zukunft.“
Die Bürger Eichbergs jubelten und klatschten lauten Beifall. Nach der Ansprache gingen Bürgermeister und Stadtkommandant zum Rathaus hinüber. Sie wurden von Sowjetsoldaten eskortiert. Die Herren Mühl und Bauer folgten ihnen. Houschwic stand in seiner alten tschechoslowakischen Polizeiuniform auf der obersten Stufe der kleinen Rathaustreppe. Das Publikum klatschte, als er seinem deutschen Bürgermeister Franz Richter die Rathaustüre öffnete. Houschwic, der seine geliebte Uniform wieder aus dem Schrank seines Schlafzimmers geholt hatte, lächelte glücklich, als ihm seine neuen Vorgesetzten beim Eintritt ins Rathaus der Reihe nach die Hand schüttelten.

Bei seinem Staatsbesuch in Bayern im Februar 2013 bedauerte der Premierminister der Tschechischen Republik, Herr Petr Necas, dass dieser Weg der Völkerverständigung durch Stalin und Benesch verhindert wurde. Eduard Benesch übte Rache. Wie zuvor Adolf Hitler, ließ er durch seine Schergen morden und rauben.

Karl Häusler und Franz Doleschal liefen zu ihrem Waffenlager beim Pestfriedhof neben der Hopfendörre. Nach Kriegsende wollten sie endlich mit richtigen Waffen spielen und nicht mit selbst gebastelten Speeren, Schwertern, Bogen und Pfeilen. Sie bewaffneten sich mit zwei Infanteriegewehren Kaliber 98k und mehr als hundert Schuss Munition. Beim Feuerwehrhaus trafen sie Helmut Stelzig. „Was macht ihr mit den Gewehren?“, fragte er. „Wenn ich das Lehrer Rziha sage, kommt ihr ins Gefängnis.“
Franz: „Meine Mutter hat mir gesagt, dass Du zur Beneschjugend gehörst. Seid ihr Feiglinge, weil Du Angst vor den Gewehren hast?“
Helmut: „Ich habe keine Angst.“
„Dann spiel mit uns.“ Franz hatte einen Einfall. Er steckte eine Patrone mit der Geschossspitze voran in das Schlüsselloch der großen Flügeltüre des Feuerwehrhauses und schlug mit einem Stein von oben auf die Hülse. Das Geschoss blieb im Schlüsselloch stecken. Die Patronenhülse mit dem Pulver fiel auf den Boden. Beim Volkssturm lernte Karl die Handhabung von Gewehren. Franz machte mit seinem Gewehr nach, was Karl ihm vorführte. Karl zeigte, wie das Gewehr gehalten und geladen wird. Jeder legte eine Hülse mit Pulver, aber ohne Geschoss ins Gewehr und lud mit dem Ladehebel durch. Beide Jungen zielten auf Helmut und drückten ab. Es krachte und aus jedem Gewehrlauf zuckte eine Stichflamme.
„Du lebst ja noch“, sagte Franz lachend zu Helmut. Starr vor Schreck stand Helmut mit weit aufgerissenen Augen da. Begeistert vom Feuerstrahl, der aus dem Gewehrlauf herausblitzte, packte Karl den Ladehebel an der Stahlkugel und lud sofort noch einmal durch. Er versäumte jedoch eine entschärfte Patrone einzulegen. Erneut zielte Karl auf seinen Freund Helmut. Mit weinerlicher Stimme flehte Helmut: „Nicht schießen! Töte mich nicht!“.

„Gut. Du darfst leben. Dafür erschieße ich aber die Henne rechts hinter Dir." Karl brachte Kimme, Korn und Huhn auf eine Linie und drückte ab. Ein fürchterlicher Knall erschütterte die Luft. Das getroffene Federvieh warf seine weißen Federn ab und versuchte nackt davonzufliegen. Nach fünfmaligem Salto rückwärts blieb die Henne im aufgewirbelten Staub liegen. Der harte Rückschlag des Gewehrs schleuderte Karl zu Boden. Was war geschehen? Im Gewehrmagazin befand sich eine scharfe Patrone, von der Karl nichts wusste. Mit starrem Blick und leichenblass stand Helmut da. Er drehte sich um und rannte nach Hause. Franz und Karl versteckten Gewehre und Munition im Feuerwehrhaus.
Tereza Häuslerová stand vor der offenen Hoftüre, als die beiden Bengel an ihr vorbeigingen. „Was habt ihr angestellt?", fragte sie.
„Ein Russe hat in die Luft geschossen", log Karl.
Am Tag danach holten Karl und Franz Gewehre und Munition. Sie marschierten Richtung Weinberg. Dort angekommen versteckten sie sich hinter einer Scheune und machten Schießübungen. Da kam aus einem Hopfenstangenfeld vor ihnen ein Schimmel heraus gehumpelt. Wo geschossen wird, da sind Soldaten und Soldaten helfen einem schwer verletzten Militärpferd. Das wusste der Gaul.
„Dieser Schimmel hat den Bombenangriff überlebt", sagte Karl. „In seinem Körper stecken bestimmt viele Bombensplitter."
Das Pferd blutete aus mehreren offenen Wunden. Sein linkes Vorderbein baumelte zertrümmert aus seiner Vorderhand herab.
Das Pferd schleppte sich mühsam näher heran. Es wieherte leise und jämmerlich. Roter Speichel tropfte aus seinem Maul. Mit großen, trüben Augen blickte es die Jungen traurig an. Karl wusste, was er zu tun hatte. Er wollte dem Leiden des Tieres ein Ende setzen.
„Franz, wir schießen gleichzeitig zwischen Auge und Ohr." Die Geschosse durchschlugen den Gehirnschädel des Pferdes.
Ein Abglanz der Wiener Hofreitschule leuchtete auf, als sich der Schimmelhengst als Lipizzaner zu erkennen gab. Zuerst hob er die Vorderhand und winkelte das noch intakte rechte Vorderbein an. Dann setzte er die Hinterhand unter seinen blutenden bauchigen Leib und hielt sich dadurch für einen Augenblick schräg aufrecht stehend

im Gleichgewicht. Aus dieser Levade bäumte sich der Schimmel im Todeskampf zur Pesade steil empor und winkte dabei den Kindern zum Abschied mit dem gesunden Vorderbein zu. Dann stürzte er tot in sich zusammen.
Weinend umklammerten Franz und Karl die Karabiner. Mit traurig gesenkten Köpfen trugen sie die Gewehre und die restlichen Patronen zurück zum Feuerwehrhaus. Anschließend rannten sie schnell nach Hause zum Mittagessen. Am darauf folgenden Tag waren Gewehre und Patronen verschwunden.
„Der Helmut hat uns verraten“, sagte Franz.
„Woher weißt Du das?“, fragte Karl.
„Meine Eltern haben mich aufgefordert zur Beneschjugend zu gehen. Lehrer Rziha hat mich ermahnt, keine Waffen mehr anzurühren. Aber unser Waffenlager bleibt unser Geheimnis.“
„Es bleibt unser Geheimnis.“
„Kommst Du auch zur Beneschjugend?“
„Das muss ich mir noch überlegen. Ich beherrsche die tschechische Sprache nicht.“
Franz Doleschals tschechischer Vater, der mit einer deutschen Frau verheiratet war, hatte 1938 auf Deutsch optiert. Er trat der NSDAP bei, um in Eichberg Postmeister bleiben zu können. Er wurde vom tschechischen Geheimdienst als Agent angeworben, denn die Post war eine wichtige Schlüsselposition. Seinen Sohn schickte er als Pimpf zu den Hitlerjungen. Jeden Tag ließ er sich vom ahnungslosen Franz berichten, was er bei den Hitlerjungen erlebt und erfahren hat. Jetzt wurde Postmeister Doleschal durch Bürgermeister Franz Richter als Tscheche und Widerstandskämpfer gegen Hitler registriert.

Leise und fast unbemerkt hatte eine satanische Quadriga in Eichberg Einzug gehalten: Otto Rohde, Vaclav Sameck, Petr Polleck und „Leder-Partisan“ Piwonka. Sie kamen aus der tschechischen Stadt Melnik, beherrschten aber die deutsche Sprache sehr gut. Am 09. Mai 1945, gleich nach der bedingungslosen Kapitulation der Deutschen Wehrmacht, verwandelten sie das deutsche Reichsarbeitsdienstlager in Brosanky bei Melnik in ein tschechisches Konzentrationslager.

Sie hatten am Massaker auf der **Todesbrücke** teilgenommen, die vo Melnik über die Elbe nach Liboch führt. Mehr als vierhundert 16- bi 17-jährige Kindersoldaten des vormilitärischen Reichsarbeitsdienste aus dem Landkreis Eichberg wurden dabei ermordet.
Aufgrund ihres Taufscheins waren die Neuankömmlinge Sameck Polleck, Piwonka und Rohde reformierte Christen. In ihren Herze aber waren sie Satanisten. Jeder dieser Herren hatte insgeheim eine teuflischen Pferdefuß am Bein, wie vormals Dr. Joseph Goebbels Die von Adolf Hitler als Untermenschen beschimpften freundliche Russen waren im Vergleich mit diesem Viergespann wahre Engel.
Vaclav Sameck wurde vom sowjetischen Stadtkommandanten al stellvertretender zweiter Bürgermeister von Eichberg eingesetzt.
Er entstammte einer vornehmen tschechischen Familie. Der deutsch Bürgermeister Franz Richter führte Vaclav Sameck gewissenhaft un gründlich in seine Dienstgeschäfte ein.
Der tschechische Lehrer Petr Polleck konnte ab 1938 nicht mehr a der deutschen Bürgerschule in Eichberg unterrichten. Als er nac Melnik abreiste, um in Melnik an einer tschechischen Schule z arbeiten, stieß er den Fluch aus: „Ich komme zurück und werde ir deutschen Blut baden!“ Das Blut, das er in Eichberg aus dem Körpe seiner deutschen Opfer schlug reichte aber nur aus, um darin m seinen Schuhen platschend herumzutrampeln.
Leder-Partisan Piwonka war das uneheliche Kind eines deutsche Großbauern und einer tschechischen Stallmagd. Piwonka wurde a 1939 in Prag als V-Mann Heydrichs für die deutsche Gestapo de Protektorats Böhmen und Mähren eingesetzt. Nachdem Heydric getötet wurde, arbeitete Piwonka in Melnik in einer Lederfabrik, di Lederanzüge für deutsche Kampfpiloten herstellte. Er hieß Leder Partisan, weil er nach Kriegsende den Lederanzug eines deutsche Kampfpiloten trug. In die Geschichte Eichbergs ging er ein al brutaler Totschläger.
Otto Rohde führte Vaclav Sameck und den sowjetischen Stadt Kommandanten in das Haus seiner jüdischen Stingel-Großeltern Zuerst betraten sie den ehemaligen Andachtsraum der kleine jüdischen Gemeinde Eichbergs. Während der tyrannischen Diktatu

Adolf Hitlers diente er als Versammlungsraum des Jungvolks der Hitlerjugend. Dort nahm Rohde das noch an der Wand hängende Bild Hitlers ab, zerschmetterte es auf dem Fußboden und hängte an seine Stelle ein Bild Beneschs. Sameck ging auf die Stingelgasse hinaus, die jetzt nicht mehr Schulgasse hieß. Auf sein Zeichen ertönten in der Ferne helle Fanfarenklänge. Die Beneschjugend von Eichberg und Landkreis, die sich während der Hitlerdiktatur unter Führung des Lehrers Rziha insgeheim formiert hatte, marschierte mit klingendem Spiel vom Hermann-Löns-Denkmal in die Stingelgasse. Sie hatten die Fanfaren und Trommeln der Hitlerjugend an sich genommen. Karl Häusler, der sich auf dem Marktplatz aufhielt, wurde durch die Marschmusik angelockt. Er erkannte seine Freunde Helmut Stelzig und Franz Doleschal an der Spitze des heranmarschierenden Zuges. Franz winkte ihm zu; Helmut nicht. Lehrer Rziha führte den Zug an. Rechts daneben schlenderte der nach deutschem Blut lechzende tschechische Lehrer Petr Polleck. Am Schluss der kleinen Marschkolonne stolzierte mit langem Stelzen-Schritt Leder-Partisan Piwonka. Er war mit Rohde befreundet und suchte in Eichberg ein neues Betätigungsfeld. An seinem Gürtel hing eine Pistolentasche. Zwischen Gürtel und langbeiniger Lederhose eingeklemmt, steckte eine siebenschwänzige Peitsche.
Die Marschmusik verstummte und die Beneschjungen gingen ohne Schritt in ihren neuen Versammlungsraum. Dort sangen sie für den sowjetrussischen Stadtkommandanten ein auf Russisch eingeübtes Begrüßungslied. Sameck pries Stalin und Benesch als Retter des tschechoslowakischen Vaterlandes
Karl Häusler ging auf den Marktplatz zurück zum sowjetischen T 34 Kampfpanzer, der vor dem Uhren- und Schmuckwarengeschäft stand. Die Einstiegsluke seines wuchtigen, breit ausladenden Turmes und die Luke über dem Fahrersitz darunter waren geöffnet. Auch die Einstiegsöffnung an der Panzervorderseite gähnte Karl breitmaulig entgegen. Die stählerne Verschlussplatte war nach oben geklappt. Als Karl in das Innere des Panzers hineinblickte, stellte er mit Freude fest, dass alle Soldaten der Viermannbesatzung ihren Panzer

verlassen hatten. Schon den ganzen Tag brannte die Sonne auf die Krebsschale des Stahlkolosses.

„Wahrscheinlich ist es den Soldaten in ihrer Eisenhöhle zu warm geworden und sie haben für Durchlüftung gesorgt“, dachte Karl. Gebückt sprang und schob er sich in das düstere Stahlgehäuse. Links neben der geöffneten Einstiegsklappe nahm er auf dem kleinen Sitz des Panzerfahrers Platz. Er lockerte die Handbremse neben sich. Das 36 Tonnen schwere Ungetüm machte auf der leicht geneigten Straße einen krachenden Panzerkettenruck nach rückwärts. Sofort zog Karl die Handbremse wieder fest an. Dann bewegte er die Lenkgriffe, die der Steuerung dienten. Wegen einer ungeschickten Handbewegung knallte eine Fehlzündung. Karl ließ die Griffe los. Ein Hund bellte kurz auf. Karl setzte sich aufrecht hin und streckte seinen Oberkörper. Er konnte aber nur den oberen Teil des Rathauses erblicken. Karl sprang hoch und stellte sich auf den Fahrersitz. Jetzt konnte er besser nach draußen schauen. Vor dem Panzer hob ein deutscher Schäferhund sein rechtes Bein. Kurze Salven Urin zischten gegen schwarze, heiße Panzerketten. Der beißende Uringeruch vermischte sich mit dem Gestank des Motorenöls. Karl kroch tiefer in das Innere des Panzers. Hinten entdeckte er neben Motor, Getriebe und Benzintank einen großen Stapel Panzergranaten.

„Das ist die Munition für die Panzerkanone“, überlegte Karl. „Jetzt kann ich endlich einen sowjetischen Panzer in die Luft sprengen.“ Er griff in seine rechte Hosentasche. Die Eierhandgranate hing gut versteckt im Taschenfutter hinter dem schützenden, graubraunen Leder seiner kurzen Hose. „Es geht ganz leicht“, dachte sich Karl. „Aus dem Panzer springen, die Handgranate zünden und nach hinten zur Geschützmunition werfen. Dann schnell in die Postgasse laufen; vorbei am Hauseck des Kolonialwarengeschäfts Klimt.“ Karl sprang aus dem Panzer und nahm die Handgranate in die Hand.

Da hörte er russische Stimmen. Es waren die vier Panzergrenadiere.

„Meine russischen Freunde töte ich nicht“, dachte sich Karl und steckte die Handgranate wieder in seine kurze Lederhose. Er erinnerte sich auch, was ihm Kriegsveteran Schiffner gesagt hatte:

„Deine Waffen darfst Du nur in äußerster Notwehr einsetzen! Das fordert die Ehre eines Kriegers.“
„Gut dass die Russen gekommen sind“, dachte Karl. „Das Uhrengeschäft meines Vaters wäre sonst ein Trümmerhaufen. Und jetzt nach dem Krieg hätte ich kein Eisernes Kreuz um den Hals bekommen. Im schlimmsten Fall nur einen Strick.“
Die russischen Soldaten blieben auf dem Gehsteig vor ihrem Panzer stehen. Ihr Kommandant begann auf einer Balalaika zu spielen. Sie sangen russische Lieder. Kinder, alte Männer und noch ältere Frauen versammelten sich um die Sänger. Junge Frauen wagten sich aus Angst vor betrunkenen Sowjetsoldaten nicht auf die Straße.
Die Zuhörer verstanden den Text der Lieder nicht. Sie summten die Melodie jedoch eifrig mit. Jedes Mal klatschten sie Beifall, wenn die Sänger eine kurze Pause machten.
Der Balalaika spielende Offizier hatte in Minsk Germanistik studiert. Zum Abschluss spielte und sang er das Lied: „Sah ein Knab ein Röslein stehen.“ Seine deutschen Zuhörer sangen gerührt mit.

Národní Výbor (Nationalausschuss)

Bürgermeister Franz Richter hatte die Tschechen Sameck und Rohde in die Amtsgeschäfte der Stadt Eichberg eingeführt. „Eisenrichter“ war glücklich, dass er eine friedliche Zusammenarbeit von Deutschen und Tschechen einleiten konnte. Doch dann wurde der weißrussische Befehlshaber mit seinen Soldaten von Eichberg abgezogen. In der Sowjetischen Besatzungszone Restdeutschlands musste er neue Aufgaben übernehmen. Nur eine kleine russische Beobachtergruppe blieb in Eichberg zurück. Diese wohnte im Gasthaus Schantin des Tschechen Svoboda.
Schon eine Woche später betrat Sameck zusammen mit Rohde und dem Polizisten Houschwic das Büro des Bürgermeisters.
„Herr Richter, ich enthebe Sie Ihres Amtes als Bürgermeister“, sagte Sameck.

Richter: „Ich wurde zum Bürgermeister ernannt und besitze eine schriftliche Vollmacht in russischer, deutscher und tschechischer Sprache."
„Zeigen Sie her!", befahl Sameck. Richter zog das Schriftstück aus der linken Brusttasche seiner Jacke. Sameck las die Verfügung und zerriss sie. Triumphierend sagte er: „Herr Dr. Alex Geitler vom Justizministerium in Prag hat mich zum Bürgermeister von Eichberg ernannt."
Franz Richter, der letzte deutsche Bürgermeister von Eichberg, musste sein Büro verlassen. Auf dem Gang wartete auf ihn Piwonka. Leder-Partisan Piwonka schlug dem ehrenwerten Herrn Richter mit seiner siebenschwänzigen Lederpeitsche auf Kopf, Nacken und Rücken. **Die ortsfremden Tschechen fingen an, die kleine deutsche Stadt in ein Konzentrationslager zu verwandeln**.

Es glich einem Wunder, dass der in Böhmisch Leipa inhaftierte Herr Josef Kayser, der bis 09. Mai 1945 Ortsgruppenleiter der NSDAP und Bürgermeister von Eichberg war, keinen qualvollen Tod erleiden musste. Ihm wurde bei den Verhören im Gefängnis nur ein Auge ausgeschlagen. Seinem tschechischen Schwager Svoboda gelang es noch rechtzeitig, ihn aus den Krallen seiner Peiniger zu befreien. Svoboda schaltete den Prager Geheimdienst ein. Dessen Agenten lieferten für den ehemaligen Bürgermeister Kayser den alten Teichaufseher, Herrn Bürgermeister ab. Dessen Leben wurde durch Steinigung ausgelöscht. Auf die Frage, ob er der Bürgermeister von Eichberg ist, antwortete er: „Ja. Ich bin der Bürgermeister."
Zurück in Eichberg, klagte Bäckermeister Josef Kayser den Uhrmachermeister Heinrich Häusler beim Nationalausschuss an: „Häusler war Mitglied der NSDAP, SA-Sturmbannführer und Anführer des Volkssturms. Er muss zum Tode verurteilt werden!"
Als Häusler vom Polizisten Houschwic abgeholt wurde, folgte ihnen der kleine Sohn Karl Häusler unauffällig. Karls Vater wurde zum Rathaus abgeführt und dort in das Büro des Bürgermeisters gebracht.

Karl kannte sich im Rathaus gut aus. Der schlanke, flinke Junge versteckte sich immer wieder geschickt hinter einer geöffneten Türe, einem Aktenschrank, unter einem Treppenaufgang oder einer Mauernische. Was beobachtete er?
Sein Vater befand sich im Büro des tschechischen Bürgermeisters. Dort wurde laut geschimpft. Polizist Houschwic verließ das Rathaus und ging hinüber zum Kolonialwarengeschäft Klimt. Mit einer kleinen roten Flasche in der Hand kam er zurück. Auf der Flasche befand sich ein aufgeklebter Zettel mit dem Bild eines kugelrunden, roten Paradeisers.
„Die Flasche ist mit Tomatensoße gefüllt “, dachte Karl. „Eine Zutat für das Mittagessen?“
Houschwic steckte die Flasche in seine Jackentasche und ging ins Bürgermeisterbüro. Nach einer Viertelstunde verließen Houschwic und Karls Vater das Büro. Ihnen folgte Otto Rohde. Dieser versetzte Heinrich Häusler einen Fußtritt.
Häusler wurde in den Keller zu den Gefängniszellen geführt. Von dort herauf hörte Karl die laut schimpfende Stimme des Houschwic. Viele Peitschenschläge klatschten. Bei jedem Schlag hörte Karl die Aufschreie seines Vaters. Nach mehr als dreißig Schlägen rief Sameck mit laut nachhallender Stimme zum Keller hinunter:
„Bring´ das deutsche Schwein wieder herauf!“
Entsetzt sah Karl, dass der Kopf seines Vaters blutverschmiert war. Über sein Gesicht lief Blut. Sein weißes Hemd zeigte auf Schultern und Rücken rote Blutstriemen. Karl lief nach Hause. Er berichtete seiner Mutter, was er beobachtet hatte.
Was aber geschah bei der Vernehmung und Folterung seines Vaters wirklich?
Heinrich Häusler stand selbstbewusst vor Sameck und Rohde. Neben ihm wartete sein Freund Houschwic auf weitere Befehle.
Rohde: „Als Kriegsverbrecher, wie mir Herr Kayser bestätigte, bist Du, Häusler, ab sofort Gefangener und inhaftierter Sträfling der CSR.“
Häusler: „Ich bin nicht gewöhnt, dass mich ein so junger Kerl wie Sie mit Du anspricht. Ich bin Kriegsgefangener der Sowjetunion und

nicht der CSR. Ich fordere Sie auf, mich sofort wieder zu entlassen. Hier ist eine Bescheinigung des russischen Stadtkommandanten. Darin steht, dass ich mich in Eichberg frei bewegen darf."
Rohde: „Wir sind jetzt die Stadtkommandanten von Eichberg!" Er nahm das Papier entgegen und zerriss es. Zu Houschwic gewandt fuhr er fort: „Schnappen Sie sich diesen frechen alten Drecksack und schlagen Sie ihn windelweich! Soll Ihnen Piwonka helfen?"
„Ich brauche Piwonka nicht. Ich haue das deutsche Schwein so, dass ihm seine Frechheit vergeht."
Rohde ahnte nicht, dass Houschwic die mit ihm verwandten, befreundeten und bekannten deutschen Bürger Eichbergs nicht schlug. Aber wehe, wenn ein ehemaliges deutsches Parteimitglied der NSDAP oder SA vom Landkreis ins Gefängnis kam; dann schlugen er und Piwonka mit Stock und Peitsche zu, bis ihre Arme ermüdeten. Sie hatten schon viele ihrer Opfer erbarmungslos totgeschlagen.
Häusler wurde von seinem Freund Houschwic in eine Gefängniszelle im Keller geführt. Zuerst schlug er mit der Peitsche klatschend gegen die geöffnete Zellentüre und Häusler schrie nach jedem Schlag laut auf. Peitschengeklatsche und laute Schreie dröhnten durch das Rathausgebäude. Anschließend schüttete Houschwic Tomatensoße über den Kopf seines Freundes und zog mit dem Zeigefinger rote Streifen auf das weiße Hemd seines Opfers, das kein Opfer war.
Zurück bei Sameck und Rohde täuschte Häusler Schmerzen und Niedergeschlagenheit vor.
„Häusler, Deine Zukunft sieht rosarot aus", spottete Sameck.
Rohde: „Wir wissen, dass Du 1941 aus SA und NSDAP ausgetreten bist. Für uns bist Du aber immer noch ein deutsches Nazischwein."
Häusler: „Woher wissen Sie das?"
Rohde: „Von unserem Freund Josef Kayser."
Häusler: „Von diesem Nazibonzen, der gedroht hat, dass man mich nach dem Endsieg Adolf Hitlers zur Rechenschaft ziehen wird?"
Rohde: „Kayser war ein Widerstandskämpfer. Er hat zusammen mit seinem Schwager Svoboda für den tschechischen Geheimdienst gearbeitet."
Häusler zornig: „Kayser ist ein übler Verräter!"

Rohde: „Du Miststück hast immer noch nicht genügend Prügel bekommen. Polizist Houschwic, ich befehle Ihnen dieses deutsche Nazischwein noch einmal zu bearbeiten. Sie mit unserem knorrigen Schlagstock und Piwonka mit seiner siebenschwänzigen Peitsche.
Häusler: „Wenn ich noch einmal geschlagen werde, dann werden Sie alle von Herrn Dr. Geitler bestraft werden."
Jetzt schaltete sich Sameck ein.
„Von welchem Herrn Dr. Geitler sprichst Du?"
„Von meinem tschechischen Schwager Dr. Alex Geitler."
„Erzähle mir etwas von Deinem Schwager."
„Meine Schwester Antonie hat in Niemes den Oberlandesrichter Dr. Alex Geitler geheiratet. Sein Vater war Jude und wurde als Amtsrichter von Wien nach Niemes versetzt. Dort heiratete er eine Tschechin christlicher Konfession. Wie Sie wissen, liegt Niemes in der Nähe von Reichstadt. Alex arbeitet seit 1938 in Prag als Ministerialdirigent am Justizministerium. Die jüdischen Angehörigen meines Schwagers wurden von Heydrichs Schergen im KZ ermordet."
Sameck: „Herr Rohde, entschuldigen Sie sich bei Herrn Häusler!"
Rohde schüttelte den Kopf.
Sameck: „Herr Häusler, Sie bleiben als Soldat und Kriegsgefangener der Sowjetunion in Haft. Sie dürfen nicht mehr geschlagen werden. Houschwic bringt Sie zu Dr. Koch. Ihre Wunden werden versorgt. Wir stellen Ihnen eine Einzelzelle zur Verfügung und Sie werden gut verpflegt." Polizist Houschwic aber führte Häusler in sein kleines Polizeibüro und reinigte dessen Kopf von der verkrusteten roten Tomatensoße. Bevor er ihn einsperrte, brachte er ihn noch nachhause. Karl erschrak, als sein Vater und der große kräftige Polizist plötzlich vor ihm und seiner Mutter in der Wohnküche standen.
„Tereza ich bringe Dir Deinen Heinrich. Er will sich von Dir verabschieden. Leider muss ich ihn wieder ins Gefängnis zurückbringen." Heinrich umarmte Tereza, als diese zu weinen anfing und beruhigte sie.
„Wir stehen unter dem Schutz unseres Schwagers Dr. Alex Geitler. Besuche mich im Gefängnis und bringe mit, was ich brauche."

Bald darauf stand Joziek Fiedler vor Heinrich Häuslers Haus. Er wurde „Armer Pepiek“ genannt, denn er war ein Uhrmacher ohne Geschäft und verdiente seinen Lebensunterhalt als Straßenmusikant. Jetzt war er Amtsbote der tschechischen Stadtverwaltung. Er machte Radau mit seiner Trommel und rief mit lauter Stimme:
„Anordnung unseres Bürgermeisters Sameck. Die Deutschen müssen Gold, Silber und allen ihren Schmuck beim Rathaus im Sekretariat abgeben. Zuwiderhandlung wird mit dem Tode bestraft.“ Mit dieser Botschaft lief Joziek Fiedler durch die ganze Stadt. Er hatte einen deutschen Vater und eine tschechische Mutter. Fiedler optierte 1938 auf Tschechisch.
Polizist Houschwic kam noch einmal zu Tereza. Er war mit einem Infanteriegewehr und einer Pistole bewaffnet. Diesmal begleitete er Otto Rohde. Houschwic war der erneute Besuch sehr peinlich. Rohde trat selbstbewusst und arrogant auf. Beide standen im Hof. Tereza, die Schlimmes ahnte, bat die beiden Herren nicht herein. Sie verharrte im Hausflur vor geöffneter Haustüre. Ohne zu grüßen wurde Otto Rohde sofort unverschämt.
„Wo hast Du Deinen Gold- und Silberschmuck versteckt? Heraus damit, sonst lasse ich Dich erschießen!“
„Den haben uns die Russen gestohlen“, log Tereza.
„Du lügst! Houschwic, bringen Sie Ihr Gewehr in Anschlag!“
In Eichberg war für Karl der Zweite Weltkrieg noch nicht zu Ende. Karl der Kleine trat zwei Schritte zurück.
Als Houschwic das Gewehr langsam von seiner Schulter nahm, holte **Werwolf** Karl mit der rechten Hand die Eierhandgranate aus der Hosentasche. Hinter seinem Rücken entfernte er mit der linken Hand das Sicherungspflaster. Jetzt konnte er jederzeit die Handgranate zünden, dem Otto Rohde vor die Beine werfen und die schwere Haustüre aus starkem Eichenholz zuschlagen. Sein Fluchtweg stand für ihn fest. „Ein Satz zur Seite nach links und ich bin im Gang zur Küche verschwunden, wenn meine Handgranate explodiert“, dachte er. „Von dort geht es durch die Wohnküche und das große, dreiteilige Fenster auf die Straße.“

Karl beobachtete den Polizisten Houschwic. Dieser brachte sein Gewehr nicht in Anschlag. Er richtete dessen Lauf auf den Boden. Karl bemerkte, dass er das Gewehr nicht entsicherte.
„Schade“, dachte Karl.
Welchen Ratschlag hatte ihm Kriegsveteran Schiffner gegeben? „Ein ehrenhafter Krieger schlägt erst bei Todesgefahr zu.“
Tereza stand stolz aufgerichtet vor ihrem Peiniger Rohde.
„Wo ist mein Mann?“, fragte sie mit Nachdruck.
„Den haben die Russen in unserem Auftrag nach Haida transportiert. Dort hat er für die Nazis bei den Brüdern Reichmann in der Rüstungsindustrie gearbeitet.“ Rohde verschwieg, dass Sameck mit Häusler nichts mehr zu tun haben wollte, seitdem dieser sich auf seinen tschechischen Schwager Dr. Alex Geitler berufen hatte.
„Du hast doch wie fast alle Tschechen auch für die Nazis gearbeitet“, entgegnete Tereza dem jungen Rohde wütend.
Karl hatte am Vormittag mit seiner Mutter einen von seinem Vater empfohlenen **„Dr. Geitler-Satz“** auf Tschechisch eingeübt. Laut und deutlich sagte er: **„Muj ceske stryz Dr. Geitler pracuje pro Benes v Praze.“ (Mein tschechischer Onkel Dr. Geitler arbeitet für Benesch in Prag.)**
Verunsichert tappte Rohde von einem Bein auf das andere.
Während Polizist Houschwic sein Gewehr wieder schulterte, steckte **Werwolf** Karl seine Eierhandgranate in die Hosentasche zurück. Houschwic ging auf Tereza zu und schüttelte ihr zum Abschied die Hand. Ohne Rohde zu beachten drehte er sich um und schritt erhobenen Hauptes aus dem Hof hinaus auf die Untere Kirchengasse.
Zwischen Tereza Häuslerová und Otto Rohde fand noch ein kurzer verbaler Schlagabtausch statt.
Rohde: „Das Uhren- und Schmuckwarengeschäft Masaryk-Platz Nr. 13 Ihres deutschen Mannes gehört ab heute unserem Uhrmacher Joziek Fiedler, den ich zur Zeit noch als Amtsbote beschäftige. Alle Möbel, Arbeitsgeräte und Waren im Geschäft wurden unserem lieben >Pepiek< übereignet. Als Pächter besitzt Dein deutscher Mann die Schlüssel für das Uhrengeschäft. Diese Schlüssel sind mir sofort auszuhändigen.“

„Wer gibt Dir das Recht?“

„Wir haben Generalvollmacht von Benesch!“

„Was sagt Frau Goldmann dazu?“

„Sie hat ihre Hausschlüssel bereits Joziek Fiedler übergeben. Unser >Pepiek< ist jetzt Eigentümer von Haus und Geschäft der Witwe Goldmann.“

„Dein erbärmlicher Joziek Fiedler ist das Kind eines deutschen Vaters und einer tschechischen Mutter. Er war 1938 so schlau, auf Tschechisch zu optieren, um nicht als deutscher Soldat in einen bevorstehenden Krieg ziehen zu müssen. Jetzt aber gesellt er sich zum üblen tschechischen Diebesgesindel, für das ich mich als Tschechin schämen muss.“

Während Tereza und Rohde miteinander sprachen, hatte Karl die Geschäftsschlüssel seines Vaters aus dem Schlüsselschränkchen geholt, das in der Wohnküche neben der Türe an der Wand hing. Er drückte die Schlüssel seiner Mutter in die Hand. Diese warf den Schlüsselbund Rohde vor die Füße.

Rohde riss Augen und Mund weit auf. So etwas war ihm noch nicht widerfahren.

„Diese Frau ist noch frecher als ihr deutscher Mann“, dachte er. „Wie durfte man ihm, dem Bevollmächtigten des Liquidators Eduard Benesch, so etwas sagen?“

Bisher waren alle, die er beleidigte und schlug, vor ihm zu Kreuze gekrochen und hatten seinen Sadismus still erduldet. Sie wussten, dass er sie sonst auf bestialische Weise totschlagen würde.

Während Polizist Houschwic grinsend von der Straße aus über den Bretterzaun in den Hof zurückschaute – er war sichtlich stolz auf seine tschechische Landsmännin – schimpfte Tereza weiter:

„Deine jüdischen Stingel-Großeltern, die sich stets als Deutsche bekannten, und Deine jüdische Mutter würden sich vor Entsetzen im Grabe umdrehen, wenn sie wüssten, was für einen Enkelsohn und Sohn sie haben. Du führst Dich schlimmer auf als die Gestapo der Nazi.“

Tereza schmetterte die Haustüre zu und sperrte von innen ab.

Jeden Tag war der laut plärrende Amtsbote Joziek Fiedler mit seiner Trommel unterwegs. Er verkündete:
„Alle Deutschen müssen Radios, Fahrräder und Musikinstrumente abliefern.
Alle Deutschen, die keine weiße Armbinde mit dem Aufdruck **N (Nemec = Deutscher)** tragen, werden eingesperrt.
Alle Deutschen dürfen nur bis 21 Uhr auf der Straße sein.
Alle Deutschen müssen morgens um 6 Uhr die Straßen kehren.
Alle deutschen Männer von 14 bis 50 Jahren müssen sich mit Hacke und Schaufel sofort am Masaryk-Platz einfinden.
Alle deutschen Frauen von 16 bis 50 Jahren müssen sich mit Besen und Rechen sofort am Masaryk-Platz einfinden."
Eichberg sank zurück in die Zeit der Leibeigenschaft.

Karls Vater wird nach Haida verschleppt

Am **01. Juni 1945** wurde Heinrich Häusler von einem russischen Meldefahrer mit dem Motorrad von Eichberg über Böhmisch Leipa nach Haida gebracht. In Haida empfing ihn der sowjetische Stadtkommandant freundlich, nachdem er das Begleitschreiben des für Eichberg zuständigen russischen Offiziers gelesen hatte.
Häusler war froh, dass er seine Einzelzelle im Rathausgefängnis verlassen durfte. Dort waren alle übrigen Zellen mit deutschen Männern und Knaben so vollgestopft, dass sie in den Zellen nur nebeneinander stehen konnten. Sie urinierten und schissen sich in die Hosen, weil sie nicht austreten durften. Abwechselnd wurden sie von Piwonka mit der siebenschwänzigen Lederpeitsche und von Rohde und Houschwic mit Stöcken blutig geschlagen. Wer zusammenbrach wurde von Dr. Koch ärztlich behandelt. War das Opfer wieder notdürftig genesen, kam es erneut in eine überfüllte Gefängniszelle und wurde verdroschen.
Heinrich Häusler konnte die grässlichen Schreie der deutschen Märtyrer nicht ertragen. Er war entsetzt und von tiefem Mitleid ergriffen.

Vaclav Sameck, der tschechische Bürgermeister Eichbergs, sah weg. Er stellte lediglich lakonisch fest: „Schon wieder ist ein deutsches Schwein verreckt.“
Angekommen in Haida meldete Heinrich Häusler diesen Zustand dem russischen Stadtkommandanten. Dieser verständigte Dr. Geitler in Prag. Alle unter 18 Jahre alten Eingesperrten wurden daraufhin auf Anordnung Dr. Geitlers freigelassen.
Jetzt hatten die Gefangenen mehr Platz. Sie konnten sich ins eigene Blut und in den eigenen Urin und Kot setzten und während der Nacht sitzend schlafen. Dadurch gab es weniger Todesfälle.

„Herr Häusler“, sagte der russische Kommandant von Haida, „heute findet im Betrieb der Firma Reichmann ein militärisches Standgericht der Sowjetarmee statt. Unsere Armee ist zuständig, weil die Firma Reichmann ein Rüstungsbetrieb der Deutschen Wehrmacht war. Es wurden Zünder für Handgranaten hergestellt. Ich bin der Richter und Sie sind mein Zeuge.“
Häusler: „Anfang 1942 war ich in Haida bereits Zeuge für ein militärisches Standgericht der Deutschen Wehrmacht. Ankläger war der Bäckermeister Kunze aus Berlin. Kunze war ein übereifriger Parteigenosse der NSDAP und ein gefürchteter Bekannter des SS-Führers Reinhard Heydrich, dem Chef der Gestapo. Bäckermeister Kunze war als Techniker und Abteilungsleiter ungeeignet. Er überforderte seine Mitarbeiter. Durch meine Aussage konnte ich das Leben der jungen Tschechen Petr Hoblatschek und Jaroslav Benda retten.“
Kommandant: „Ist mir bekannt. Jetzt sind Benda und Hoblatschek die Ankläger gegen Kunze.“
Häusler: „Das freut mich. Kunze hat mich mit Heydrich bedroht. Sein Onkel war in Prag Hausmeister bei der Familie des SS-Führers Heydrich. Aufgrund Heydrichs Protektion musste Kunze nicht als Soldat an der Front kämpfen. Er beschimpfte mich als Volksverräter, weil ich 1941 aus der SA und der NSDAP ausgetreten bin. Nach dem Endsieg würde ich liquidiert, weil ich die Sabotage der Tschechen Benda und Hoblatschek unterstützt habe.“

Kommandant: „Hat mir ihr tschechischer Schwager Dr. Alex Geitler bereits mitgeteilt. Herr Häusler, als Kriegsgefangener stehen Sie unter meinem und unter dem Schutz der Sowjetarmee.“ Er wusste, dass in der wieder auferstandenen Tschechoslowakei das Leben aller Deutschen gefährdet ist. Stalin aber wollte die für ihn brauchbaren Deutschen retten und für sich gewinnen.
An zwei nebeneinander aufgestellten Tischen saßen der sowjetische Stadtkommandant, dessen Dolmetscher und die Mitglieder des Národní Výbor (Nationalausschuss) von Haida. Angeklagt waren Albert und Heinz Reichmann (Inhaber der Firma), Bäckermeister Kunze (technischer Abteilungsleiter) Ilse und Marta Werner (Produktionskontrolle), der deutsche Hausmeister Meier (Er prügelte im Auftrag von Kunze arbeitsunwillige deutsche und tschechische Mitarbeiter) und Podbiera. Herr Podbiera war 82 Jahre alt. Er war ein tschechischer Kriegsveteran Altösterreichs aus dem Ersten Weltkrieg.

Klage 1 durch Benda und Hoblatschek: Falschbeschuldigung des Abteilungsleiters Kunze wegen Sabotage. Vorwurf: Kunze forderte die Hinrichtung von Benda und Hoblatschek durch das deutsche militärische Standgericht im Jahr 1942. Vorwurf der Mitschuld der Firmeninhaber Reichmann und der Produktionskontrolle durch Ilse und Marta Werner.

Klage 2 durch Benda und Hoblatschek: Widerrechtliche Prügelstrafe durch den deutschen Hausmeister Meier.

Klage 3 durch den tschechischen Nationalausschuss von Haida: Ermordung von sieben tschechischen Freiheitskämpfern im Ersten Weltkrieg durch Kriegsveteran Podbiera.

Der russische Stadtkommandant rief die einzelnen Angeklagten zur Stellungnahme auf. Er ließ Einwände zu und fällte schnelle, rechtlich endgültige Urteile.

Kommandant: „Albert und Heinz Reichmann, aufgestanden! Als sogenannte >Halbjuden< mussten Sie von Kunze das Schlimmste befürchten. Freispruch aufgrund Ihrer Notlage.
Ilse und Marta Werner, aufgestanden! Bei Ihrer Produktionskontrolle haben Sie nur Ihre Pflicht erfüllt. Freispruch.
Kunze, aufgestanden! Beim deutschen Standgericht 1942 in Haida haben Sie mit dem Chef der Gestapo, dem SS-Führer Heydrich gedroht, um durchzusetzen, dass Ihre tschechischen Mitarbeiter Hoblatschek und Benda zu Unrecht wegen Sabotage standrechtlich erschossen werden. Dafür verurteile ich Sie zum Tode durch Erschießen. Das Urteil wird sofort vollstreckt."
Der rothaarige Bäckermeister Kunze wurde so blass, dass seine vielen Sommersprossen dunkelbraun glänzten. Bevor er erschossen wurde raffte er sich noch einmal auf und schrie: „Ich grüße unseren Führer Adolf Hitler! Nieder mit den Bolschewiken." Nach einer Kalaschnikowsalve brach er tot zusammen.
Kommandant: „Meier, aufgestanden! Sie haben sich durch Kunze einschüchtern lassen. Herr Häusler hat sich durch den Kunze nicht einschüchtern lassen. Sie hätten also nicht prügeln müssen. Ich verurteile Sie zu zwanzig Peitschenhieben. Zehn für die deutschen und zehn für die tschechischen Arbeiter. Das Urteil ist sofort zu vollstrecken!" Die Peitsche klatschte und der Hausmeister schrie bei jedem Schlag laut auf.
Kommandant: „Podbiera, aufgestanden! In Haida fand 1917 ein Kriegsgerichtsverfahren statt, an dem Sie als Offizier teilgenommen haben. **Die von Ihnen nach geltendem Kriegsrecht verurteilten sieben tschechischen Soldaten der Österreichischen Armee waren fahnenflüchtige Deserteure und keine Freiheitskämpfer. Sie haben ihre Heimatländer Böhmen und Mähren nicht verteidigt. Ohne militärischen Befehl sind sie im Krieg vor dem Feind geflohen. Freiheitskämpfer wären sie gewesen, wenn sie zu uns Russen übergelaufen wären und mit uns gegen Österreich gekämpft hätten.** Herr Podbiera, Sie haben nur Ihre Pflicht erfüllt. Freispruch!"

Die tschechischen Mitglieder des Národní Výbor von Haida, die am Tisch neben dem Kommandanten saßen, sprangen wutentbrannt auf. Ihre Stühle stürzten um. Sie gestikulierten wild durcheinander und brüllten im Chor: „Podbiera muss sterben! Podbiera ist ein Mörder! Podbiera muss sterben! Podbiera ist ein Mörder!“
Der Kommandant zog seine Pistole und schoss in die Luft. „Ruhe! Den sieben Deserteuren, die weder gegen uns noch mit uns kämpfen wollten, ist ein Kriegerdenkmal im Friedhof errichtet worden. Diese Ehre wäre ihnen in Russland nicht zuteil geworden.“
Der russische Stadtkommandant erklärte das Standgericht für beendet. Er beauftragte seinen Stellvertreter, den erschossenen Kunze zu beerdigen und den verprügelten Meier ärztlich versorgen zu lassen. An die Mitglieder des Národní Výbor gewandt sagte er: „Ich muss zu einer Besprechung nach Aussig an der Elbe. Übermorgen komme ich wieder zurück.“
Nachdem der Stadtkommandant Haida verlassen hatte, rief der Vorsitzende des Národní Výbor im Verteidigungsministerium in Prag an und bat um militärische Unterstützung. Noch am gleichen Tag hielt General Svoboda Rücksprache mit Eduard Benesch. Im Auftrag von Benesch erteilte Svoboda sofortigen Marschbefehl:
„Rache für unsere in Haida 1917 ermordeten Freiheitskämpfer! Liquidiert unsere germanischen Todfeinde!“
Am Morgen des **02. Juni 1945** kamen die Soldaten in Haida an. Sie trugen erdfarbene Khakiuniformen, die für das deutsche Afrikakorps hergestellt wurden. Ihr Anführer war Unterleutnant Josef Sekatsch vom 47. Infanterieregiment der Svoboda-Armee.
Zwanzig Bürger der Stadt wurden auf den Rathausplatz geschleppt; auch die bereits standrechtlich Freigesprochenen. Sie mussten sich vor dem Rathaus aufstellen. Jedem wurde ein Hakenkreuz auf den Kopf geschoren. Sie mussten ihre Oberbekleidung ausziehen.
Das militärische Standgericht leitete Unterleutnant Josef Sekatsch. Ankläger waren Jaroslav Benda, Petr Hoblatschek und die Mitglieder der tschechischen Stadtverwaltung. Heinrich Häusler wurde aufgefordert, sich neben Josef Sekatsch zu stellen.

Benda: „Mit Dir Häusler machen wir eine Ausnahme! Du wirst nicht geprügelt und darfst leben, weil Du mir und Hoblatschek das Leben gerettet hast.“
Die militärischen Standgerichte des Eduard Benesch und seines Verteidigungsministers und Armee-Oberbefehlshabers Ludvik Svoboda konnten sich bei der Hinrichtung ihrer Opfer mehr Zeit lassen als die Vollstrecker der Befehle Adolf Hitlers und Heinrich Himmlers. **Zeit zum Foltern stand den Totenkopfverbänden der Waffen-SS bei ihren Massen-Exekutionen nicht zur Verfügung.**

Die Angeklagten wurden von Unterleutnant Josef Sekatsch nicht befragt und durften sich auch nicht äußern. Sekatsch hatte sich folgende Folterungen für seine Lynchjustiz ausgedacht.

Die Opfer mussten mit ausgestreckten Armen Hakenkreuzfahnen emporheben. Wem die Arme erlahmten, der bekam von den Soldaten Peitschenhiebe auf Gesicht, Oberkörper und Hände. Ermüdeten die schlagenden Arme der Folterer, wechselten sie einander ab. Zeitungsverleger Albrecht warf die Hakenkreuzfahne seinem Peiniger über den Kopf und versuchte zu fliehen. Mehrere Gewehrschüsse streckten ihn nieder.

Dr. med. Alfred Träger wurde gezwungen, seine Landsleute zu verprügeln. Er war der Leiter des Krankenhauses von Haida und ein Hüne von Gestalt. Wenn er nicht fest zuschlug, klatschten auf seinen nackten Körper Peitschenhiebe. Die Opfer brachen zusammen, rafften sich wieder auf und fielen erneut auf das harte Steinpflaster vor dem Rathaus. Schmerzverzerrt wälzten sie sich auf dem Boden und wurden bewusstlos. Durch kalte Wassergüsse und Fußtritte jagten die tschechischen Peiniger die Ohnmächtigen wieder hoch.

Den Frauen Ilse und Marta Werner wurde von uniformierten Soldaten unter jeden ihrer zehn Fingernägel eine lange Nadel tief hineingestoßen. Die beiden unschuldigen Frauen kreischten schrill

und laut. Der Vorsitzende des Národní Výbor musste sich erbrechen. Angeekelt stand er auf und lief weg.
Ein kurzes Kommando des Unterleutnants Josef Sekatsch beendete die Folterungen.
Von brennenden Schmerzen zusammengekrümmt standen die Opfer vor ihrem militärischen Standrichter. Die meisten beherrschten die tschechische Sprache nicht. Trotzdem wurde das Urteil des Standgerichts nur auf Tschechisch vorgelesen.
Kommandant Josef Sekatsch: „Meine Soldaten konnten bei Hausdurchsuchungen Waffen sicherstellen. Folgende Personen sind schuldig: „Edvard Podbiera, Albert und Heinz Reichmann, Ilse und Marta Werner, Eduard Hortig, Johann Junge und Franz Echter. Hier auf dem Marktplatz werden sie erschossen und 24 Stunden liegen gelassen."
„Das waren keine Hausdurchsuchungen, sondern Plünderungen!", schrie Kriegsveteran Podbiera auf Tschechisch. „Beile und große Küchenmesser sind keine Waffen. Es wurden Schmuck- und Wertgegenstände gestohlen!"
Sekatsch schoss Podbiera in den Bauch. Auf sein Kommando wurde auch den anderen Opfern von Svoboda-Soldaten in den Bauch geschossen. Die Schwerverletzten lagen röchelnd auf den harten Pflastersteinen. Viele Stunden zuckten ihre Körper im Todeskampf. Vor der Ankunft des russischen Stadtkommandanten wurden die deutschen Märtyrer, zusammen mit ihrem tschechischen Freund Podbiera, in einem Massengrab außerhalb des Friedhofes verscharrt.

Der uniformierte Soldatenneuling Hoblatschek stand auf.
„Wenn ich mich beim Riesen Träger krank gemeldet habe, hat er mir stets vorgeworfen, dass ich nur simuliere."
Heinrich Häusler war empört: „Herr Dr. Träger hat nur seine Pflicht getan", widersprach er.
„Du hältst Dein Maul, Häusler!"
„Gott möge Dir verzeihen, Hoblatschek."
Hoblatschek lachte laut: „Wir brauchen keinen Gott! Unser Führer Eduard Benesch verzeiht uns."

Häusler: „Sie treffen hier die Entscheidungen Herr Sekatsch. Ich bitte Sie, Herrn Dr. Alfred Träger zu schonen. Als Chefarzt und Leiter des Krankenhauses von Haida hat er vielen tschechischen Menschen das Leben gerettet."
Sekatsch: „Morgen wird Träger mit seinen Angehörigen und anderen Staatsfeinden nach Sebnitz in Sachsen abgeschoben."
Diese rechtswidrige und wilde Heimatvertreibung wurde von uniformierten Soldaten mit einem Militärlastwagen durchgeführt. Kurz vor Sachsen hielt der Lastwagen an. Herr Träger wurde aus dem Wagen gestoßen. Der Wagen fuhr ohne ihn weiter. Dr. Alfred Träger musste sein eigenes Grab schaufeln.

Die Svoboda-Soldaten holten in Haida weitere deutsche Bürger aus ihren Häusern. Angetrieben durch Peitschenhiebe mussten sie bis in die Morgenstunden des nächsten Tages auf dem Schulhof einen Galgen zimmern. Noch vor Rückkehr des russischen Kommandanten wollte Sekatsch der Reihe nach viele deutsche Männer aufhängen.
Plante er auch, sie zuvor noch grausam zu quälen?
Aber schon in der Morgendämmerung des **03. Juni 1945** kam der Russe von Aussig zurück. War er durch einen Meldefahrer gewarnt worden? Oder wurde er telefonisch informiert?
Der russische Oberst eröffnete ein drittes Standgericht. Er ließ den Galgen niederreißen.
Oberst: „Unterleutnant Sekatsch, vorgetreten! Ich bin Oberst der siegreichen Sowjetarmee. Wir sind die Herren in diesem von uns befreiten Land. Meine Urteile wurden von Dir missachtet. Das ist ein schwerer Verstoß gegen das Kriegsrecht. Du hast Unschuldige ermordet. Ich müsste Dich sofort erschießen lassen. Aber ich will Gnade walten lassen, denn General Svoboda hat tapfer an unserer Seite gegen Nazi-Deutschland gekämpft."
Der Oberst schaute Unterleutnant Sekatsch mit finsterem Blick und einem Gesichtsausdruck tiefster Verachtung in die Augen. Er spuckte ihm ins Gesicht. Sekatsch sprang erschreckt zwei Schritte zurück.

Der Oberst nahm Sekatsch die Militärpistole ab. Er ergriff dessen Schildmütze und warf sie auf den Boden. Dann riss er ihm die Achselklappen von der Schulter.
Oberst: „Hiermit entlasse ich Dich unehrenhaft aus unserer glorreichen Sowjetarmee und dadurch auch aus der Svobodaarmee. Ich verurteile Dich für Deine Morde zu zehn Jahren Arbeitslager in Sibirien. Abführen!"
Als Jaroslav Benda aufgefordert wurde vorzutreten, versuchte er wegzulaufen. Er wurde aber von einem Sowjetsoldaten am Kragen gepackt und festgehalten.
Oberst: „Sie waren Ankläger bei meinem Standgericht. Wie alt sind Sie?"
„Fünfundzwanzig Jahre."
„Wie lange tragen Sie Uniform?"
„Seit gestern. Aber ich bin bereits seit drei Jahren Angehöriger des tschechischen Widerstandes. Mein Vater ist ein Kriegsheld. Als Tapferkeitsoffizier der Svoboda-Armee hat er gegen die Deutsche Wehrmacht gekämpft. Beim Sturmangriff auf Breslau ist er gefallen."
„Beraten durch einen hohen Beamten im Justizministerium in Prag, der mit Herrn Heinrich Häusler verwandt ist, habe ich Erkundigungen durchgeführt. Ihr Vater war Uhrmachermeister in Melnik und Sie sind Uhrmachergeselle. Ihre Mutter wünscht, dass Sie die Meisterprüfung machen und das Uhrengeschäft Ihres Vaters übernehmen."
„Das möchte ich."
Jetzt wandte sich der Oberst an Heinrich Häusler, der hinter ihm stand.
„Herr Häusler, Sie kommen als Kriegsgefangener der Sowjetunion nach Melnik. Dort werden Sie bei der Kriegerwitwe Bendová untergebracht. Sie haben die Aufgabe, Jaroslav Benda zum Meister auszubilden. Sobald dieser die Meisterprüfung bestanden hat, ist Ihre Kriegsgefangenschaft beendet."
Noch am gleichen Tag wurden Heinrich Häusler und Jaroslav Benda nach Melnik, Karlovo Námestí (Karlsplatz) gefahren. Weinend umarmte Mutter Bendová ihren Sohn Jaroslav.

Schon nach einem Jahr konnte der junge Benda, dem Häusler das Leben gerettet hatte, seine Meisterprüfung mit sehr gutem Erfolg ablegen. Als Häusler das Land seiner Vorfahren verlassen durfte und mit der Eisenbahn von Melnik nach Dresden fuhr, stattete ihn die dankbare tschechische Kriegerwitwe Bendová mit neuer Kleidung, einem Rucksack voller Proviant, einem Koffer mit Unterwäsche und einem Koffer mit dem kompletten Werkzeugsatz für Uhrmacher aus.

Nach Rücksprache mit Eduard Benesch erreichte General Svoboda, dass Josef Sekatsch begnadigt wurde. Ein mit General Svoboda befreundeter Sowjetgeneral versetzte den russischen Kommandanten von Haida nach Leipzig in die Sowjetische Besatzungszone. Die Amerikaner hatten Leipzig den Russen überlassen.
Josef Sekatsch wurde zum Oberst der neu gegründeten Tschechoslowakischen Armee ernannt.
Edvard Benes: „Offiziere wie Josef Sekatsch können wir brauchen!“

Russische Soldaten erschießen Polizist Houschwic

Der elf Jahre alte Karl Häusler schlenderte gelangweilt durch Eichberg. Im Ortsteil Kleinseite angekommen, setzte er sich auf eine Bank und warf Kieselsteine ins Wasser des kleinen Kirchteichs. Nicht weit entfernt saßen auf einer anderen Bank zwei alte Frauen, die sich angeregt miteinander unterhielten.
„Wer hat die weißen Hakenkreuze an die Haustüren gemalt?“
„Das war unser Nachbar Houschwic.“
„Bei sich selbst hat er kein Hakenkreuz an die Türe gemalt.“
„Die bei uns zurückgebliebenen Russen sind oben in Svobodas Gaststätte Schantin untergebracht. Zuerst besaufen sie sich und anschließend kommen sie singend und grölend zu uns in die Kleinseite herunter. Sie vergewaltigen deutsche Frauen in den Häusern mit Hakenkreuzen an den Türen.“
„Das ist ja schrecklich.“

„Houschwic und sein Freund Svoboda haben das ausgeheckt. Unser Haus und sein Haus hat er nicht angeschmiert, weil wir Tschechen sind."
„Hast Du Ihm diese Schandtat nicht vorgeworfen?"
„Sicher. So etwas machen nur Schurken, habe ich gesagt."
„Was hat er geantwortet?"
„Wenn Du von den Russen gefickt werden willst, brauchst Du Dir nur mit Kreide ein Hakenkreuz an die Türe zu malen."
„So ein schlechter Mensch."
Karl hatte einen sehr guten Gehörsinn. Noch im Alter von 79 Jahren wurde bei ihm die Hörfähigkeit eines 35-jährigen Menschen gemessen. Karl rannte weg. Durch die Schilleranlagen, über den sandigen Sportplatz, vorbei am großen Kirchteich und eine breite Steintreppe hoch, lief er zur Volksschule. Im Schulgebäude hatten bis zu ihrem Abzug die Russen gehaust. Alle Türen standen weit offen. In einem Klassenzimmer des Erdgeschosses fand Karl in der Schublade des Lehrerpults einige weiße Kreidestücke. Er steckte sie in seine Jackentasche. **Werwolf** Karl der Kleine wollte dem Riesen Houschwic eine Lehre erteilen. Dieser Halunke hatte in Karls Augen viel Schuld auf sich geladen. Er hatte seinen Vater blutig geschlagen. Zusammen mit Otto Rohde forderte er die Herausgabe von Schmuck und drohte dabei mit Erschießen. Zusammen mit dem Leder-Partisan Piwonka soll er alte Volkssturmmänner aus den Dörfern Wrchhaben und Sameister totgeschlagen haben. Jetzt auch noch die Schmiererei mit den Hakenkreuzen.
Als es Nacht wurde, ging Karl früher als sonst ins Bett. Seinen Handball versteckte er unter der Bettdecke. Bevor seine Mutter ihr Schlafzimmer aufsuchte, betrat sie das Kinderzimmer. Karl lag mit einer Zipfelmütze über dem Kopf und geschlossenen Augen in seinem Bett. Er atmete gleichmäßig und ruhig. Kaum hatte jedoch Tereza das Zimmer verlassen, sprang Karl aus dem Bett. Er legte eine zusammengerollte Wolldecke unter die Bettdecke, nahm die Zipfelmütze ab, zog sie über seinen Handball und drückte diese Kopfattrappe ins weiße, mit Gänseflaum gefüllte Kopfkissen. In die Brusttasche seines Schlafgewands steckte er drei Kreidestücke.

Dann hüpfte er durch das Fenster auf das Dach der Waschküche. Vom Dach sprang er hinab auf den weichen Misthaufen. Dieser stank nach faulendem Stroh, Hühner-, Enten-, Gänse-, Kaninchen- und Ziegenkot. Barfuß lief er über den Hof. Er kletterte und sprang über den Bretterzaun auf die Straße. Im Schutz der Dunkelheit rannte er durch die Stadt bis zur Kleinseite. Dort versteckte er sich in einem Gebüsch am Ufer des kleinen Kirchteichs.
Oben am Burgberghang sangen die Russen im Gasthaus Schantin. Als sie im Suff laut zu grölen anfingen, trat Polizist Houschwic aus seinem Holzhaus heraus. Er kontrollierte, ob alle Hakenkreuzzeichen an den Türen der Nachbarhäuser noch ordnungsgemäß angebracht waren. Zufrieden ging er in sein Haus zurück und sperrte das schmiedeeiserne, in seinen Stahlfedern knackende Türschloss zu. Während vom Gasthaus Schantin die Russen auf dem schmalen Schotterweg herabgetorkelt kamen, wurde es in den Häusern der Deutschen lebendig. Türen öffneten sich und Frauen und Mädchen rannten und kletterten den Burgberg hinauf. Sie versteckten sich in unterirdischen Gängen und Kellerräumen, die von der alten Burg der Grafen Berka von Dubá übrig geblieben waren. Dichtes, dorniges Gestrüpp versperrte den Zugang zu den finsteren Burgkellern.
Jetzt war für **Werwolf** Karl der Augenblick gekommen, um zuzuschlagen. Er sprang aus den Sträuchern am Kirchteichufer heraus, lief über die schmale Schotterstraße und zeichnete mit seiner Kreide ein großes weißes Hakenkreuz auf die Haustüre des Houschwic. Schnell sprang er in sein Versteck zurück. Die betrunkenen Russen hatten die Häuser der Kleinseite erreicht. Ihnen folgte Gastwirt Svoboda. Er klopfte mit einem Basaltstein an die erste Hakenkreuztüre.
„Aufmachen Wondrasch. Unsere russischen Freunde möchten Euch lieb haben.“ Die Haustüre wurde weit geöffnet, denn die Bewohner wussten, dass es keinen Sinn hatte sie zu verschließen.
Zwei Sowjetsoldaten hatten ihre Gewehre geschultert. Diese würden mit den Gewehrkolben Türen und Fenster einschlagen, um in das Haus einzudringen. Urgroßvater Wondrasch begrüßte die Russen. Die Russen durchsuchten das Haus nach Frauen. Alle Schränke und

Truhen wurden geöffnet. Vergeblich schauten sie unter die Betten und Bettdecken. Genauso erging es den torkelnden, volltrunkenen Russen in den Häusern der deutschen Familien Böhme, Bukatsch, Schmusebauch, Sommer und Tschernatsch. Die deutschen Täubchen waren ausgeflogen.
Ein wankender Soldat stolperte zu den Büschen am Kirchteich. Er hielt sich an den Strauchästen fest, beugte sich nach vorne und kotzte zwei Meter von Karl entfernt seinen Mageninhalt stoßweise aus sich heraus. Anschließend öffnete er mühsam mit einer Hand seine Hosenknöpfe. Er zog seinen Penis zwischen den Oberschenkeln hervor und urinierte plätschernd in das Erbrochene. Statt sich umzudrehen und auf die Schotterstraße zurückzugehen, stampfte der Russe mit schweren, langsamen Schritten durch das Gestrüpp Richtung Kirchteich. Klatschend stürzte er ins Wasser. Neu getauft, aber nicht vom Heiligen Geist gesegnet, erhob sich der Russe aus seinem wässrigen Schlammbad. Wasser spuckend, keuchend und dreckverschmiert, kroch er zurück ans Ufer.
Durch das kalte Wasser ernüchtert, beobachtete er Gastwirt Svoboda. Dieser versuchte das weiße Hakenkreuz von der Haustüre des Polizisten Houschwic mit einem Taschentuch wegzuwischen. Svoboda war es gelungen, die besoffenen Soldaten mit gestenreichen Armbewegungen vom Haus seines Freundes Houschwic abzulenken.
Der im Kirchteich getaufte Russe sprang auf. Er schüttelte sich das Wasser von der Uniform. Gleich einem brünstigen Hirsch brach er aus den krachenden Sträuchern heraus auf die Straße. Erschreckt drehte sich Svoboda um und rief: „Dawei, dawei – weg, weg!“ Es half nichts. Ein Faustschlag auf den Kopf haute Svoboda um. Der Russe rüttelte vergeblich an der Türklinke und drosch mit seinen Fäusten gegen die Eichenbretter der verschlossenen Türe.
Vom Alkohol betäubt, lagen bereits mehrere Russen schnarchend im Straßenstaub. Russen, die sich trotz ihres Rausches noch aufrecht bewegen konnten, hatten den Lärm gehört. Sie liefen zum Houschwic-Häuschen. Der zuerst ankommende Gewehrträger zertrümmerte mit dem Gewehrkolben das Türschloss. Als die Haustüre aufsprang, stand Houschwic mit schussbereitem Gewehr

vor dem Russen. Ein Schuss krachte. In die Brust getroffen fiel der Russe tot um. Houschwic hatte schnell wieder durchgeladen. Sein zweiter Schuss traf den schlammbesudelten Saufbold in den Unterleib und zertrümmerte dessen Penis und Hoden. Der zweite russische Gewehrträger war hinter einem Baum in Deckung gegangen. Der Russe traf. Houschwic schoss vorbei und sank sterbend auf die Steinfliesen seines Hauses. Zwei Russen kümmerten sich um ihren toten und ihren schwerverletzten Kameraden. Vier Russen stürmten ins Haus. Vergeblich durchsuchten sie Speis, Küche und Wohnzimmer. Dann polterten sie die ächzende und knirschende Holztreppe zu den Schlafkammern hoch. Dort wartete Eva Houschwicová, die deutsche Frau des getöteten tschechischen Polizisten. Sie brachte dieses Opfer, um den Fluchtweg ihrer Tochter zu sichern. Diese war durch eine Dachluke geklettert und auf den Misthaufen im Garten hinabgesprungen. Sie lief den Burgberg hoch und versteckte sich dort.
Eva Houschwicová, geborene Richter, war die Cousine des letzten deutschen Bürgermeisters von Eichberg.

Eine Kompanie der tschechoslowakischen Armee besetzt Eichberg am dritten Jahrestag von Lidice

Am Freitag, dem 08. Juni 1945, wurde Polizist Houschwic von den Russen erschossen. Am Samstag telefonierte Bürgermeister Sameck mit dem Verteidigungsministerium in Prag.
„Sowjetsoldaten sind in das Haus unseres Polizisten Houschwic eingedrungen, um dessen Frau zu vergewaltigen. Houschwic hat einen Russen erschossen und einen weiteren schwer verletzt, bevor er selbst getötet wurde. Was sollen wir tun?“
„Wir müssen eine Auseinandersetzung mit den Russen vermeiden. Verbreiten Sie die Nachricht, dass bewaffnete **Werwölfe** unseren Polizisten und einen Sowjetsoldaten ermordet haben. Oberst Hlavitschka ist Ihrer Stadt bereits zugeteilt. Schon morgen wird er mit seiner Truppe in Eichberg eintreffen.“

Wider besseres Wissen behauptete Prag: „Der Krieg ist noch nicht beendet. Wir müssen gegen gefährliche **Werwölfe** kämpfen.“
Obwohl mit dem besten Agenten-Netz Europas ausgerüstet, wusste Prag jedoch Folgendes nicht: Der beim Volkssturm inkognito an den Waffen ausgebildete kleine **Werwolf** Simplizissimus Karl Häusler hielt sich in Eichberg auf. Er war mit einer Damenpistole und Eierhandgranaten bewaffnet. Karl hatte versprochen nicht zu töten. Das forderte Kriegsveteran Schiffner von ihm. **„Setze Deine Waffen nur im äußersten Notfall ein, um Dein Leben zu retten.“** Wäre Karls Vater jedoch von Otto Rohde oder dem Leder-Partisan Piwonka ermordet worden, dann hätte er Blutrache geübt. Diese Fähigkeit war ihm angeboren, denn sein Ur-Ur-Großvater Kastner war der letzte Scharfrichter von Bilin.
Zusätzlich hielten sich im Landkreis untergetauchte Krieger der Waffen-SS auf. Sie wurden vor 1938 in der tschechoslowakischen Armee ausgebildet. Nach dem Anschluss des Sudetengaus an das Deutsche Reich traten sie der Waffen-SS bei. Nach dem Ende des Zweiten Weltkrieges zogen sie wieder ihre tschechischen Uniformen an. Zuvor schon hatten sie sich eine perfekt gefälschte tschechische Identität verschafft. Sie beherrschten die tschechische Sprache. Ihr Anführer war der ehemalige SS-Obersturmbannführer Bartholomäus Stebrich. Sie waren mit Kalaschnikows, Pistolen, Eierhandgranaten und Panzerfäusten bewaffnet. Diese Musketiere wollten auch nicht töten, sondern nur ihre deutschen Angehörigen beschützen.

Werwölfchen Simplizissimus Karl stand neben dem Baderteich; einem kleinen, runden und brauntrüben Wassertümpel. In der Morgenkühle zogen zarte Nebelschleier von Ufer zu Ufer. Der heiße schwarze Kaffee voller Milchstraßen und Fixsternen aus weißem Zuckerkristall lag ihm noch im Magen. Hinuntergeschlürfter Weltuntergang. Karl ging näher ans schlammige Ufer. Aus kurzem Feuerwehrschlauch pisste seine prall gefüllte Harnblase einen dünnen Nabelschnurbogen ins plätschernde Wasser. Ein leichter Windhauch zeichnete Runzelfalten auf den glatten Wasserspiegel. Karl hob einen flachen Kieselstein auf und warf ihn gegen die Wasseroberfläche.

Dieser schlug einen Wellenkreis, sprang hoch und hüpfte auf immer kleineren Wasserwellenkreisen weiter, um schließlich nur noch über das Wasser zu rutschen und darin zu versinken. Am Teichufer gegenüber, sickerten Sonnenstrahlen durch die Blattfinger eines frei stehenden, mächtigen Kastanienbaums. Daneben klapperten auf einem Scheunendach zwei Weißstörche. Zornig bellend schoss ein kleiner weißer Spitz auf eine braun gefiederte Henne los, die entsetzt hochflatterte und mit rudernden Flügelschlägen und wild zappelnden Stelzenschritten davongackerte. Im schmierig braunen Schlamm des schmalen Uferstreifens hatten Enten- und Gänsefüße kreuz und quer ihre Keilschriftzeichen eingedrückt und durch einen graugrünen Kringelpunkt aus ihrer Kloake besiegelt. Die schnatternden und tollpatschig im Wackelschritt laufenden weißen Bratpfannenvögel stocherten mit schmatzendem Schnabel im Dreck. Mit nach oben gestrecktem Hals schlürften sie Wasser.
Aus weiter Ferne hörte Karl ein leises Glockenzeichen. Es verstummte. Kurze Zeit später erklang die Glocke wieder und verstummte erneut.
Karl beobachtete Großlibellen. Es waren blaugrüne Mosaikjungfern. Sie hatten blau-violette Facettenaugen, die auf dem Scheitel ihres Kopfes zusammenstießen. Mit flimmernden, durchsichtigen Flügeln zuckten sie am Ufer auf und ab. Für Sekunden hingen sie reglos in der Luft. Blitzschnell schwirrten sie davon.
Plötzlich schepperte eine klirrende Glocke neben Karl. Ein Schwarm Spatzen flatterte erschrocken aus dem Straßenstaub hoch. Uhrmacher und Amtsbote Joziek Fiedler schüttelte mit seiner rechten Hand eine Messingglocke. Nachdem er sich durch Drehen seines Kopfes vergewissert hatte, dass neugierige Mitbürger aus geöffneten Türen und Fenstern schauten, ließ er seine schrille Bimmel verstummen. Er verkündete: „Der große Feldherr und Verteidigungsminister Ludvik Svoboda schickt uns aus Prag eine Einheit seiner Armee. Sie wurde aus Studenten der Prager Karls-Universität rekrutiert. **Heute, am 10. Juni 1945, ist der dritte Jahrestag von Lidice.** Kommt um ein Uhr zur Begrüßung unserer Befreier und Freunde zum Masaryk-Platz.“
Dieser Tag wurde zum Blutsonntag von Eichberg.

Lidice ist ein tschechisches Dorf westlich von Prag, in dem sich Attentäter versteckt hatten, die Heydrich töteten. **Die Tötung Heydrichs hatte Eduard Benesch von London aus veranlasst, um den Hass der Tschechen gegen die Deutschen zu schüren.**
Als Vergeltung für das Attentat auf den SS-Führer Heydrich, dem stellvertretenden Reichsprotektor von Böhmen und Mähren, wurde Lidice vollständig zerstört. 172 Männer, 7 Frauen und 1 Kind wurden erschossen. An den Verhören und anschließenden Erschießungen waren tschechische Polizisten beteiligt. Hitler und Himmler planten die Erschießung von weiteren 10.000 Tschechen, für die bereits Todeslisten ausgestellt waren. Karls tschechischer Onkel Dr. Alex Geitler wäre sicher auch ermordet worden. Diesen zusätzlichen Massenmord verhinderten sudetendeutsche Politiker mit dem Hinweis, dass dadurch viele wertvolle Arbeitskräfte für die deutsche Rüstungsindustrie verloren gingen. Die in Lidice nicht erschossenen tschechischen Frauen und Kinder wurden in Arbeitslager gebracht. Kleinkinder wurden von kinderlosen SS-Familien adoptiert.
Am Vormittag des 10. Juni 1945 veranstaltete Eduard Benesch in Lidice eine Gedächtnisfeier. Dabei sprach er über den Rundfunk an sein tschechisches Volk. Die Bewohner Eichbergs hörten die Ansprache über ihre braunen, rundgelöcherten Volksempfänger. In seiner Hassrede gegen die deutschen Mitbürger Böhmens beschwor Benesch eine Erbfeindschaft zwischen Tschechen und Deutschen. Er sprach von der Kollektivschuld aller Deutschen.
Was Benesch seinem Volk damals nicht mitteilte, berichtet Zeitzeuge Dr. Gerhard Illing: „Über zweitausend Deutsche, vorwiegend Personen, die im Schuldienst tätig waren, wurden Mitte Mai 1945 aus ihren Wohnungen abgeholt und nach Lidice gebracht. Ende Mai begann man dort mit der Ermordung. Dies geschah auf bestialische Weise. Die Gefangenen wurden zuerst auf das Grausamste zusammengeschlagen, in die Latrinen gejagt, dann angeschossen und in den Latrinen ertränkt." Weiter berichtet Dr. Illing sinngemäß: Vor ihrer Ermordung mussten sie bis zur völligen Erschöpfung bei der Errichtung der Gedenkstätte Lidice als Zwangsarbeiter helfen.

Arbeitsunfähigkeit bedeutete schrecklichen Tod. Nur wenigen jungen Männern gelang die Flucht.
(Gerhard Illing in: Heimatnachrichten. B 1254. Zweimonatsblatt Nov./Dez. 2002, für Böhmisch Leipa, Dauba, Haida, Hirschberg u.a. Otto Schneider Verlag. Folge 6 / 52. Jahrgang. ISSN 1433-5956.)

Am Sonntagmorgen des 10. Juni 1945 ließ Bürgermeister Vaclav Sameck die ehemaligen Hitlerjungen von Eichberg und Landkreis stundenlang verprügeln. Während zugeschlagen wurde beschimpften die Peiniger die ehemaligen Kindersoldaten des Volkssturms als **Werwölfe**. Beim Schlagen wechselten sich Leder-Partisan Piwonka, Otto Rohde und Lehrer Petr Polleck gegenseitig ab.

Die Militäreinheit aus Prag fuhr auf der Kaiserstraße über Melnik nach Eichberg. Ihr Kommandant besaß Informationen, in welchen Bauernhöfen sich deutsche Soldaten versteckt hielten. Diese hatten ihre Uniformen abgelegt und arbeiteten als Knechte getarnt bei den Bauern. Sie wurden von Oberst Hlavitschka gefangen genommen und gezwungen, ihre deutschen Uniformen wieder anzuziehen. Gefesselt mussten sie sich auf die Böden der Lastwagen legen. Die Prager Studenten in erdfarbener deutscher Khakiuniform beherrschten die deutsche Sprache. Auf Deutsch sangen sie das Lied: „Es ist so schön Soldat zu sein, Rosemarie." Dabei trampelten sie im Takt der Marschmusik mit ihren Stiefeln auf Köpfen und Körpern der deutschen Soldaten herum. Es waren erbeutete Knobelbecher mit Eisen an den Sohlen.
Die Studenten aus vornehmen Prager Familien waren gut genährt und nicht so ausgemergelt wie die deutschen Kriegsteilnehmer unter ihren Füßen. Sie befanden sich in einem euphorischen Siegesrausch über einen Sieg, den sie selbst nicht errungen hatten. Nur ihr Anführer Oberst Hlavitschka hatte als Offizier der Svobodaarmee zusammen mit der Sowjetarmee gegen die Deutsche Wehrmacht gekämpft. Beim Ortsschild Eichberg angekommen, hielten die Militärlastwagen an. Die Soldaten der Deutschen Wehrmacht wurden angebrüllt: „Raus, Ihr Nazischweine!" Zuerst mit Fußtritten gegen den Kopf und

dann mit Tritten gegen ihr Hinterteil, jagten die übermütigen Studenten die vom Krieg zermürbten Soldaten von den Fahrzeugen. Vera Máchovás deutscher Großvater Wenzel Jäger hatte mit Entsetzen diesen Vorfall beobachtet und später davon berichtet.
Die tschechoslowakischen Soldaten in deutscher Khakiuniform, ausgerüstet mit deutschen Infanteriegewehren, stellten sich als Marschkolonne auf und marschierten im Gleichschritt mit krachenden deutschen Wehrmachtsstiefeln zum Rathaus der Stadt. Ihnen folgten mit blutenden Köpfen die hinkenden deutschen Kriegsgefangenen. Sie konnten sich nur mühsam vorwärts schleppen. Die Straßen waren menschenleer. Oberst Hlavitschka fuhr in einem offenen VW-Kübelwagen langsam voraus. Er stand neben seinem Fahrer aufrecht im Wagen. Er hoffte, wie ein nach Rom heimkehrender siegreicher römischer Feldherr begrüßt und umjubelt zu werden. Am Schluss seines Triumphzuges hinkten und humpelten die germanischen Barbaren. Erst als Hlavitschka von der Stingelgasse nach rechts in den Masaryk-Platz einbog, jubelten die dort versammelten Tschechen. Auch Simplizissimus Karl Häusler und seine tschechische Mutter Tereza Häuslerová jubelten. Beide erschraken jedoch, als sie die jungen deutschen Soldaten sahen.
Angeführt durch Lehrer Rziha standen die Beneschjungen vor dem Rathaus. Die ehemaligen Hitlerjungen lagen zusammengeschlagen in den Gefängniszellen des Rathauses.
Ganz oben auf der Rathaustreppe standen Sameck, Rohde, Polleck und Piwonka. Auf der untersten Stufe der Treppe, hinter der Beneschjugend, mussten sich die deutschen Mitarbeiter der Stadtverwaltung aufstellen: Herr Franz Richter, letzter deutscher Bürgermeister von Eichberg, Herr Mühl aus Eichberg, Lange Gasse und Herr Bauer aus Sakschen. Jeder dieser drei Männer hatte während der Gewaltherrschaft Adolf Hitlers ein freundschaftliches Zusammenleben mit den wenigen tschechischen Mitbürgern in Eichberg und Landkreis angestrebt. Sie trugen eine rote Armbinde mit dem Aufdruck CSR. Von den anderen, mehr als 1.500 deutschen Bürgern der Stadt war keiner erschienen. Sie hätten die

vorgeschriebene weiße Armbinde mit dem schwarzen Aufdruck **N (Nemec = Deutscher)** tragen müssen. Dafür waren sie zu stolz.
Karls Mutter hatte 1938 die tschechoslowakische Staatsbürgerschaft beibehalten. Sie und ihr Sohn mussten deshalb keine Armbinde tragen.
Karl turnte am glatten, runden Handlaufrohr des dunkelbraunen Eisengeländers an der Einmündung der Postgasse in den Masaryk-Platz. Karl hatte schon als fünfjähriges Kind an diesem Handlauf eine Rolle rückwärts gedreht, als Adolf Hitler 1939 in seinem schwarzen Mercedes an ihm vorbeifuhr.
„Führe Dich ordentlich auf!“, ermahnte ihn Tereza.
Karl entdeckte den Bäckermeister Tschiha, Helmuts tschechische Großeltern Witschel und das alte Korbflechterehepaar Houzovic. Sie standen vor dem Hotel Schubert. Der tschechische und zuvor deutsche Amtsarzt Dr. med. Adolf Hafenrichter, der 1938 trotz seines deutschen Vaters aufgrund seiner tschechischen Mutter auf Tschechisch optierte und seine Ehefrau, eine geborene Tschernatsch, standen vor ihrem Haus mit Arztpraxis. Vor dem Landratsamt entdeckte Karl den ehemaligen deutschen Bürgermeister Josef Kayser, dessen tschechischen Schwager Svoboda und die von den Russen vergewaltigte tschechische Polizistenwitwe Houschwicová, geborene Richter mit ihrer Tochter.
Karls Freund Rüdiger Hein war nicht zu sehen. Seine Freunde Franz Doleschal und Helmut Stelzig befanden sich bei der Beneschjugend. Karl winkte ihnen mit der Hand. Nur Franz Doleschal winkte zurück.

Jetzt rührten sich die kleinen und großen rasselnden Trommeln der Beneschjugend. Die Beneschjugend wurde angeführt vom Lehrer Rziha. Vom wieder eingesetzten tschechischen Bezirksschulrat Jozek Knedlicek war Rziha zum Rektor ernannt worden.
Schmetternd jauchzende Fanfaren und Trommeln begrüßten die Soldaten der Svoboda-Armee. Es waren die Trommeln und Fanfaren der ehemaligen Hitlerjugend.
Die Dreifaltigkeitssäule, vor der die gefangenen jungen deutschen Soldaten mit schmerzverzerrten Gesichtern hinhumpelten, hieß im

Volksmund „Pestsäule“. 1680 wurde Eichberg von der Pest heimgesucht, an der 134 Menschen starben. Sie wurden in einem Massengrab neben der Hopfendörre beerdigt, das den Namen „Pestfriedhof“ erhielt. 1945 wütete eine andere Pest in Eichberg. Es war der Hass, den Volksverhetzer Eduard Benesch bei seiner Ansprache in Lidice gesät hatte.
Karl Häusler beobachtete, dass sich sieben tschechoslowakische Soldaten von ihrer Truppe absonderten. Im Laufschritt eilten sie in die Postgasse. Dort zogen sie ihre Uniformjacken aus und warfen sie mit ihren Militärmützen auf den Gehsteig. Aus ihrer Hosentasche zogen sie bunte, rotweißblaue Kopftücher und wickelten diese um ihre Stirn. Auch ohne Bart und schwarze Augenklappe sahen sie jetzt wie Räuber aus. Lachend tanzten sie in ihrer Partisanenverkleidung eine böhmische Polka.
Dreimal mussten sich sieben deutsche Soldaten vor der Pestsäule eng nebeneinander aufstellen. Sie wurden von den Partisanen, die keine Partisanen waren, erschossen.
Ein deutscher Offizier rief: „Verflucht sei Benesch! Gott strafe ihn!“
Der allmächtige Gott bestrafte Eduard Benesch schon 1948.
An den Erlöser Jesus Christus glaubende, unschuldige deutsche Soldaten, drehten den Todesschützen ihren Rücken zu. Sie verneigten sich vor der Dreifaltigkeitssäule und sprachen in sich versunken ein letztes stilles Gebet.
Franz Richter, deutsches Mitglied des Národní Výbor, hatte kurz vor diesem Verbrechen bei Oberst Hlavitschka laut und energisch protestiert. In tschechischer Sprache rief er: „Nach geltendem Kriegsrecht dürfen Kriegsgefangene nicht erschossen werden.“
Franz Richter wurden die Hände gefesselt.
Als die ersten Schüsse krachten, jubelten Sameck, Rohde, Polleck und Piwonka. Die alteingesessenen tschechischen Bürger Eichbergs dagegen blieben vor Entsetzen stumm. Tereza verließ weinend den Masaryk-Platz. Die getöteten Soldaten wurden im Friedhof auf dem Minksberg in ein Massengrab geworfen.
Karl beobachtete, dass Schantin-Wirt Svoboda in das Geschäft des Herrn Franz Richter ging. Mit zwei Gewehren kam er wieder heraus.

Eisen-Richter verkaufte Werkzeuge, Haushaltsgeräte, Pflugscharen, aber auch Jagdgewehre. Jedes Jahr fanden im Kaiserwald große Treibjagden statt.
Svoboda: „Diese Waffen gehören Franz Richter."
„Stimmt das?", fragte Oberst Hlavitschka den Eisenwarenhändler.
Eisen-Richter: „Sie gehören zu meinen Warenbeständen. Ich besitze eine Bescheinigung des russischen Kommandanten, dass ich die Jagdgewehre aufbewahren darf, um sie später einmal zu verkaufen."
Hlavitschka: „Auf unerlaubten Waffenbesitz steht die Todesstrafe!"
Durch einen Kopfschuss mit seiner Armeepistole streckte der Oberst den um Ausgleich, Recht und Ordnung bemühten Franz Richter nieder. Er war für ihn ein lästiger Zeuge.
In der Zwischenzeit hatten Soldaten Franz Stebrich, den Direktor der Bürgerschule, auf den Masaryk-Platz geschleppt. Stebrich stand neben dem Oberst. Rohde mischte sich ein.
Rohde: „Dieser Mann hat mich in der Bürgerschule als Judenbastard beschimpft. Er war Parteimitglied der NSDAP."
Oberst: „Stimmt das?" Stebrich: „Ja."
Rohde: „Sein Sohn war Obersturmbannführer der Waffen-SS. Stebrich hat seinen Sohn angestiftet, unseren Polizisten Houschwic und einen Sowjetsoldaten zu ermorden."
Stebrich protestierte: „Das ist eine Lüge!"
Der Oberst hatte den Auftrag einen Schuldigen für den Tod des Polizisten zu finden. Er verurteilte Stebrich zum Tod durch Erschießen. Franz Richter und Franz Stebrich wurden nicht in ihren prunkvollen Familiengräbern bestattet. Ihre letzte Ruhe fanden sie zusammen mit den ermordeten deutschen Soldaten in einem Massengrab.
Karl lief nicht nach Hause, sondern zur Hopfendörre. Dort stellte er fest, dass ein Teil der großen, prallhart gefüllten Hopfensäcke fehlte. „Sie haben die Hopfensäcke bestimmt nach Pilsen gefahren", dachte Karl. „Vielleicht ins Haus der dunklen Krüge?"
Anschließend ging er über die Schotterstraße zum Pestfriedhof. Aus seinem Waffenversteck, der Sandsteinhöhle hinter Dornengebüsch, holte er Eierhandgranaten und Munitionsschachteln für seine Pistole.

Zuhause versteckte er Handgranaten und Munition im Dachboden. Auch die im Kinderzimmer versteckten Handgranaten schaffte er auf den Dachboden.

Nachdem Karls Vater in Melnik angekommen war und sich bei der tschechischen Kriegerwitwe neben der Uhrmacherwerkstatt häuslich eingerichtet hatte, rief er erneut in Prag bei seinem Schwager Dr. Alex Geitler an. „Befreie bitte die ehemaligen Hitlerjungen aus dem Gefängnis in Eichberg. Sie werden dort totgeschlagen."
Ein Anruf bei Bürgermeister Sameck reichte. Die übel zugerichteten Knaben durften sofort zu ihren Eltern. Dr. Geitler ordnete daraufhin durch Rundschreiben an alle tschechoslowakischen Bürgermeister an, dass alle Hitlerjungen freigelassen werden müssen. Ihre Verurteilung durch Standgerichte als **Werwölfe** verbot er. „Zuwiderhandlungen werden vom Prager Justizministerium hart bestraft!" Dr. Alex Geitler ging es dabei um die Ehre und Würde seines von ihm geliebten tschechischen Volkes. Er verachtete Eduard Benesch, als dieser anordnete, dass Jungvolkführer der Hitlerjugend unabhängig von ihrem Alter grausam getötet werden müssen.

In dunkler Nacht verließ Simplizissimus „Karl der Kleine" in gewohnter Weise sein Schlafzimmer. Eichberg besaß keine Straßenlaternen. Auch der Mond war noch nicht aufgegangen. Karl nahm die kleine Holzsprossenleiter von der Hofmauer und trug sie fort. Tief geduckt schlich er die Hauswände entlang bis zum Masaryk-Platz hinauf. Er lief am Uhren- und Schmuckwarengeschäft seines Vaters vorbei, das der Amtsbote Fiedler nicht gepachtet, sondern der Witwe Goldmann gestohlen hatte. Karl stellte die Leiter unter dem Straßenschild Masaryk-Platz an die Hauswand. Er stieg die Leiter hoch und klebte mit Heftpflastern einen groß und deutlich beschrifteten weißen Karton über das Straßenschild. Darauf stand: **MASSAKERPLATZ**. Unerkannt kam Karl mit der Leiter wieder zuhause an.
Am nächsten Morgen kehrte auch der deutsche Offizier Rudolf Girtler nach Eichberg zurück. Bis 1938 war er tschechoslowakischer

und anschließend deutscher Offizier. Girtler hatte am Feldzug gegen Russland teilgenommen. Nach der Kapitulation trug er Zivilkleidung. Er teilte fröhlich lachend mit, wie er russischer Kriegsgefangenschaft entging. Begegnete er auf seiner Fußwanderung nach Eichberg Sowjetsoldaten, lief er ihnen mit ausgebreiteten Armen entgegen und rief auf Russisch und Tschechisch: „Seid willkommen Brüder und Befreier. Ihr habt uns gerettet."
Girtler wohnte wieder bei seinen Eltern in der Talgasse. Seine deutschen Vorfahren stammten aus Franken in Bayern. Dort waren sie unfreie, leibeigene Bauern. Girtlers bayerischer Vorfahre zog im 15. Jahrhundert mit vielen anderen unfreien Bauernburschen nach Nordböhmen. Der tschechische Graf Berka von Dubá hatte sie angeworben. Sie erhielten die Aufgabe, die Wälder des Grafen zu roden und in fruchtbares Ackerland zu verwandeln. Dadurch gestalteten sie über Jahrhunderte das „Eichberger Bergland", das 1945 in „Mácha-Land" umbenannt wurde. Dafür erhob sie der Graf zu Freibauern.
Schon ab dem 12. Jahrhundert hieß die Parole der nach Böhmen ziehenden deutschen Bauern: „Deutschsein macht frei!". Freie deutsche Bauern waren bei unfreien tschechischen Bauerntöchtern sehr begehrt. Durch Heirat mit ihnen wurden auch sie und ihre Kinder freie deutsche Bürger in Böhmen. Urkundlich ist nachgewiesen, dass die deutschen Vorfahren des Herrn Rudolf Girtler schon vor 1602 in Wrchhaben bei Eichberg als deutsche Freibauern ansässig waren. Rudolf Girtler hatte eine jüdische deutsche Großmutter. War er deshalb so intelligent? Sein Vater war nicht mehr Landwirt in Wrchhaben, sondern ein fleißiger Tischlermeister in Eichberg. Karl Häusler hatte bei ihm noch vor drei Monaten „Handgranaten-Holzkugeln" abgeholt. Damit übten die Pimpfe der Hitlerjugend den Zielwurf. Der am 11.03.1911 geborene Rudolf Girtler hatte eine tschechische Mutter. Seine Eltern optierten 1938 auf Deutsch. Rudolf Girtler beherrschte die tschechische Sprache perfekt. Er wurde Volksschullehrer und Fachlehrer für Tschechisch an der Bürgerschule von Eichberg. Der tschechische Bezirksschulrat Jozek Knedlicek beförderte ihn zum Oberlehrer, weil

Girtler das umfangreiche Gedicht „Mai/Máj“ des tschechischen Poeten Karel Hynek Mácha fehlerfrei auf Deutsch und Tschechisch vortragen konnte. Zusammen mit seinem Schulfreund Bartholomäus Stebrich wurde Girtler von der tschechoslowakischen Armee zum Offizier ausgebildet. Nach dem Anschluss des Sudetengaus wurden beide 1938 von der deutschen Wehrmacht als deutsche Offiziere übernommen. Sie schlugen jedoch unterschiedliche Wege ein. Bartholomäus wurde SS-Obersturmbannführer. Rudolf blieb Offizier der Deutschen Wehrmacht. Während Bartholomäus ein Anhänger Adolf Hitlers und Heinrich Himmlers wurde, verachtete Rudolf diese Kriegsverbrecher. Als Widerstandskämpfer gegen Hitler arbeitete er für den deutschen Widerstand. Hin und wieder half er auch dem tschechischen Geheimdienst. Da er sich in Eichberg bei Oberst Hlavitschka entsprechend ausweisen konnte, wurde er von diesem nicht standrechtlich als fahnenflüchtiger Verräter erschossen.
Für die Ermordung seines Vaters übte Bartholomäus Stebrich vorsichtshalber keine Rache. Um Mitternacht schlich er ins Haus seiner Eltern. Seine Mutter hatte sich erhängt. Sie lag tot auf dem Wohnzimmerboden. Den abgeschnittenen Strick hatte sie immer noch am Hals. Seine Frau und sein Töchterchen weinten. Sie waren völlig verzweifelt. Mit Frau und Tochter ging er die Talgasse hinab zu seinem Schulfreund Rudolf Girtler. Sie umarten sich.
Bartholomäus: „Beschütze meine Frau und Tochter.“
Rudolf: „Deiner Frau und Deiner Tochter wird nichts geschehen. Beruhige Dich. Ich schwöre bei Gott, dass ich Dich nicht verrate.“
„Ich weiß, dass ich mich auf Dich verlassen kann“, sagte Bartholomäus. „Beerdige bitte meine Mutter“, flüsterte er noch und verschwand.
Im Gefängnis von Eichberg war wieder Platz. Jetzt begann Oberst Hlavitschka mit einer neuen Verhaftungswelle. Die Männer kamen in die Gefängniszellen, die Frauen wurden im Keller des Landratsamtes eingesperrt.
In den kalten Kellerräumen des Landratsamtes war nur Platz für vier Personen. In jede dieser Zellen wurden zwanzig deutsche Frauen hineingepresst. Frauen, die in den Zellen keinen Platz fanden, standen

mit dem Gesicht zur Wand im Kellergang. Mehr als hundert Frauen mussten sich bis auf die Unterwäsche ausziehen. Die Folter dauerte ohne Unterbrechung den ganzen Tag, die ganze Nacht und bis zum nächsten Morgen um drei Uhr. Immer wieder kam Zelle nach Zelle an die Reihe und am Schluss die Frauen, die im Gang standen.
Oberst Hlavitschka ließ alle Soldaten seiner Kompanie zum Prügeln antreten. Sie verkleideten sich als Partisanen. Die „Partisanen" waren Studenten aus vornehmen Prager Familien.

Zuerst mussten die Frauen auf den Knien den langen, sandsteinrauen Gang entlangrutschen. Am Ende des Ganges hing an der Wand ein Hitlerbild. Die Frauen mussten das Bild küssen und laut rufen: „Ich bin ein Hitlerschwein." Wer das nicht tat oder nicht laut genug schrie, den prügelten die schwerhörigen Soldaten mit einer Hundepeitsche.

Durch eine lässige Handbewegung und einen klatschenden Peitschenhieb der Blut spritzen ließ, wurden die Frauen aufgefordert aufzustehen. Die lachenden Schergen jagten danach ihre mühsam humpelnden Opfer mit Peitschenhieben ans andere Ende des blutverschmierten Ganges. Die Unterwäsche hing in Fetzen an den blutenden Körpern der Frauen. Am Ende des Ganges angekommen mussten sich die vor Angst und Scham zitternden Frauen einzeln vor einem zweiten Bild Hitlers hinknien. Sie wurden gezwungen auf Tschechisch laut zu rufen: „Huce, dekujeme!" („Führer, wir danken Dir!") Jede Frau musste den Satz fünfzigmal sprechen. Die meisten beherrschten die tschechische Sprache nicht oder nur schlecht. Konnte der Satz nicht in einwandfreiem Tschechisch gesprochen werden, bekam die deutsche Märtyrerin für jedes falsch gesprochene Wort einen heftigen Schlag mit der Hundepeitsche.

Auf Frauen die ohnmächtig umfielen, schütteten die Soldaten einen Eimer mit schmutzigem Wasser, Urin und Kot. Die Eimer standen den gepeinigten Frauen als Nachttöpfe zur Verfügung.

Es stellt sich die Frage: „Welcher Unterschied bestand von 1945 bis 1946 zwischen Leder-Partisan Piwonka und der geistigen und gesellschaftlichen Elite Prags?“

Was geschah im Gefängnis des Rathauses?
Alle deutschen Männer, die das sechzehnte Lebensjahr vollendet hatten und nicht älter als sechzig waren, wurden eingesperrt. Die Gefängniszellen waren nur für jeweils zwei Personen vorgesehen. Trotzdem wurden in jede Zelle zwanzig Männer hineingepresst. Männer, die nicht mehr in die Zellen passten, mussten dicht gedrängt im Gang stehen. Die Gefangenen durften nicht austreten, sondern mussten ihre Notdurft auf den Boden verrichten. Fünf bewaffnete Soldaten gingen von Zelle zu Zelle und im Gang von Mann zu Mann und schlugen mit Peitschen und Stahlruten auf die Köpfe, Schultern und Rücken der Gefangenen. Auf dem Boden häufte sich Kot vermischt mit Urin und Blut. Die Soldaten tauchten einen Besen in dieses grässliche Gemisch und strichen es in die Gesichter ihrer deutschen Opfer. Dabei jubelten sie vor Vergnügen.
Die Südmauer des Gefängnishofes war nicht die Klagemauer von Eichberg. Die an dieser Mauer stehenden deutschen Männer und kriegsgefangenen Soldaten wurden mit Ochsenziemern, Stahlruten und Gummiknüppeln so gedroschen, dass außer Röcheln und Stöhnen kein Wort und auch keine Klage zu hören war.
Die Südmauer war die Todesmauer. Der Tod war hier befreiende Erlösung.

Mit Damenpistole und Eierhandgranate bewaffnet verließ der elf Jahre alte Karl Häusler sein vaterloses Elternhaus. Er ging Richtung Masaryk-Platz, den er in Massaker-Platz umbenannt hatte. Das knallende Krachen einer Gewehrsalve erschreckte ihn. Ein kurzes, hartes Echo hing in der engen Rathausgasse. Karl rannte zum verschlossenen Holztor des Gefängnishofes und schaute durch ein Astloch. Er sah Männer kreuz und quer am Boden liegen. Sie trugen mit Blut und Kot verschmierte deutsche Militär-Uniformen. Einige Körper zuckten noch im Todeskampf. Ein uniformierter Oberst mit

vornehmen Gesichtszügen und geraden Bügelfalten an seiner langen Offiziershose, ging mit steifen Schritten von Opfer zu Opfer. Mit seiner Pistole schoss er stählerne Beruhigungspillen in die Köpfe der deutschen Soldaten. Karl erkannte ihn. Es war Eduard Beneschs Auftragsmörder Oberst Hlavitschka.
Als Karl das rumpelnde Motorengeräusch eines Lastwagens hörte, sprang er vom Tor weg und kletterte an der gegenüberliegenden kleinen Mauer hoch. Er übersprang einen Bretterzaun und gelangte in einen mit Büschen und Blumen bewachsenen Hochgarten. Durch die Zaunlücken beobachtete er, was unter ihm geschah. Ein großer Militärlastwagen mit grünem Tarnanstrich bog von der Oberen Kirchengasse in die Rathausgasse ein. Vor dem Gefängnistor hielt er an. Soldaten in Khaki-Uniformen des deutschen Afrikakorps sprangen vom Lastwagen herunter und klopften gegen das Tor. Es wurde geöffnet. Blutverschmierte deutsche Gefangene warfen grässlich zugerichtete deutsche Soldatenleichen auf die Ladefläche des Lastwagens.
„Sind diese Männer erschossen worden, weil sie so scheußlich aussehen?“, überlegte Simplizissimus Karl. Dann krachte wieder eine Gewehrsalve, gefolgt von einzelnen Pistolenschüssen. Erneut wurden Leichen auf den Lastwagen geworfen. Das wiederholte sich noch dreimal. Dann fuhr der Leichenwagen die Rathausgasse nach oben. Er fuhr Richtung Friedhof.
Durch Seitenstraßen rannte Karl zum Friedhof. Unterwegs kam er an der Apotheke des Herrn Bibus vorbei. Die Türe war weit geöffnet. Rote, weiße und blaue Pillen lagen verstreut auf der Straße. Beruhigungspillen? Das Glockenspiel der Türe klimperte im Luftzug. Die tschechische Nationalhymne? Weißes Pulver drehte kleine Spiralnebel über den Gehsteig. Spiralnebel auf dem Weg zur unendlichen Ewigkeit? Die toten deutschen Soldaten jedenfalls hatten die erlösende Ewige Ruhe gefunden.
Karl sprang die vielen dunklen Sandsteinstufen der Friedhofstreppe nach oben. Stets um Deckung bemüht, schlich er vorsichtig durch den Friedhof. Es roch nach Verwesung. Das war ein Duft, den Karl noch nicht kannte. In das Spektrum der vielen feineren und gröberen

Düfte seiner Geburtsstadt hatte sich der Geruch diabolischer Parfümeure eingeschlichen.
Ein deutscher Schäferhund war seinem ermordeten Herrchen bis ans offene Massengrab gefolgt. Das Heulen des Hundes ging Karl durch Mark und Bein. Karl konnte Tierstimmen imitieren: Pferdegewieher, Schafgeblöke, das Kikeriki des Hahns, das Grunzen der Schweine und das Hundegebell. Jetzt stimmte **Werwolf** Karl in den heulenden Trauergesang des Schäferhundes ein.
Da krachte ein Schuss. Die Hundestimme verstummte. Sofort warf sich Karl hinter Grabsteinen und Gebüsch auf den Boden und schwieg ebenfalls. Auf dem Schotterweg zwischen den Gräbern näherten sich knirschende Schritte. Als der Soldat mit seinem Gewehr im Anschlag am kleinen **Werwolf** Karl vorbeiging, hielt dieser seine entsicherte Pistole schussbereit in den Händen.
„Gut, dass dieser zweibeinige Köter mich nicht riechen kann, sonst müsste ich ihn erschießen", dachte Karl.
An der Friedhofsmauer arbeiteten deutsche Männer mit Spitzhacken und Schaufeln. Jeder dieser Männer trug eine Hakenkreuzfahne auf dem Rücken. Mit Schubkarren fuhren sie Erdreich zu einem offenen Massengrab. Leichengeruch wehte im kühlen Abendwind. Ein Militärlastwagen, angefüllt mit ermordeten deutschen Soldaten, fuhr von der Friedhofskapelle kommend auf das Massengrab zu. Grabsteine wurden umgeworfen, zertrümmert und weggeschoben, um die Zufahrt freizumachen. Die toten Soldaten wurden ins Grab geworfen. Auf jede Leichenschicht wurde weißer Ätzkalk gestreut. Zuletzt mussten sich die Hakenkreuz-Totengräber vor das offene Grab stellen. Durch Gewehrschüsse ermordet, stürzten sie zu ihren Kriegskameraden hinab.
Als der leere Lastwagen mit Fahrer und bewaffneten Begleitern den Friedhof verlassen hatte, schlich sich Karl an das Massengrab heran. Er sah, dass es nur zur Hälfte gefüllt war. Karl wollte sich schon abwenden, da entdeckte er, dass sich der weiße Ätzkalk im offenen Grab bewegte.
Zwei Augenlider klappten auf.

„Nur für einen einzigen Augenblick noch einmal das Licht der untergehenden Sonne sehen.“
Ein Mund öffnete sich und hauchte ein letztes „Aaahh“.
Dann erstarrten weit geöffnete Augen und runder Mund im weißen Ätzkalktotenhemd.
Tiefes Abendrot überzog die heranziehenden Nachtwolken, als Karl bei seinem Elternhaus wieder eintraf.
„Kommst Du endlich!“ sagte seine Mutter.

Anlässlich des 64. Sudetendeutschen Tages in Augsburg am 18. Mai 2013 hielt der ehrwürdige und wahrheitsliebende Tscheche Pavel Kamas einen Vortrag. Er stellte fest: „Von der offiziellen tschechischen Geschichtsschreibung wird beharrlich an der These festgehalten, wonach über der gesamten tschechischen Bevölkerung nach dem deutschen Endsieg das unerbittliche Schicksal einer physischen Ausrottung des tschechischen Volkes geschwebt habe. Diesem Völkermord sei die tschechische Nation nur dank der Tatsache entgangen, dass deren Angehörige vom Reich unbedingt für die Rüstungsindustrie und Kriegswirtschaft benötigt wurden.
Aufgrund dieser Thesen wird die geschichtliche Wahrheit verfälscht.
Folgende Fakten sprechen eindeutig dafür, dass das tschechische Volk nicht vernichtet, sondern als eigene, große Volksgruppe dem Großdeutschen Reich angegliedert werden sollte:
Tausende tschechische Männer haben in der Deutschen Wehrmacht gekämpft.
Die tschechische Jugend hat massenhaft freiwillig an literarischen und künstlerischen Wettbewerben der Deutschen Wehrmacht teilgenommen.
Im Protektorat gab es >Gesetze zum Schutze des tschechischen Blutes<, die tatsächlich angewendet wurden.
Nach Schließung der tschechischen Universitäten durfte eine hohe Zahl von Tschechen an den besten deutschen Universitäten im Reich studieren.

Es fanden unzählige Massenveranstaltungen der tschechischen Jugend statt mit dem Ziel, ein >reichstreues, tschechisches Nationalbewusstsein< zu schaffen.
Diese damalige positive Einstellung der Deutschen gegenüber dem tschechischen Volk wird von tschechichen Entscheidungsträgern mit Unterstützung der vom Staat bezahlten Historiker verschwiegen.
Mit diesem, die deutsch-tschechische Geschichte verfälschenden Gedankengut ausgestattet, hat der neue tschechische Staatspräsident Milos Zemann wiederholt auf schäbigste Weise zum Ausdruck gebracht: Der >Transfer< der deutschsprachigen Bevölkerung sei ja nur die mildere Strafe für die deutschen Verbrechen."
Die Wahrheit verschweigen heißt lügen.

Vogelbegräbnis

Karl ging wie jeden Dienstag zur Villa seines Musiklehrers Wenzel Jäger, um zusammen mit Vera Máchová zu musizieren. Vor zwei Jahren hatte Vera einen Kanarienvogel geschenkt bekommen, den sie liebevoll Karlchen nannte. Wenn Karl auf seiner Geige übermütig trillerte und auf der E-Saite mit hohen Tönen zwitscherte, antwortete ihm Karlchen mit wohlklingendem, schnell klirrendem und schwirrendem „Zirrip-Girlitt". Der kleine Vogel horchte aufmerksam zu und drehte dabei sein rundes Köpfchen hin und her. Spielten Vera mit dem Klavier und Karl mit der Geige im Duett, machte Karlchen daraus durch sein pfeifend eingestreutes „Zuit-zuit-zuit" ein Terzett. Wenn er mit seinem Begleitgesang einsetzte, streckte der Piepmatz seinen Hals, öffnete den Schnabel und ließ die winzige, spitze Zunge im zarten Lufthauch seines Lungenblasebalgs vibrieren. Heute erklang die helle Stimme des Kanarienvogels nicht. Karl blickte zum Vogelkäfig. Kein Vögelchen war zu sehen. Auch Vera, die sonst am Konzertflügel saß um Karl zu begleiten, war nicht im Musikzimmer. Da öffnete sich langsam die Türe und Vera trat ein. Sie schaute Karl mit tränennassen Augen an. In der Hand hielt sie eine kleine Schachtel, auf deren Deckel ein schwarzes Kreuz geklebt war. Sie öffnete die Schachtel. Drinnen lag todesstarr mit goldgelbem Federkleid Kanarienvogel Karlchen. Seine Stimme war verstummt, seine Augen erloschen und die Krallen vom Todeskampf nach hinten gekrümmt.

„Karlchen ist gestorben. Als ich ihn füttern wollte, lag er tot auf dem Boden des Käfigs."

„Sei nicht traurig Vera. Karlchens Vogelseele ist weggeflogen. Aber Du hast ja noch Deine Puppe Klara. Klara kann nicht sterben."

Puppe Klara konnte Kopf, Arme und Beine bewegen. Sie öffnete und schloss ihre Augen. Wandte sich Eva allzu liebevoll den blauen Puppenaugen mit ihren langen dunklen Wimpern zu, wurde Karl eifersüchtig. Er riss an den blonden Puppenzöpfen. Wütend wie eine Wölfin ihr Junges, beschützte Vera ihre Klara.

„Wir beerdigen Karlchen bei Dir zuhause im Hof unter dem Apfelbaum. Klara kommt im Puppenwagen mit."

Als die Kinder am Pfarrhaus vorbeigingen, lief Vera zur Pforte und zog am eisernen Klingelgriff. Pfarrköchin Slecna Maria Brunezcová öffnete.

„Die Tochter unseres Chorregenten ist da", rief sie nach hinten in den dunklen Gang. Unerwartet schnell stand Pfarrer Christian Storms vor den beiden Kindern. Er hatte sein prächtiges Ornat angelegt und die Stola um Hals und Schulter gehängt.

„Hochwürden", flehte ihn Vera an, „ich bitte meinen Kanarienvogel Karlchen zu segnen." Sie klappte den Sargdeckel der kleinen Schachtel auf in der Karlchen lag.

„Ich segne keine toten Vögel."

„Auch ein Vogel ist ein Geschöpf Gottes, nicht nur der Mensch", widersprach ihm seine Haushälterin, als sie Veras tiefe Traurigkeit sah.

„Knie nieder mit Deinem Karlchen", forderte Pfarrer Storms. „Eingedenk des heiligen Franziskus von Assisi, der die Vögel so liebte wie Du Deinen Kanarienvogel, segne ich Karlchen im Namen des Vaters, des Sohnes und des Heiligen Geistes. Ruhe in Frieden. Amen."

„Jetzt wird es höchste Zeit, dass wir zur Familie Seemann in die Lange Gasse 93 gehen. Großvater Helmut Seemann liegt im Sterben und wartet auf die Letzte Ölung. Seine Verwandten, die Angehörigen der Familie Zeman aus Prag, sind auch schon da."
Ein Onkel des Sterbenden ging nach Prag. Er heiratete dort. Seinen deutschen Namen Seemann ließ er in den tschechischen Namen Zeman umschreiben.
Hat Milos Zeman, der neue Staatspräsident Tschechiens, deutsche Wurzeln in Eichberg? Wenn ja, dann zerhackt er als Verehrer Eduard Beneschs seine deutschen Wurzeln mit einem Henkersbeil.
Zuhause bei Karl angekommen, gruben die Kinder neben dem Apfelbaum ein Loch. Darin beerdigten sie Veras Kanarienvogel. In den kleinen Grabhügel steckten sie ein Kreuz aus Birkenzweigen. Andächtig beteten sie gemeinsam ein Vaterunser. Als Trauergesang erklang vom Apfelbaum Spatzengezwitscher.

Selbstmord und Begräbnis des Großbauern Gustav Brückner

Die Vorfahren des Großbauern Brückner stammten aus Sachsen. Vor achthundert Jahren wurden sie von König Ottokar II. Przemysl, einem Anwärter auf den deutschen Kaiserthron, ins Land gerufen. Als freie Bauern rodeten sie den ihnen übereigneten Urwald. Durch harte Arbeit vermehrten sie von Generation zu Generation ihren Besitz. Allzu gern heirateten Kinder leibeigener tschechischer Bauern die Brücknersöhne und Brücknertöchter, um als Deutsche der Leibeigenschaft zu entkommen.
Gustav Brückner, Talgasse 142, wurde leichenblass, als Lehrer Petr Pollcck, ein Mitglied des Národní Výbor (Volksausschuss) mit einem ortsfremden Tschechen in seine gute Stube trat.
„Brückner, ich stelle Dir Deinen neuen Herren vor. Ab sofort bist Du sein Knecht. Auch Deine Frau Anna und Deine Tochter Anni müssen ihm zu Diensten sein."
„Wer ist dieser Mensch? Ich habe ihn noch nie gesehen."

„Das geht Dich nichts an."
„Kann er denn als Bauer arbeiten?"
„Du, Deine Frau und Deine Tochter arbeiten für ihn."
„Wir sind seit achthundert Jahren freie Bauern und lassen uns nicht knechten."
„Willst Du ins Gefängnis?"
„Ich habe mir nichts zu Schulden kommen lassen!"
„Du bist ein Deutscher!"
Der unbekannte Tscheche hielt ein Stück Papier in der Hand. Polleck deutete mit dem Zeigefinger seiner rechten Hand darauf und sagte: „In diesem Schreiben steht, dass Du enteignet bist. Ab sofort gehören diesem Národní spravce (nationalen Verwalter) Haus, Hof, Vieh, Wiesen, Felder und Wälder."
„Und das steht auf diesem Fetzen Papier, das der Kerl in der Hand hält? Ich widerspreche! Das ist Unrecht!"
Lehrer Petr Polleck unterhielt sich auf Tschechisch mit dem Unbekannten, der die deutsche Sprache nicht beherrschte. Es war ein armer tschechischer Bauernknecht aus Mähren; ein Habenichts. Immer wieder lachten beide, als sie miteinander sprachen.
Polleck: „Brückner, wenn Du meine Anordnungen nicht sofort befolgst, dann hole ich Oberst Hlavitschka. Er lässt Dich wegen Aufruhr und Widerstand gegen die Staatsgewalt erschießen!"
Gustav Brückner erschrak. Von seinem Haus aus hatte er die Hinrichtungen auf dem Masaryk-Platz beobachtet.
Polleck: „Du holst sofort unsere Pferde aus unserem Stall und spannst sie vor unsere Kutsche. Wir möchten unsere Felder besichtigen."
Als der vor Entsetzen erstarrte Bauer sich nicht von der Stelle bewegen konnte, schrie ihn Polleck an: „Beeile Dich, sonst spannen wir Dich vor unsere Kutsche!"

Viele Nationaltschechen wurden ein Opfer ihres selbstherrlichen Größenwahns. Der listenreiche Gewaltherrscher Stalin hatte bereits mit Klement Gottwald den kommunistischen Umsturz geplant. Sie streuten das „kapitalistische Eigentum" der Sudetendeutschen unter ihre armen Proletarier. Deshalb wurden die Kommunisten 1948 von der Mehrheit des tschechoslowakischen Volkes gewählt. Nach ihrer Machtergreifung ermordeten oder vertrieben sie die nationale Elite ihres Volkes. Sicher ist Oberst Hlavitschka auch eines ihrer Opfer geworden. Karl Häuslers tschechischer Onkel Dr. jur. Alex Geitler war ein fanatischer, aber trotzdem gerechter Nationaltscheche. Er wurde von den Kommunisten 1948 gezwungen Selbstmord zu begehen.

Langsam und bedächtig ging Gustav Brückner in seinen Pferdestall. Liebevoll streichelte er dort seine Rösser. Tränen liefen ihm über die Wangen. Nachdem er jedes seiner Pferde umarmt hatte, schritt er mit seinen schweren Stiefeln zum Kuhstall hinüber. Dort klopfte er jeder seiner vielen Milchkühe auf Rücken, Hals und Stirn und nannte sie beim Namen. Anschließend erhängte er sich mit einem Kälberstrick.
Witwe Brückner lief zum Tischler Girtler. Von den vielen Särgen, die Meister Girtler angefertigt hatte, war nur noch einer vorhanden. Diesen trugen er und die Witwe ins Brücknerhaus. Einem alten Brauch gehorchend wurde Bauer Brückner in dem Sarg bis zur Beerdigung aufgebahrt.
Anni Brückner war weinend zum Pfarrer Christian Storms gelaufen. Dieser kam um zu trösten: „Mein Freund Gustav beging keinen Selbstmord. Er wurde getötet. Böse Worte können töten. Es müssen keine Schläge und keine Gewehrkugeln sein.“
Wäre Großbauer Brückner nur wenige Monate früher verstorben, hätte der Pfarrer sein prächtiges glockenförmiges Messgewand angezogen. Er trug es würdevoll bei Fronleichnamsprozessionen und bei der Beerdigung ehrbarer Bürger der Stadt. Es fehlten die in weiß gekleideten Ministranten mit dem Kreuz und dem Weihwasserkessel. Stattdessen trug die Pfarrköchin Slecna Maria Brunezcová ein kleines gläsernes Weihwassergefäß. Chorregent Wenzel Jäger begleitete mit Frau und Enkeltochter Vera Máchová den Stadtpfarrer. Der große Kirchenchor war nicht dabei. Stadtkapelle und Trachtenverein fehlten. Brückner war Vorstand des Jagd- und Schützenvereins. Seine Jägerfreunde hätten ihn mit ihren Jagdgewehren zum Friedhof

begleitet und an seinem Grab Salut geschossen. Alle Bürger der kleinen Stadt Eichberg wären Trauergäste gewesen. So aber kamen nur Kleinbauer Franz Schütz mit Frau und Tochter Gabriele, Kleinbauer Mitschel mit Tochter Stelzigová und Enkelsohn Helmut, Tereza Häuslerová mit ihrem Karel, Konditor Kopetzki, Metzgermeister Pathe und auch Korbflechter Houzovic mit Frau.
Die schlichte Andacht begann. Während Pfarrer Storms die Leiche segnete, sang Chorregent Jäger mit Anni Brückner und Gabriele Schütz ein Trauerlied. Engelsgleich schwebte die klare Stimme der Gabriele über den Trauergästen. In Friedenszeiten hätten sechs schwarz gekleidete Leichenträger der Friedhofsverwaltung Gustav Brückner aus seinem Haus hinausgetragen. An diesem Tag jedoch waren der tschechische Bauer Mitschel, der deutsche Bauer Schütz, der alte tschechische Korbflechter Houzovic, der deutsche Konditormeister Kopetzki, die tschechische Pfarrköchin Brunezcová und der deutsche Metzger Pathe nicht nur Trauergäste, sondern auch die Leichenträger.
Überlieferte Tradition war, dass die Rinder im Stall aufstehen mussten, wenn ein verstorbener Bauer aus Haus und Hof getragen wurde. Weinend klopfte Frau Brückner ihren Kühen mit der flachen Hand auf die bunt gescheckten, dampfend warmen Rücken. Bald standen sich die Kühe in zwei langen Reihen gegenüber. Das Tor zum Stall wurde weit geöffnet. Am offenen Stall und am Ehrenspalier der Kühe vorbei, trugen die sechs Leichenträger Gustav Brückner aus seinem Hof und Haus hinaus. Beim Hinaustragen der Leiche zerschlug Slecna Maria Brunezcová – wie es althergebrachter Brauch war – das Weihwassergefäß. Vor dem großen Haus stand kein mit Blumen geschmückter Leichenwagen. Draußen warteten weder Bürgermeister noch Stadträte auf den Toten.
Anni Brückner hatte bereits zwei Pferde vor die Kutsche ihres Vaters gespannt. Da näherte sich der neue, ortsfremde tschechische Besitzer („Národní spravce“) zusammen mit einem bewaffneten Soldaten. Ein Kirchenlied singend gingen Pfarrer Storms und die Trauergäste mit dem Sarg langsam zur Kutsche. Als die Trauergäste den Sarg in die

Kutsche heben wollten, stellten sich ihnen der Ortsfremde und der uniformierte Prager Student in den Weg.
Das folgende Streitgespräch wurde in tschechischer Sprache zwischen dem Ortsfremden und den in Eichberg alteingesessenen Tschechen geführt.
Ortsfremder: „Was soll dieses Getue auf meinem Bauernhof?“
Mitschel: „Das ist der Bauernhof meines Freundes Brückner!“
Ortsfremder: „Du stellst Dich auf die Seite der deutschen Nazischweine?“
Houzovic: „Hier siehst Du keinen einzigen Nazi. Gustav Brückner, den Du auf dem Gewissen hast, war ein Gegner der deutschen Nationalsozialisten!“
Ortsfremder: „Ihr seid schlechte Tschechen, sonst wäre keiner von Euch hier geblieben, als die Deutsche Wehrmacht 1938 einmarschierte.“
Stelzigová: „Hätten wir Haus und Hof verlassen sollen?“
Ortsfremder: „Lehrer Petr Polleck ging weg.“
Houzovicová: „Er war tschechischer Beamter und die tschechische Regierung hat ihn versetzt. In Eichberg wurde die kleine tschechische Schule aufgelöst.“
Stelzigová: „Polleck war ein armer Lehrer und Habenichts. Jetzt gehört ihm die Villa unseres Notars Dr. Siedler, der auch kein Nazi war. Dr. Siedler hat uns Tschechen immer geholfen. Polleck spielt im Bürgermeisteramt den großen Herrn.“
Ortsfremder: „Es lebe Benesch! Polleck besitzt eine Villa und ich einen Bauernhof!“

Aus purem Deutschenhass fehlte Benesch der politische Weitblick. Er lieferte sich und die Tschechoslowakei dem Tyrannen Stalin aus. Der zuvor arme ortsfremde Tscheche aus Mähren und der vorher bettelarme Lehrer Polleck waren Vorboten des kommunistischen Umsturzes von 1948. Die Angehörigen der Familie des begleitenden Prager Soldaten mussten ihre böhmische Heimat 1948 fluchtartig verlassen, um dem Zugriff der tschechischen Kommunisten zu entkommen.

Wutentbrannt ging die tschechische Pfarrköchin, die bis dahin geschwiegen hatte, auf den ortsfremden Tschechen zu. Sie stellte sich vor ihm auf und schaute ihm zornig in die Augen. „Das ist ein kirchliches Begräbnis. Gehen Sie uns aus dem Weg!“
Der ortsfremde Tscheche hüpfte auf den Kutschbock. Der vornehme Prager Studenten-Soldat sprang mit seinem Gewehr lachend hinterher.
Der Ortsfremde ergriff die lange Peitsche, die vor seinem Sitz in einem kurzen Eisenrohr steckte. Er holte aus und schlug damit auf Pfarrer, Pfarrköchin und Trauergäste ein.
Werwolf Karl ging in Deckung und griff nach seiner Pistole. Hinter der Jacke versteckt, entsicherte er sie mit der rechten Hand durch Daumenbewegung. **Für Karl war der Krieg noch nicht zu Ende.** Würde der Soldat zu schießen versuchen, dann wäre dies sein Tod. Auch der Ortsfremde müsste sterben.
„Ich verteidige meine Mutter und meine innig geliebte Vera Máchová“, dachte Karl. „Erst in äußerster Not schießen“, hörte Karl die Stimme des Kriegsveteranen Schiffner aus dem Jenseits.
Aber der Soldat ließ das Gewehr neben sich auf dem Kutschbock stehen. Der Ortsfremde schlug jetzt mit der Peitsche auf die Pferde. Diese bäumten sich auf und rasten polternd mit Kutsche, ortsfremdem Kommunisten und Prager Nationalisten über das harte Basaltpflaster des Masaryk-Massaker-Platzes.
„Gott bestrafe Euch!“, schrie Slecna Maria Brunezcová den beiden hinterher. Heimlich sicherte Karl seine Damenpistole.
Als Leichenwagen diente jetzt ein kleiner Leiterwagen, der von den Trauergästen gezogen und geschoben wurde. Nach Kirche mit Gottesdienst und Beerdigung auf dem Friedhof konnte nicht zum festlichen Leichenschmaus geladen werden.
Auf dem Nachhauseweg hielt Karl die Hand seiner weinenden Freundin Vera Máchová fest umklammert.

Als „Ackermänner von Böhmen“ waren die Angehörigen der Bauernfamilie Brückner „Brückenbauer“ zwischen Deutschen und Tschechen.

Unser Pflug ist jetzt die Feder!
Johannes von Saaz klagt an: „Grimmiger Tilger aller Leute, schädlicher Verfolger aller Welt, schrecklicher Mörder aller Menschen, Ihr Tod, Euch sei geflucht!“

Ein Diener Gottes

Hochwürden, Herr Christian Storms, war als Stadtpfarrer von Eichberg Seelsorger des Landkreises und Kirchensprengels Eichberg. Nach Abschluss seiner theologischen Studien im Priesterseminar zu Leitmeritz empfing Christian Storms am 15. Juli 1906 die heilige Priesterweihe im Leitmeritzer Dom. In Böhmisch Leipa wirkte er als Katechet, bevor er 1918 im Alter von 36 Jahren zum Pfarrer in Eichberg ernannte wurde. An der deutschen Volksschule und der deutschen Bürgerschule von Eichberg erteilte er Religionsunterricht. Als 1918 in Eichberg für die wenigen tschechischen Kinder der nach Eichberg versetzten tschechischen Beamten eine kleine tschechische Schule eingerichtet wurde, verkündete Storms auch dort zwanzig Jahre lang das Wort Gottes in tschechischer Sprache.
Wenn Erzdechant Storms von 1938 bis Mai 1945 von der Kanzel herab vom Teufel und von der Verdammnis predigte, wussten die Kirchgänger, dass damit Adolf Hitler und sein verbrecherisches Naziregime gemeint waren. Die Bürger Eichbergs glaubten an Gott und nicht an Hitler.
Doch jetzt, nach dem Ende des Zweiten Weltkrieges, wurde die völkerverbindende Seelsorge Christian Storms durch den neuen tschechischen Bürgermeister Vaclav Sameck brutal beendet. Stadtpfarrer Christian Storms musste die Schlüssel seiner innig geliebten Kreuzauffindungskirche an Vaclav Sameck aushändigen. Er durfte seine Kirche nicht mehr betreten. Die sakralen Kunstschätze wurden gestohlen.
Doch dann geschah noch eine weitere Ungeheuerlichkeit. Der alte Friedhof neben der Stadtpfarrkirche wurde geschändet. Zusammen

mit seiner tschechischen Pfarrköchin ging Storms zum tschechischen Bürgermeister. Es wurde tschechisch gesprochen.
Storms: „Im alten Friedhof bei der Kreuzauffindungskirche werden Gräber geschändet. Die Grabsteine werden verwendet, um einen Bombentrichter aufzufüllen.
Sameck: „Das sind alte Steine, für die sich niemand interessiert."
Storms: „Für diese alten Steine interessiert sich die römisch-katholische Kirche. Die verstorbenen Stadtpfarrer von Eichberg und viele ehrwürdige Mönche des ehemaligen Servitenklosters liegen unter diesen Grabsteinen."
Sameck: „Ein lächerlicher Verein. Mit dem wollen wir nichts zu tun haben."
Storms: „Die Serviten sind Diener Mariens. Ihr Orden heißt OSM: Ordo Servorum Mariae. Es ist ein katholischer Bettelorden nach der Augustinerregel. Er wurde 1233 in Florenz gegründet und ist missionarisch und wissenschaftlich tätig."
Sameck: „Deine Mönche haben mit deutscher Sprache missioniert. Das verstößt gegen unser tschechisches Nationalgefühl."
Slecna Maria Brunezcová: „Die heilige römisch-katholische Kirche wünscht, dass das Andenken ihrer Diener geehrt wird. Der Vatikan und der Papst stehen über allen Nationen und Nationalgefühlen."
Es war die Stimme Gottes, die aus der Pfarrköchin sprach.
Storms: „Wir sind Diener Gottes. Ich fordere die sofortige Rückgabe meiner Kirchenschlüssel. Als Geistlicher bin ich verpflichtet Messen zu lesen."
Sameck: „Diener Gottes? Ab jetzt wird uns Tschechen gedient! Den Habsburger Gott Österreich-Ungarns gibt es nicht mehr."
Storms: „Adolf Hitler hat uns eine gottlose Zeit beschert. Wollen Sie diese fortsetzen?"
Sameck: „Du musst keine Messen lesen und keine Predigten halten. Wir haben für Dich ein neues Aufgabengebiet. Wie in alten Zeiten darfst Du in Eichberg Deine Prozessionen machen. Nicht von Altar zu Altar, sondern von Pissoir zu Pissoir!"
Brunezcová: „Schämen Sie sich nicht, einem alten Mann so etwas zuzumuten?"

Sameck: „Du Küchenschabe Maria kannst ja Deinem Pfaffen dabei helfen. Dir Storms befehle ich: Ab sofort reinigst Du die Straßen unserer tschechischen Stadt. Du musst jeden Tag, also auch am Sonntag, Pferdeäpfel, Kuhfladen, Kinder-, Hunde- und Katzendreck, Hühner-, Enten- und Gänsescheiße von allen Straßen unserer Stadt entfernen.“
Brunezcová: „Kommen Sie Hochwürden. Wir gehen zuerst zum Mittagessen in die Pfarrei.“
„Zuerst wird gearbeitet!“, befahl Sameck.

Stadtpfarrer Christian Storms schob tagtäglich einen zweirädrigen Latrinenwagen durch Eichberg. Begleitet wurde er von seiner Köchin, die Schaufel und Besen trug. Die alteingesessenen deutschen und tschechischen Bürger Eichbergs versteckten sich in ihren Häusern, wenn ihr Stadtpfarrer mit seinem Karren über die Straßen der Stadt polterte. Storms musste bis zum 12. Oktober 1945 in Eichberg bleiben und diese Schande ertragen. Mit ihm zusammen wurde seine tschechische Haushälterin als Kollaborateurin aus ihrer böhmischen Heimat vertrieben. Pfarrer Christian Storms wirkte in Böhmen 39 Jahre als Seelsorger für Deutsche und Tschechen. Er überlebte seine teuflischen Widersacher Adolf Hitler um 16 Jahre und Eduard Benesch um 12 Jahre.

Am 10. Mai 2013, also 68 Jahre später, schreibt Milan Kubes in der Sudetendeutschen Zeitung sinngemäß: „Der tschechische Journalist Vilém Barák, der sich mit der Meinung des tschechischen Außenministers Karl Fürst Schwarzenberg identifiziert, schrieb für die Prager Tageszeitung >Lidové noviny<, dass die Morde an den Deutschen und die Heimatvertreibung der Deutschen aus Böhmen eine >Jauchegrube der tschechischen Geschichte< sind, die >ewig zu stinken< drohe.“

Tereza Häuslerová, geb. Czechová, bekennt sich zur deutschen Kultur und deutschen Sprache

Karl verließ sein Elternhaus. Er ging auf die Straße. Seine kleine Damenpistole steckte er in die Brusttasche seiner Jacke. In der rechten Tasche seiner kurzen Lederhose befand sich eine Eierhandgranate. Ein junger Soldat redete in tschechischer Sprache auf ihn ein. „Hatte er auf ihn gewartet?" Die schnell gesprochenen Worte blieben Karl unverständlich.

Der finstere Blick aus tiefbraunen Augen, die Zornesfalten zwischen buschigen, schwarzen Augenbrauen, das breite Kinn und die kräftigen Backenknochen des schwarzhaarigen Soldaten erschreckten Karl.

„Warum hatte sich der Soldat so hingestellt, dass er vom Haus aus nicht gesehen werden konnte?" Karl rannte über die Straße zum Feuerwehrhaus hinüber. Er hörte das ihm bekannte metallische Einrasten, das beim Nachladen eines Infanteriegewehres klingt und knackt. Karl drehte sich kurz um.

Der Soldat lud durch. Er brachte sein Gewehr in Anschlag und zielte über Kimme und Korn. Kurz bevor der Schuss krachte, sprang Karl mit einem Satz hinter das Feuerwehrhaus. Das Geschoss riss ein Mörtelstück vom Hauseck ab. Dann traf es eine Gans, die im Uferschlamm des Baderteichs herumstolzierte. Die Gans überschlug sich und blieb auf dem Rücken liegen. Ihre Flaumfedern färbten sich rot. Noch kurze Zeit strampelte sie mit ihren Füßen. Die anderen Gänse liefen hell kreischend mit klatschendem Flügelschlag davon.

Karl verschwand schnurstracks durch die hintere Eingangstüre im Spritzenhaus. Leise verriegelte er die Türe. Hier hatte er mit Vera Máchová, Rüdiger Hein und Franz Doleschal schon oft Verstecken gespielt. Auf den Zehenspitzen seiner nackten Füße schlich Karl leise zum Spritzenhausturm. Vom hohen Turm herab hingen die Feuerwehrschläuche. Der uniformierte Soldat rüttelte am Türgriff der verschlossenen Türe. Leise hüpfte Karl die Holztreppe des Turms nach oben und hängte sich an einen der Wasserschläuche. Diese baumelten vom Dachgerüst bis zum Boden hinunter. Karl hangelte sich bis in die Mitte der Schläuche. Dort hatte er sich schon oft versteckt. Der graue Gewebestoff der Schläuche war rau und dadurch griffig. Seine Waden und Oberschenkel verwickelte Karl mit dem Schlauch. So hatte er einen guten Halt. Der Soldat entdeckte ein offen stehendes Fenster und schaute ins Spritzenhaus hinein. Unglücklicherweise hatte sich eine schwarze Katze ins Spritzenhaus geschlichen, um Mäuse zu jagen. Karl sah von oben, dass die Katze einen Beutefangsprung machte. Sie schnappte eine Maus mit ihren spitzen Eckzähnen und schüttelte sie tot. Die Geräusche ließen den Soldaten aufhorchen.

„Jetzt gehörst Du mir, Du kleines Nazischweinchen", rief der Soldat. Er beherrschte die deutsche Sprache. Mit dem Gewehrkolben brach er die Eingangstüre krachend auf.

Die Maus zwischen den Zähnen, raste die Katze laut fauchend am Tschechen vorbei ins Freie.

„Er muss doch gemerkt haben, dass die Katze den Lärm verursacht hat", dachte Karl. Aber der Soldat fing an, nach ihm zu suchen.

„Diesmal wird er mich töten, wenn er auf mich schießt", sagte sich Karl. **Für Werwolf Karl war der Krieg noch nicht zu Ende.** Sein Verfolger trampelte mit den deutschen Knobelbechern die Holztreppe des Feuerwehrturms nach oben.

Karl kam ein Verdacht. „Hatte Schantinwirt Svoboda im Auftrag seines Schwagers Kayser den Soldaten als Kindsmörder gedungen?". Der Soldat wartete dort auf ihn, wo er den zwei Jahre älteren und stärkeren Kayser-Sohn Hubert besiegte.

Mit seiner linken Hand krallte sich Karl am Feuerwehrschlauch fest. Mit der rechten Hand knöpfte er die Brusttasche seiner Jacke auf. Er zog die Damenpistole heraus, hielt sie mit vier Fingern am Griff fest und entsicherte sie mit dem Daumen. Die Pistole war durchgeladen und schussbereit. Karl wusste von seinen Schießübungen, dass der Abzug der Pistole leicht ansprach und hielt deshalb seinen Zeigefinger gestreckt. Unten fing der Soldat an, nach ihm zu suchen. Die Hälfte der Treppe hatte er bereits zurückgelegt. Er schaute dorthin, wo Karl zwischen den Schläuchen hing.

„Sieht so ein Mörder aus?“, fragte sich Karl. Er war entschlossen zu kämpfen. Karl verwandelte sich in einen **Werwolf**.
Kampftaktik: „Überraschungsangriff! Das Biest entdeckt mich. Ich rutsche zu ihm nach unten und schieße in sein linkes Auge. Seinen toten Körper ziehe ich die Treppe hinab. Seine Leiche decke ich mit Schläuchen zu.“
Der Soldat hatte Glück. Oben im Turm war es dunkel. Er konnte den Knaben nicht sehen. Er entdeckte ihn auch nicht, als er einige der herabhängenden Schläuche packte und hin- und herbewegte.
Karl blieb so lange in seinem Versteck, bis er die Schritte der Soldatenstiefel nicht mehr hören konnte.
Zwei **Werwölfe** waren sich begegnet.
Der ehrenvoll kämpfende kleine Karl, der sich nur verteidigen wollte und nicht tötete.
Der blutgierige tschechoslowakische Soldat, dessen Mordversuch an einem Kind misslang.
In Eichberg hielt sich ein Rudel bösartiger und blutgieriger tschechischer Werwölfe auf.

Zuhause angekommen, erzählte Karl seiner Mutter, was vorgefallen war. Tereza nahm Karl bei der Hand und ging mit ihm wutentbrannt zum Rathaus hinauf.
Tereza: „Herr Sameck, ein Soldat hat versucht meinen Sohn zu ermorden!“
Sameck: „Kinder übertreiben oft.“
Tereza: „Ich selbst habe den Schuss vor unserem Haus gehört. Die tote Gans ist der Beweis.“ Sie trug vor, was Karl ihr berichtet hatte.
Sameck: „Ich werde Oberst Hlavitschka von dem Vorfall berichten. Der Soldat wird zur Rechenschaft gezogen. Wie hat er ausgesehen?“
Karl konnte den Soldaten genau beschreiben.
Tereza stand schon an der Türe, als Sameck sie zurückrief.
„Aus meinen Unterlagen geht hervor, dass Sie nach dem Anschluss des Sudetengaus an das Deutsche Reich tschechische Staatsbürgerin geblieben sind. Ihr Sohn aber wurde deutscher Staatsbürger.“
„Meinem Mann zuliebe war ich damit einverstanden.“

„Sie können das noch ändern. Es genügt sogar ein tschechischer Großelternteil, um in unsere Volksgemeinschaft aufgenommen zu werden. Voraussetzung ist allerdings, dass der Antragsteller keiner deutschen NS-Organisation angehört hat."
„Karl war Mitglied des Jungvolks."
„Wissen wir. Aber er ist noch ein Kind und wurde von seinem deutschen Vater fehlgeleitet. Wir können ihn umerziehen."
„Was machen Sie mit meinem Heinrich?"
„Heinrich Häusler muss die Tschechoslowakei verlassen. Er war Mitglied er NSDAP und sogar SA-Sturmbannführer."
„Aber Sie wissen doch, dass mein Mann schon zu einer Zeit als Deutschland ganz Europa beherrschte aus SA und NSDAP ausgetreten ist."
„Das ändert nichts daran, dass er ein Deutscher ist. Tut mir leid. Wir haben unsere Weisungen."
Tereza stand betroffen da und schwieg.
Sameck: „Tereza Czechová, verheiratete Häuslerová, überlegen Sie sich die Sache gut. Ihren intelligenten Sohn können wir brauchen."

Auf dem Nachhauseweg jedoch hatte Tereza ein Erlebnis, das ihr Leben von Grund auf änderte.
Sie ging mit ihrem Karel die Talgasse hinunter. Der städtische Latrinenwagen kam ihnen entgegen. Es war ein mit Pech schwarz angestrichener Eisenkarren auf zwei Rädern. Ein kleiner, schwarz gekleideter dicklicher Mann mit Heiligenscheinglatze und eine große, kräftige Frau, schoben den Karren vor sich her. Die beiden großen Eisenräder des rollenden Kotwagens krachten über das harte Kopfsteinpflaster.
Otto Rohde und Leder-Partisan Piwonka folgten Tereza und Karl, als sie das Rathaus verließen. Rohde und Piwonka befanden sich auf dem Weg zum Landratsamt, um dort eingesperrte deutsche Frauen zu verhören und zu prügeln. Als sie vom Hotel Schubert zum Landratsamt hinüber gingen, blickten sie die Talgasse hinunter. Sie sahen den Stadtpfarrer Storms und die Pfarrköchin Brunezcová mit dem schwarzen Eisenkarren.

Mit lauter Stimme schrie Rohde: „Es stinkt nach Pfaffenscheiße!“ Rohde und Piwonka spuckten Richtung Stadtpfarrer.
Tereza rief mit lauter Stimme: „Rohde und Piwonka, Ihr seid eine Schande für uns Tschechen.“
Da erhob sich auch die Stimme Gottes. Slecna Maria Brunezcová donnerte mit mächtiger Stimme: „Mein ist die Rache, sprach der Herr. Euch wird Gott noch strafen!“
Demütig ertrug Stadtpfarrer Christian Storms die Schande mit gesenktem Kopf. Er blieb stehen, drehte sich weg und hoffte, dass Tereza und Karl schnell an ihm vorbeigehen. Aber Tereza ging hinüber zum stinkenden Latrinenwagen. Slecna Maria und Tereza umarmten sich und weinten.
Zutiefst ergriffen ging Karl zu seinem Seelsorger hinüber, der sich abgewandt hatte. Er kniete sich vor ihm auf das harte Straßenpflaster und bekreuzigte sich. Storms rollten Tränen über die runden Wangen. Der Geistliche segnete das vor ihm kniende Kind.
„Der Heilige Geist ist überall dort anzutreffen, wo sich Menschen im Namen Gottes versammeln. Gott segne Dich, Kind Gottes, im Namen des dreieinigen Gottes, des Vaters, des Sohnes und des Heiligen Geistes. Gelobt sei Jesus Christus in Ewigkeit. Amen.“
Karl hatte verstanden: „Ich bin ein Kind Gottes. Keine Missetat und kein Gestank dieser Welt kann meiner Seele Schaden zufügen“, sagte er laut.
Stolz und glücklich schoben Christian Storms und Slecna Maria Brunezcová den Latrinenkarren mit den Fäkalien der neu zugewanderten Tschechen weiter.
Tereza Häuslerová war empört. Mit ihrem Karel eilte sie zurück ins Bürgermeisteramt.
Tereza: „Herr Sameck, Sie haben gesagt, dass Sie meinen Sohn umerziehen wollen.“
Sameck: „Das würden wir sehr gerne tun.“
Tereza: „Ich bin unserem Stadtpfarrer in der Talgasse begegnet. Warum erniedrigen Sie Hochwürden Storms und seine Haushälterin in dieser Weise?“

Sameck: „Frau Brunezcová lässt sich nicht davon abbringen, einem deutschen Pfaffen zu helfen. Sie besitzt kein tschechisches Ehrgefühl."
Tereza: „Gerade weil ich **wahres tschechisches Ehrgefühl** besitze, will ich nicht länger diesem üblen und unmoralischen Volk des Eduard Benesch angehören. Denken Sie denn wirklich, dass ich Ihnen meinen Sohn für eine solche verbrecherische Umerziehung anvertraue?"
Sameck: „Hiermit schließen Sie sich selbst aus dem Volk unseres verehrten und ruhmreichen Staatspräsidenten, Herrn Professor Dr. Eduard Benesch aus. Heil Benesch."
Von diesem Augenblick an war die stolze Tschechin Tereza Häuslerová, geb. Czechová, die noch stolzere deutsche Theresia Häusler, geb. Böhm. Ihren Sohn, den sie stets liebevoll Karel gerufen hatte, nannte sie von jetzt an nur noch Karl.
Theresia Häusler nahm ihren Karl bei der Hand, verließ ohne Gruß das Amtszimmer des von den Bürgern Eichbergs nicht gewählten Bürgermeisters. Sie schlug die Türe hinter sich zu und ging nach Hause.
Noch am gleichen Tag fuhren Stadtkommandant Oberst Hlavitschka und sein Adjudant mit einem großen schwarzen Mercedes zum Haus Untere Kirchengasse 212. Diesen Mercedes hatte der Oberst einem wohlhabenden deutschen Bürger Eichbergs geraubt. Hlavitschka grüßte freundlich und überreichte Theresia Häusler zwei weiße Armbinden mit dem schwarz aufgedruckten Großbuchstaben **N (Nemec = Deutscher).**
„Ich fordere Sie und Ihren Sohn auf, diese Armbinden zu tragen."
Theresia ergriff die Armbinden und warf sie dem Oberst vor die Füße.
Theresia: „Wir müssen diese diffamierenden Armbinden nicht tragen. Ich werde Ihre Unverschämtheit meinem Schwager, Herrn Dr. Alex Geitler mitteilen. Er ist Ministerialdirigent am Justizministerium in Prag. Seine Frau ist die Schwester meines Mannes. Der in Eichberg verbliebene russische Offizier wurde von Dr. Geitler beauftragt uns

zu beschützen. Ich gehe jetzt zu ihm, um mich über Sie zu beschweren."
Oberst Hlavitschka zuckte erschrocken zusammen. „Aber gnädige Frau Tereza Häuslerová, das wusste ich doch nicht."
Theresia: „Ab heute bin ich für Sie und Herrn Sameck die deutsche Frau Theresia Häusler. Mein Geburtsname heißt nicht mehr Czechová, sondern Böhm. Einer Ihrer Soldaten hat versucht, meinen Sohn zu ermorden. Ich will dieses Land verlassen. Hier herrscht Mord und Totschlag an Unschuldigen. Herr Sameck weiß was geschehen ist."
Theresia berichtete was vorgefallen war. Daraufhin ließ der Oberst den beschuldigten Soldaten in Zivilkleidung drei Tage und drei Nächte im Rathausgefängnis einsperren. Hineingepresst zwischen deutsche Gefangene, musste er wie diese stehend schlafen und durfte nicht aufs Klo gehen. Oberst Hlavitschka selbst kontrollierte den Strafvollzug. Er ließ seinen Soldaten sogar blutig peitschen.
Bei Bürgermeister Sameck jedoch stieß der Oberst auf Widerstand. Dieser drohte mit einer Anzeige bei Eduard Benesch wegen Freundschaft mit Deutschen.

Oberst Hlavitschka stammte aus einer wohlhabenden tschechischen Familie im Stadtteil Kleinseite von Prag. Während im Stadtteil Kleinseite von Eichberg durch Jahrhunderte arme tschechische Leibeigene der Grafen Berka von Dubá lebten, wohnten in der Kleinseite von Prag hauptsächlich reiche und freie deutsche Bürger.

Hlavitschka wurde von Bürgermeister Sameck die Villa des deutschen Chorregenten und Musiklehrers Wenzel Jäger übereignet. Seine Kommando-Zentrale hatte der Oberst im Rathaus. Die Freizeit verbrachte er zusammen mit Familie Jäger in der Villa, die jetzt ihm gehörte. Frau Jäger war seine Köchin und Haushälterin. Wenn es seine Tätigkeit als militärischer Oberbefehlshaber von Eichberg und Landkreis erlaubte, spielte er im großen Musikzimmer des Chorregenten Violine. Dabei musste ihn Wenzel Jäger auf dem Konzertflügel begleiten.

Auch Heydrich spielte Violine, als er in Prag residierte.
Als Hlavitschka eines Tages auf einer von ihm geraubten Helmergeige spielte, hielt Wenzel Jäger mit seinem begleitenden Klavierspiel inne.
„Ihre Geige hat einen wunderschönen Klang", sagte er. „Darf ich sie mir bitte anschauen?"
Es war eine hochgewölbte barocke Geige. Der Helldunkelstil der Barockmalerei war auch an der Geige zu entdecken: Gelber Grundton mit rotbrauner Kontrastfarbe. Durch den verwendeten Öllack wurde der wohltuende, sanfte Klang der Kammermusikgeige noch weicher und edler. Der Geigenboden bestand aus fein geflammtem Ahorn. Die geschwungenen Aufwölbungen von Boden und Decke der Geige waren harmonisch ausschwingend durchgeführt. Jäger schaute durch eines der beiden kleinen f-Löcher in der feinadrigen Decke aus Haselfichtenholz und las, was auf dem Geigenzettel stand: „Carolus Helmer me fecit Pragae 1787". Darauf die Skizze eines Löwen mit zwei Schwänzen, der auf den Hinterbeinen steht und mit den Vorderpfoten eine große Laute hält.
„Die Geige wurde von Karl Helmer in Prag hergestellt", sagte Jäger. „Helmer stammt aus einer alten Füssener Geigenbauerfamilie."
„Wo liegt Füssen?"
„Füssen am Lech ist eine Stadt in Bayern."
„Die Vorfahren meiner deutschen Großmutter stammen auch aus Bayern", sagte Hlavitschka. „Als ich noch ein kleines Kind war, hat sie mit mir deutsche Volkslieder gesungen."

So kam es, dass Vera Máchová und ihr Freund Karl Häusler, am Klavier begleitet durch Großvater Wenzel Jäger, deutsche Volkslieder sangen, wenn sich Oberst Hlavitschka von seinen Massenmorden an Deutschen erholte.
„Am Brunnen vor dem Tore – Sah ein Knab ein Röslein stehn – Wem Gott will rechte Gunst erweisen, den schickt er in die weite Welt."

Fluchtversuch

Karl blickte aus dem großen Wohnküchenfenster hinüber zum Weinberg. Knorrige Eichen standen dort auf freier Wiese. Buschiges Unterholz wucherte zwischen weit auseinander stehenden, hohen Kiefern. Unter rasch vorüberziehenden weißen Wolken nickten sich Baumkronen freundlich zu. Vom Wind verwehtes Laub lag auf den schmalen Wegen. Inseln weiß schimmernder Birkengruppen ließen mit ihrem kleinblättrigen grünen Laubdach einen flirrenden Widerschein der Sonne aufblitzen. An der Frontseite des Weinberges, die sich wie eine flache Stirn aus dem Haarfilz des Buschwerks hervorschob, leuchteten bunte Geröllsteine. Seit vielen Generationen hatten deutsche Bauern bei ihrer Feldarbeit unwillkommenes Gestein, das ihr Pflug hinter dem Ochsengespann aus der Erde ans Tageslicht schob, in die ungenützte Hangfläche geworfen. Dunkle Fichten führten tiefer in den dahinter gelegenen Kaiserwald.
Heute lockten Karl die Erdbeeren zum Weinberg. Er wollte dort ankommen, bevor andere Kinder die Erdbeeren wegschnappen. Vor seinem Elternhaus blieb Karl kurz stehen. Auf dem Spritzenhausplatz lagen blassgelb geschälte und in gleich große Stücke gesägte Fichtenstämme. Sie rochen nach bernsteingelbem Harz. Auf einem der harzklebrigen Stämme balancierte Karl barfuß mit kurzen, trippelnden Schritten. Er hüpfte vom Stamm herunter und lief zur großen Scheune des Brücknerbauern. Ein moosgrünes Ziegeldach thronte über einem breiten, braunen Brettertor. Das Scheunentor konnte auf ächzenden Eisenschienen rollend aufgeschoben werden. Diesmal schlüpfte Karl nicht in die Scheune hinein, um von der oberen Tenne herab ins weiche, mit Dreschflegeln ausgedroschene Stroh zu springen. Ohne abzurutschen tastete er sich mit den Zehenspitzen seiner nackten Füße vorsichtig über einen flach daliegenden Lattenzaun. Diesen hatten tschechoslowakische Soldaten niedergetrampelt, um den dahinter liegenden Gemüsegarten für ihre Gulaschkanone zu plündern. Schon bald befand sich Karl im brachliegenden Hopfenfeld des Brücknerhofes. Er kam nur mühsam voran. Schräg zum Himmel emporragende, grau verwitterte und

rissige Holzmasten versperrten ihm den Weg. An lose hängenden Drähten kletterten Hopfenpflanzen nach oben. Hopfendickicht umfing den Knaben mit unendlich vielen würzig duftenden, grünen Schuppenkugeln. Hopfenblätter kratzten Karl an Armen und Beinen. Nachdem er sich ins Freie durchgekämpft hatte, lief er Richtung zuckersüße Walderdbeeren. Da sah er vor sich einen jungen Mann rennen.
„Mein Gott“, dachte Karl, „es hat keinen Sinn, mit ihm um die Wette zu laufen. Wer hat ihm verraten, wo meine Walderdbeeren wachsen? Er kommt lange vor mir an und isst mir die blutroten Beeren weg.“
Karl blieb stehen und schaute seinem Konkurrenten zu.
„Wer läuft so schnell, um Erdbeeren zu pflücken?“ Es waren keine Verfolger zu sehen. Kein Mensch schrie und kein Hund kläffte. Karl durchmusterte forschend das Gelände. Rechts stand zwischen zwei Totenwache haltenden Kirchentürmen das mächtige Gebäude der Kreuzauffindungskirche. Aus der Ferne sah die Kirche wie ein Sarg aus. Im Gras raschelte eine Feldmaus. Zielsicher huschte sie im Labyrinth ihrer oberirdischen Gänge zum nächsten Erdloch, wo sie blitzartig verschwand. Karl konnte den keuchenden Atem des fliehenden Mannes nicht hören. Er sah dessen Arme, die durch die Luft ruderten. Mit weiten Sätzen schleuderte der Fliehende seinen Körper kraftvoll dem Weinberg entgegen. Da fiel ein Schuss. Es war ein gezielter Schuss ohne Vorwarnung.
Der Getroffene riss seine Arme hoch und flog, den Kopf zurückgeworfen, ein kurzes Stück näher zum Wald. Erschreckt startete ein Mäusebussard von einem Zaunpfahl. Mit großen, dunkelbraunen Schwingen strich er schwerfällig über die Wiese. Langsam, ganz langsam, kroch der Todgeweihte am Boden noch ein kleines Stück näher an den Wald heran. Er konnte ihn nicht mehr erreichen. Mit miauendem Ruf zog der Katzenaar zum Weinberg hinüber. Der Tote auf dem Feldweg rührte sich nicht mehr.
„Wäre ich ein Vogel, rettender Wald, ich flöge hinüber zu Dir.“
Waren das seine letzten Gedanken?
Eilig kehrte Karl um. Für Walderdbeeren wollte er sein Leben nicht riskieren. Jede sich bietende Deckung ausnützend, lief er zum

Feuerwehrhaus zurück. Beim kleinen Baderteich angekommen ging er am Ufer entlang. Dort standen knorrige Kopfweiden. Sie sahen wie Rasierpinsel aus. Karl hatte dem alten tschechischen Korbflechterehepaar Houzovic oft zugeschaut, wenn sie mit scharfen, krummen Messern junge Weidenruten abschnitten. Diese wurden zusammengebunden und in ihr kleines Holzhäuschen getragen. Tragevorrichtung war ein mitgebrachter Haselnussstecken, den sie durch das Bündel schoben.

Karl setzte sich vor einer Weide auf den weichen Grasboden. Er blickte ins warme Licht der blutroten Abendsonne. Eine Weinbergschnecke kroch in den Schatten der Weide. Auf schleimig breiter Sohle schleppte sie auf dem Rücken ihr kalkweißes Schneckenhaus. Vorsichtig stülpte ihr Kopf zwei lange Fühler mit dunklen Augenpunkten aus. Das kürzere, bodennahe Fühlerpaar betastete zurückzuckend Gräser und Steinchen.

Karl erschrak, als aus Richtung Kirche ein Soldat mit Gewehr auf ihn zuschritt. Ihm folgten zwei Männer mit einer Tragbahre. Die beiden Männer blickten traurig. Sie ließen ihre Köpfe hängen. Ihre gestreckten Arme zeigten, dass sie eine schwere Last schleppen mussten. Diese Last lag versteckt unter einer grünen Plane.

Als der Soldat immer näher kam, blieb Karl wie angewurzelt sitzen. „Nicht fortlaufen“, dachte er, „sonst reißt er das Gewehr von seiner Schulter und erschießt mich.“

Leise flüsterte Karl die magischen Worte: „Hexen und Wassergeister macht mich unsichtbar.“ Die Zauberformel wirkte. Der Soldat beachtete ihn nicht. Als die drei Männer an Karl vorbeigingen, winkte im Tragetakt der vorwärts schreitenden Träger unter der grünen Plane ein nackter Fuß hervor. Die beiden Männer legten die Bahre auf das Straßenpflaster vor dem kleinen Bäckerladen des Herrn Tschiha. Der Soldat verschwand im Bäckerladen. Karl sprang auf und lief über die Straße zu den Männern, die bei der Tragbahre standen. Sie stanken nach Kot und sahen schrecklich aus. Sie hatten Platzwunden auf der Stirn. Ihre Backen waren geschwollen. Hemden und Hosen waren zerknittert und zerrissen.

„Warum lehnen sie sich an die Hauswand?“.

Karl erkannte den Grund. Sie versteckten, was ihnen auf die Rückseite ihrer Jacken aufgenäht wurde: Eine Hakenkreuzfahne.
„Sind Sie es, Herr Bemm?“, fragte Karl einen der Leichenträger. Herr Josef Bemm, Untere Kirchengasse 240, war ein Freund seines Vaters. Der stets elegant gekleidete Herr Bemm stand zerlumpt und unrasiert vor dem kleinen Karl. Seine schwarzen Haare hingen zerzaust über die Augen herab. Die Friseure Postelt in der Talgasse und Wietek in der Stingelgasse hatten immer gewetteifert, Herrn Bemm als Kunden zu gewinnen. Jetzt hatten die Tschechen Postelt und Wietek eingesperrt. Weil sie mit Rasiermessern bewaffnet waren? Erst als Karl ganz nah neben dem sonst so lebensfrohen Herrn Bemm stand, begann dieser leise zu reden.
„Der Tote auf der Bahre ist ein deutscher Soldat aus Dresden. Als die Russen kamen, versteckte er sich in einem Bauernhof. Er wurde von tschechischen Nachbarn bei der Feldarbeit gesehen und verraten.“
Herr Bemm hatte Karl am letzten Geburtstag Adolf Hitlers die Europakarte an der Wand seines Wohnzimmers gezeigt, die von Paris bis Moskau mit kleinen Siegesfähnchen übersät war.
„Mit unseren Wunderwaffen werden wir den Endsieg erringen“, wiederholte er die abgedroschenen Propagandaphrasen Goebbels´. Jetzt schien er Angst zu haben, beim Sprechen ertappt zu werden. Leise fuhr er fort: „Heute mussten wir hinter der Kirche schuften. Ein Bombentrichter in der Feldstraße war aufzufüllen und zu planieren. Zuerst warfen wir viele alte Grabsteine in das tiefe Erdloch. Wir holten sie aus dem alten Friedhof hinter der Kreuzauffindungskirche. Während einer Arbeitspause setzten sich die beiden Wachsoldaten auf einen Grabstein, der noch am Straßenrand lag. Sie machten ein Würfelspiel. Wir Gefangenen saßen abseits in der Wiese. Die Soldaten kehrten uns ihre Rücken zu. Der deutsche Soldat aus Dresden schob sich sitzend eine kurze Strecke von uns fort, sprang hoch und rannte auf den Wald zu. Die beiden Tschechen schienen darauf gewartet zu haben, denn sie drehten sich nur langsam und grinsend zu uns um. Ein Wachtposten stand auf, fasste sein Gewehr und lief ohne allzu große Eile dem Fliehenden nach. Er rief nicht „Halt!“, sondern gab nur einen einzigen gezielten Schuss ab.“

„Vielleicht haben sie gewürfelt, wer ihn erschießen darf, wenn er flieht“, warf Karl ein.
„Den Eindruck hatte ich auch“, sagte Herr Bemm leise und fuhr fort: „Heute Morgen wurde der arme Junge beim Appell im Gefängnishof vor der Arbeitseinteilung wieder mit einer Hundepeitsche geschlagen. Bei der Arbeit in der Feldstraße traktierten die beiden Soldaten ihr Opfer durch Stöße mit ihren Gewehrkolben. Mit der Faust schlugen sie den Kriegsgefangenen nieder. Den weinenden jungen Burschen zwangen sie, ihre Stiefel zu küssen. Mir hatte der Ermordete in der Gefängniszelle mitgeteilt, dass seine Vorfahren Tschechen waren, die nach dem Dreißigjährigen Krieg wegen ihres protestantischen Glaubens ihre böhmische Heimat verlassen mussten. Das sagte der deutsche Soldat auch Bürgermeister Sameck. Dieser beschimpfte ihn daraufhin als Volksverräter.“
Herr Bemm verstummte. Der Wachsoldat hatte sich laut lachend vom Bäcker Tschiha verabschiedet.
Karl huschte in die offene Hofeinfahrt des Wagnermeisters Schubert. Schnell versteckte er sich hinter Brettern.

Als die beiden Hakenkreuz-Männer die Bahre mit dem Toten die Talgasse hinauf zum Masaryk-Massaker-Platz trugen, schlüpfte Karl wieder aus seinem Versteck. Es war still auf der Straße. Von der kleinen Blutlache vor der Bäckerei führte eine Blutspur nach oben zum Massaker-Platz.
Die Blutstropfen sahen aus wie zertretene Walderdbeeren.

Bevor der ermordete deutsche Soldat tschechischer Abstammung ins Massengrab geworfen wurde, stellte der deutsch-tschechische Tscheche Dr. med. Adolf Hafenrichter den Totenschein aus: „Tod durch Herzstillstand.“
Er hätte schreiben müssen: “Auf der Flucht in die Freiheit nach Deutschland erschossen.“

Der Hölle entronnen. (27. Juli 1945)

Karl Häusler wurde seit seinem vierten Lebensjahr vormilitärisch erzogen. Für Knaben gab es als Spielzeug nur Waffen. Durch den Volksempfänger ständig mit Marschmusik berieselt, fiel es ihm schwer, locker und entspannt zu gehen. Er musste den Pimpfen der Hitlerjugend beitreten, um das Gymnasium in Böhmisch Leipa besuchen zu dürfen. Bei den Pimpfen begann seine Ausbildung zum Kindersoldaten. Beim Volkssturm wurde er am Gewehr, an Handgranaten und der Panzerfaust ausgebildet. Angeregt durch Wochenschau und Kriegspropaganda wartete Simplizissimus Karl der Kleine auf die Ankunft der Russen. Er wollte mit der Panzerfaust sowjetische T 34 - Kampfpanzer abschießen. Das verhinderte sein Vater. Die Russen wurden seine Freunde. Die tschechoslowakischen Soldaten wurden seine Feinde.
Am 26. Juli 1945, gleich nach dem Mittagessen, lief Karl zum Schwarzteich. Er hatte nicht nur Badehose und Handtuch dabei, sondern auch seine Damenpistole und zwei Eierhandgranaten. Von der Unteren Kirchengasse über die Talgasse in die Wasserstraße und von dort am Schweinemarkt vorbei, schlenderte er durch den Ortsteil Tampel. Am Kirchbach entlang ging er durch eine Allee großer, alter Lindenbäume. Bald lagen Lagerhaus und Molkerei der Deutschen Bauerngenossenschaft hinter ihm.
Karl erreichte die Schwarzmühle. Frau Weigelt, die Eigentümerin dieser Wasserradmühle schaute aus ihrem kleinen Holzbalkenhaus und winkte ihm zu. Dort, wo der Kirchbach in den Mühlbach fließt, hüpfte Karl wie ein Känguru mit beiden Beinen gleichzeitig über die Holzbrücke und lauschte dem tief donnernden Widerhall seiner Sprünge. Links neben der Brücke stand das große, wuchtige Fachwerkgebäude der Schwarzschänke. Dort gab es würzig duftendes Brot mit feinem Käs. Von den Wirtsleuten selbst gebrautes, dunkles, zartsüß schmeckendes Malzbier wurde ausgeschenkt. Aus dem kühlen Schatten der Lindenallee trat Karl hinaus ins glühend heiße Sonnenlicht, das vom hellblauen, wolkenlosen Himmel herabbrannte. Tiefschwarz gekleidet saßen Herr und Frau Simang vor ihrem

Gasthaus Schwarzschänke auf einer Bank hinter einem großen Tisch aus Eichenholz. Ihre vom Gram gebeugten Gestalten hockten unter einer riesigen Linde. Ihre Söhne Erwin, Pepi und Toni waren im Krieg gefallen. Wehmütig dachten die Eltern an die schöne Zeit zurück, als ihre Kinder mit Ziehharmonika, Gitarre, Trompete und Gesang zum Tanz aufspielten. Die beiden Alten schauten zu Karl herüber. Sie lächelten und winkten ihm zu.
Karl blieb stehen und blickte in den Mühlbach. Über bunte Steine im Bach hüpfte und gluckste klares, schnell fließendes Wasser. Bachforellen huschten über weißes, gelbes, rotes und moosgrünes Kieselgeröll. Ein Krebs stolzierte langsam mit angehobenen, offenen Scheren. Vergeblich schnappte er nach einem vorbeiflitzenden kleinen Fisch. Enttäuscht verkroch sich der Krebs in seinem Uferversteck aus Baumwurzeln. Nur die geöffneten Scheren strecke er erwartungsvoll ins vorbeifließende Wasser.
Den Mühlbach entlang lief Karl zum Schwarzteich. Zum Umkleiden ging er dort nicht zu den verwitterten, rissigen Holzkabinen hinunter, die auf Holzpfählen im tiefbraunen Wasser standen. Er kroch in die Büsche und versteckte Lederhose und Jacke mit Handgranaten und Pistole im Kiefernwäldchen neben der Liegewiese. Karl ging zum Badestrand und sprang von einem dunkelgrauen Sandsteinfelsen mit den Füßen voran ins Wasser. Vom klebrigen, schwarzen Schlamm des Schwarzteichs verschmiert, tauchte er wieder auf.
„Du siehst wie ein Neger aus“, hörte Karl eine ihm bekannte Knabenstimme rufen. Es war sein Freund Franz Doleschal.
„Wie geht es Dir Franz? Ich habe Dich bei der Beneschjugend gesehen. Gefällt es Dir dort?“
„Ich heiße jetzt Frantisek. Bei den Pimpfen hat es mir besser gefallen. Da war mehr los.“
„Kannst Du denn Tschechisch?“
„Muss ich erst noch richtig lernen.“
„Ich kann kein Tscheche werden, weil meine Mutter keine Tschechin sein will.“
„Das spielt doch keine Rolle. Wir zwei bleiben Freunde. Komm! Wir werfen uns als Wasserbomben auf englische U-Boote.“

Mit federndem Absprung vom langen, elastisch schwingenden Sprungbrett klatschten die beiden Kinder ins tiefe, kühle Wasser. Anschließend schwammen sie im Teich bis zum Schilf hinüber. Dort angekommen erschraken sie, als ein großer Hecht, der auf Beute lauerte, wie ein Pfeil davonschoss. Sie schwammen wieder zum Badestrand zurück. Als Karl und Frantisek im seichten Wasser langsam ans Ufer wateten, entdeckten sie eine Ringelnatter. Diese lauerte mit vorgestrecktem Kopf unter der Uferböschung auf Beute. Die Ringelnatter schnappte nach einem Wasserfrosch und Frantisek schnappte die Ringelnatter. Er packte sie hinter ihren gelben Flecken am Kopf. Die Natter sperrte ihren Rachen auf. Der Frosch fiel in den Teich zurück und verschwand im schlammschwarzen Wasser. Die Knaben hatten schwarze Schlammstiefel an, als sie aus dem Wasser stiegen. Sie liefen zum Sandsteinfelsen, der aus der Wasserbrühe emporragte und setzten sich auf in den Felsen gemeißelte Steinsitze.
„Wo ist Herr Ludwig, unser Bademeister?“, fragte Karl.
„Mein Vater sagte mir, dass Ludwig Mitglied der NSDAP war. Deshalb wurde er in Böhmisch Leipa zu Tode gesteinigt.“
Frantisek umklammerte die Ringelnatter immer noch mit der Hand.
Die beiden Freunde blickten zur Liegewiese hinüber. Dort lagen und saßen auf ausgebreiteten Decken: Otto Rohde ohne Hundepeitsche, Partisan Piwonka ohne Pistole und siebenschwänzige Geißel, Lehrer Petr Polleck, Bürgermeister Vaclav Sameck und Oberst Hlavitschka. Der Oberst hob eine Flasche Rotwein hoch, die im Sonnenlicht dunkelrot leuchtete.
Als die fröhliche Gesellschaft mit gefüllten Gläsern anstieß, warf Frantisek die Ringelnatter dem Otto Rohde gegen die Brust. Vor Angst kreischend sprang Rohde auf. Er ließ sein Weinglas fallen und lief weg.
„Eine ängstliche, feige Memme!“, rief Karl und lachte.
Alle kannten den frechen Frantisek. Hatten sie doch den Franz in Frantisek umgetauft. Sie schüttelten sich vor Lachen über den gelungenen Scherz.

Karl ging in das kleine Wäldchen neben der Liegewiese. Er schlüpfte in seine Kleidung. Frantisek wollte noch bleiben. Er ging wieder ins Wasser.
„Soll ich ihnen das Lachen verderben?“, überlegte **Werwolf** Karl. „Meine zwei Eierhandgranaten und die Damenpistole reichen aus, um sie für ihre Verbrechen mit dem Tod zu bestrafen.“ Simplizissimus Karl blieb im Wäldchen hinter den Büschen unschlüssig stehen.
„Wenn ich Mörder ermorde, werde ich selbst ein Mörder“, dachte er. „Ich will kein so schlechter Mensch wie diese Verbrecher sein!“

Erst Jahre später wurde Karl Häusler bewusst, welche Folgen sein Attentat gehabt hätte. Alle deutschen Bürger Eichbergs wären von den hasserfüllten Tschechen „ausgelöscht“ worden.

„Grüß Gott“, winkte Karl seinem Freund Frantisek zu, als er nachhause ging.
„Dobrý den“, grüßte Frantisek Doleschal lachend zurück. „Morgen gehen wir wieder zum Baden.“
Als Karl zuhause ankam, hatte Theresia Häusler bereits mit den letzten Vorbereitungen für eine Ausreise nach Deutschland begonnen. Dr. Geitler vom Justizministerium in Prag teilte seinem Schwager Heinrich Häusler bereits vor zwei Monaten mit, dass eine Heimatvertreibung der Deutschen geplant ist.
„Eine völlig unerwartete Vertreibung steht unmittelbar bevor“, sagte er. „Die sowjetische Besatzungsmacht ist damit einverstanden.“
Im dunklen Hausflur stand schon das kleine Leiterwägelchen bereit, das Wagnermeister Schubert angefertigt hatte. Theresia stellte den leeren Wäschekorb aus Weidengeflecht in das Wägelchen.

Am späten Nachmittag kam Otto Rohde vom Schwarzteich ins Rathaus zurück. An diesem 26. Juli 1945 verfasste er die schriftliche Bekanntmachung zur Vertreibung der Deutschen aus Eichberg. Lotte Neutsch und Olga Marek waren die Schreibkräfte. Sie schrieben die Bekanntmachung in fehlerfreiem Deutsch und Tschechisch. Rohde verstümmelte den deutschen Text absichtlich. Olga und Lotte wurden bis 24 Uhr eingesperrt, damit sie nichts ausplaudern konnten. Der deutsche Text lautete:

„Deutsche

1/ Ist erlaubt 30 Kg Gepäck einschlieslich Lebensmittel für 7 Tage mi zunehmen.

2/ Alle Wertsachen dass sind Edelsteine, Gold, Silber, Uhren / Handuhr, Taschenuhr / so wie Geldbücher Akcien, Lossen, Versicherungsscheine Fernrohre, Fotoaparate, usw. sind mitzunehmen.

3/ Wohnungen und Haus ist zu zusperen und die Schliesel sind mitzunehmen.

4/ Bis 5 Uhr Früh, dass ist in 2 Stunden, treten alle Leuete, Kinder und Kranke,auf dem Sokolenplatze, an. Nichterscheinen wird mit Tode bestraft.

5/ Jede Verstekung,Beschädigung und Erdwertung der Liegenschaft so w der andern gegenstände und unter Punkt 2 angefürten Wertsachen,so wie dass Feueranlegen im Hause oder in den Wohnungen wird mit dem Tode Bestraft."

Dieser auf gelbem Papier schwarz gedruckte „Ausweisungsbefehl" war kein Dekret des Národní Výbor, sondern nur ein „Fetzen Papier". Er wurde auf keinem amtlichen Briefkopf der Stadt Eichberg oder des Národní Výbor geschrieben. Es fehlten Dienstsiegel und Unterschrift des Bürgermeisters Vaclav Sameck. Auch Otto Rohde hatte nicht unterschrieben. Es war auch kein Dekret des Eduard Benesch.

Und trotzdem wurde der Inhalt dieses gelben „Papierfetzens" von der Svoboda-Armee vollzogen.

Am folgenden Tag kam in aller Herrgottsfrühe um drei Uhr ein uniformierter Soldat zum Haus Untere Kirchengasse 212. Die Hoftüre hatte keine Ziehglocke. Der Soldat schlug mit dem Gewehrkolben gegen die Türe und warf kleine Steine gegen die

Fensterscheiben. Er überreichte Theresia das gelbe Papier und ließ sich die Hausschlüssel aushändigen. „Um fünf Uhr müssen Sie sich am Sokolplatz einfinden!“, sagte der Soldat. Dann ging er weiter zum Haus des Bauern Franz Schütz.
Der kleine **Werwolf** Karl zog seinen Kampfanzug an. Darin waren untergebracht: zwei Eierhandgranaten in der kurzen Lederhose und die Damenpistole mit Ersatzmunition in der Jacke. Theresia hatte das schon bereitgestellte Vertreibungs-Leiterwägelchen schnell beladen. Sie holte zwei vollgepackte Rucksäcke. Einen großen für sich und einen kleinen für Karl.
„Zieh Dich schnell um, Karl! Hier ist das andere Gewand. Wenn es in der Nacht kalt wird, brauchst Du eine warme Jacke und eine lange Hose. Du bist jetzt unser Goldesel.“
„Ich bin kein Esel.“
„Wir haben den Goldschmuck zu kleinen Kugeln eingeschmolzen. Die Goldkugeln sind in dieser Jacke und in dieser Hose eingenäht.“
Widerwillig ließ sich Karl sein Kampfgewand ausziehen.
„Was ist denn das?“, fragte Theresia entsetzt, als sie Handgranaten und Pistole entdeckte.
„Habe ich draußen gefunden. Gib mir die Pistole zurück. Es ist eine Spielzeugpistole.“
„Rede keinen Unsinn. Das ist eine echte Pistole. Sie ist gefährlich. Waffenbesitz wird mit dem Tod bestraft.“
Theresia rannte nach draußen zum Plumpsklosett. Sie warf die Waffen in das schräg nach unten verlaufende Kloakenrohr. Dann fütterte sie die Tiere im Stall.

Mutter und Sohn verließen Haus und Hof. Mit dem Leiterwägelchen klapperten sie über Pflastersteine. Sie waren unterwegs zum Sokolplatz. Diesen Sportplatz hatten die 1918 nach Eichberg zugewanderten Tschechen 1920 angelegt. Theresia flüsterte Karl leise ins Ohr: „Nicht nur in Jacke und Hose sind Goldkugeln. In der Mütze und in den Schuhabsätzen habe ich auch welche versteckt. Pass gut darauf auf.“ Sie teilte Karl nicht mit, dass sie auch Brillanten versteckt hatte.

Am Markt-, Adolf-Hitler-, Masaryk-, Massakerplatz waren alle vier Platzecken von Soldaten mit Maschinengewehren besetzt.
Der deutsche Tscheche Uhrmacher Joziek Fiedler war an diesem Tag bereits im Morgen-Grauen als Amtsbote und Nachrichtentrommler des Národní Výbor unterwegs. Dieser arme Bettelmusikant, der Haus und Uhrengeschäft der Witwe Goldmann übereignet bekam, ging trommelnd durch die Straßen. Er war nicht mehr der musizierende liebe, sondern der trommelnde böse „Pepiek". Immer wieder blieb er stehen, lachte laut und sang dabei:

„Liebe Leute, lasst Euch sagen,
die Uhr hat eben fünf geschlagen.
Ihr müsst Euren Rucksack zum Sokolplatz tragen,
sonst werdet Ihr von den Soldaten erschlagen.

Bewaffnete Soldaten brüllten laut: „Nemci ven!" („Deutsche raus!").
Sie vollzogen im Auftrag Eduard Beneschs die „Liquidierung des deutschen Problems". Ihr triumphierendes Geschrei hallte durch die hohen, schmalen Gassen.
Aus allen Häusern strömten Menschen heraus, die ängstlich und verstört um sich blickten. Otto Miksch, Stingelgasse 8, der sein Haus nicht verlassen wollte, wurde von Soldaten hinausgeprügelt. Er musste sich im Schlafgewand und ohne Gepäck auf den Weg machen.
Karl winkte dem stets fröhlichen, jetzt aber traurigen Briefträger Josef Böhm zu, der von der Sonnengasse 216 kam und einen voll bepackten Leiterwagen zog. Seine Frau und drei Kinder liefen neben ihm her. Am 24. Juli wurde er 45 Jahre alt und hatte Vera Máchová und Karl Häusler zu seiner Geburtstagsfeier eingeladen. Als sogenannter deutscher „Halbjude" musste er nicht in den Krieg ziehen. Vera und Karl schrieben sich hin und wieder Liebesbriefe. Briefträger Böhm war ihr Postillon d`Amour. Er verlangte von ihnen keine Postgebühr. Er war mit aufgemalten Briefmarken zufrieden. Nicht der Kopf Adolf Hitlers, sondern bunte Blumen schmückten die Briefe.

Auf den Straßen wimmelte es von alten Männern, Frauen und Kindern. Mühsam zogen sie Leiterwagen, schoben Kinderwagen und Schubkarren und trugen Rucksäcke. Die jungen Männer waren entweder im Krieg gefallen, vermisst, in Kriegsgefangenschaft, im Rathausgefängnis oder lagen erschlagen in den Massengräbern auf dem Friedhof. Das Lied: „Wir werden weiter marschieren, wenn alles in Scherben fällt“, wurde nicht gesungen.
Auch die deutschen Agenten, die während der Naziherrschaft als Widerstandskämpfer gegen Adolf Hitler für den tschechischen Geheimdienst gearbeitet hatten, wurden auf Anordnung Eduard Beneschs aus ihrer seit 800 Jahren angestammten Heimat vertrieben. Deshalb befanden sich der deutsche Offizier Girtler und der Bäckermeister Kayser mit ihren Familien und Leiterwägelchen auf dem Weg zum Sokolplatz. Hatten sie den Auftrag erhalten in Restdeutschland als Agenten weiter zu arbeiten?
„Sokol“ heißt auf Deutsch „Falke“ und ist der Name des 1862 gegründeten tschechischen Turnervereins. Gründungsmitglied und erster Vorsitzender war der Deutsch-Österreicher Friedrich Tyrs. Am Sokolplatz warteten bereits die tschechischen Raubvögel: Soldaten, neu zugewanderte Habenichtse und Zigeuner, die das Naziregime Adolf Hitlers überlebt hatten. Nicht nur die Mitglieder des Národní Výbor (Nationalausschuss), sondern auch der übrige tschechische Ausschuss Eichbergs hatte sich am „Raubvogelplatz“ eingefunden, um die deutschen Bürger der Stadt auszuplündern. Alteingesessene tschechische Bürger Eichbergs waren bei der Räuberbande nicht dabei. Die Oberaufsicht führte Oberst Hlavitschka. Im Auftrag seiner militärischen Vorgesetzten hatte er einen **kleinen Morgenthau-Plan** entwickelt.
Auf dem Falkenplatz standen zwei Tischreihen. Sie bildeten eine lange Gasse. Durch diese Gasse mussten die deutschen Bürger Eichbergs mit ihren Habseligkeiten gehen. Links und rechts hinter den Tischen standen raffgierige Falken. Die Falkenjagd geschah auf folgende Weise: Alle Rucksäcke und alles Gepäck auf die Tische. Greifvogelarme durchwühlten die wenigen Habseligkeiten. Was den Raubvögeln gefiel, schmissen sie mit lautem Freudengejohle in

bereitstehende Körbe. Was beim Durchwühlen im Weg war, warfen die Falken in das vom **Morgentau** noch nasse Gras. Wer seine weggeworfene Habe aus dem **morgentaunassen** Gras wieder aufhob, wurde durch Fußtritte weitergetrieben.
Die Greife griffen in die Jacken- und Hosentaschen der Anstehenden. Fanden sie Sparkassenbücher, Aktien, Schmuck, Geburtsurkunden, Taufscheine, Schulzeugnisse, Personalausweise, Gesellen- und Meisterbriefe, Grundbuchauszüge, notarielle Urkunden jeder Art, Fotos oder mehr als 200 Reichsmark Bargeld pro Person, wurden die Durchsuchten von den Svoboda-Soldaten bestialisch verprügelt. Die bewaffneten Straßenräuber aus Prag erreichten so eine schnellere Herausgabe.
Dem reichen, fast kugelrunden Herrn Samen-Richter rissen sie 10.000 Deutsche Reichsmark aus der Jackentasche. Herr Richter hieß zuerst Rittergut-Richter, als er Verwalter auf Schloss Neuperstein der Grafen von Waldstein war. Nachdem er diesen Posten 1925 aufgegeben hatte und in Eichberg in der Stingelgasse eine Samenhandlung eröffnete, bekam er den Namen Samen-Richter. Die Stock- und Peitschenschläge, die seinen dicken Körper trafen, klangen dumpf wie Hiebe auf einen Getreidesack.
„Das ist für mich doch nur ein kleines Taschengeld!“, schrie er auf Deutsch und Tschechisch immer wieder, als er blutüberströmt in die Stadt zurückgejagt wurde – zurück in die tschechische Sklaverei.

Goldesel Karl bewahrte die Ruhe. Erst elf Jahre alt, musste er am Spießrutenlauf durch die Tischreihen nicht teilnehmen. Das Bewusstsein, einer bewaffneten Räuberbande mit Gold gespickt gegenüber zu stehen, machte ihn stolz. Noch mehr Freude hätte es ihm bereitet, wenn er gewusst hätte, dass seine Mutter in seine wattierte Jacke ein Sparbuch der Dresdner Bank mit einem Guthaben von 27.745,12 RM eingenäht hatte.
Karl setzte sich dreißig Meter entfernt auf die Wurzeln eines großen Kastanienbaums. Aus dieser sicheren Entfernung schaute er zu, als die Gepäckstücke des Chorregenten Wenzel Jäger, dessen Frau und Karls Freundin Vera Máchová durchsucht wurden. Herrn Jäger

wurde ein Geigenkasten entrissen. Seine Enkeltochter Vera Máchová umklammerte mit beiden Armen ihre blonde Puppe Klara. Ein uniformiertes tschechisches Flintenweib versuchte Vera ihr Puppenkind wegzunehmen. Durch Veras lautes Schreien wurde Oberst Hlavitschka aufmerksam.
„Das Mädchen behält ihre Puppe!“, befahl er. „Ich bekomme die Geige!“
„Töten Sie mich und reißen Sie mir mein Herz aus der Brust, aber geben Sie mir vorher meine Geige zurück“, flehte Wenzel Jäger. „Sie haben mir schon meine Villa genommen, meinen Konzertflügel, mein Cello, meine Bratsche und meine Helmergeige.“
Der Oberst machte den Geigenkasten auf und begutachtete das Instrument. Er schaute durch das geschwungene f-Loch hinunter zum Ahornboden der Violine und las vor, was auf dem Geigenzettel stand:

„Joannes Udalricus Eberle,
fecit Pragae 1745“

Die Prager Geigenbauerdynastie Eberle, die heute noch in Prag ansässig ist und arbeitet, stammt aus Füssen in Bayern. Kaiser Maximilian I. von Habsburg hatte seine Sommerresidenz in Füssen. Als die Habsburger mit Kaiser Karl IV. ihren Herrschaftssitz von Wien nach Prag verlegten, zogen viele Füssener Geigenbauer – darunter auch Eberle und Helmer – zum musikliebenden Monarchen nach Prag.
„Ich bin Musiker. Ich brauche meine Eberle-Geige“, sagte Wenzel Jäger.
„Gib die Geige meinem Opa zurück!“, forderte Vera Máchová.
Der vornehme Oberst legte die Violine vorsichtig in den Geigenkasten zurück. „Behalte Deine geliebte Geige Vaclav. Denke an mich, wenn Du darauf spielst.“
Karl hatte ein Gänseblümchen gepflückt und rupfte Blütenblätter aus dem kleinen weißen Strahlenkranz der Blume. „Sie liebt mich. Sie liebt mich nicht.“ Vera entdeckte ihren Karl und lief zu ihm. Auch Theresia ging hinüber zu Karl. Sie zog ihr Wägelchen mit dem durchwühlten Wäschekorb hinter sich her. Ihr schönstes Kleid, Karls bester Anzug, der Tonkrug mit Gänsefett und das große runde

Bauernbrot fehlten. Wenzel Jäger und seine Frau kamen auch zu den beiden Kindern. Stadtpfarrer Storms und seine Haushälterin gesellten sich ebenfalls zu Vera und Karl.
Oberst Hlavitschka rief auf Tschechisch ein lautes Kommando und Otto Rohde wiederholte es auf Deutsch. „Alle deutschen Frauen stellen sich in der Schlossallee in Reih und Glied auf!“
Theresia Häusler und Slecna Maria Brunezcová stellten sich nicht mit den anderen Frauen auf die Straße. Rohde rannte zu ihnen und brüllte: „Raus auf die Allee ihr deutschen Weiber. Ab heute seid Ihr dreckige Kollaborateure und keine Tschechen mehr!“
Theresia Häusler: „Ich schäme mich, dass ich eine Tschechin war! Ich bin stolz, dass ich ab heute eine Deutsche bin!“ Dann fügte sie noch hinzu: „Wir sind ehrbare deutsche Frauen und keine diebischen uniformierten tschechischen Flintenweiber!“
Slecna Maria Brunezcová schrie wutentbrannt in tschechischer Sprache so laut, dass es alle anwesenden Tschechen hören konnten: „Du junger Rüpel Rohde und ihr jungen tschechoslowakischen Soldaten, ihr musstet nicht in den Krieg ziehen. Ihr habt als Kollaborateure in der deutschen Rüstungsindustrie gearbeitet. Während die deutschen Soldaten in Russland sterben mussten, ist es Euch zuhause gut gegangen. Ich habe nicht dem Satan Hitler gedient, sondern Gott. Dieser allmächtige Gott möge Euch verzeihen. Ich kann es nicht.“
Oberst Hlavitschka hielt Rohdes Arm fest, als dieser zum Schlag mit seiner Hundepeitsche ausholte.
„Durch Dich spricht die Stimme Gottes“, sagte Pfarrer Storms zu seiner tschechischen Haushälterin. „Aber geh lieber. Sei demütig.“
Als sich Theresia und Slecna Maria der unendlich langen Kolonne deutscher Frauen anschlossen, donnerte die Pfarrköchin noch einmal zurück: „Jetzt dient Ihr schon wieder einem verfluchten, gottlosen Unmenschen!“
Von bewaffneten Soldaten bewacht, mussten die deutschen Frauen zum Schloss Neuperstein gehen. Dort fand eine Leibesvisitation statt. Die Mädchen und Frauen wurden unter Androhung von Gewalt gezwungen, sich nackt auszuziehen. Die Soldaten rissen ihnen die

goldenen Eheringe vom Finger. Wer seinen persönlichen Schmuck nicht sofort freiwillig abgab, wurde mit der Peitsche blutig geschlagen. Theresia raubten sie ihre goldene Armbanduhr und ihren mit einem Brillanten besetzten goldenen Ehering. Auch schöne neue Unterwäsche wurde gestohlen. **Uniformierte junge tschechische Flintenweiber suchten mit ihren diebischen Fingern in der Scheide (Vagina) ihrer Opfer erfolgreich nach Goldschmuck und Brillanten.**
Stadtpfarrer Storms weinte still vor sich hin.
Otto Rohde ärgerte sich immer noch, dass die von ihm auf die Stadtpfarrkirche gezielt abgeworfene Bombe nicht getroffen hatte. Frech und anmaßend stellte er sich vor Pfarrer Storms und nahm ihm eine goldene Kette mit dem daran hängenden schweren Goldkreuz vom Hals. Anschließend zog er ihm einen Brillantring vom Ringfinger der linken Hand. Das hatte eine Zigeunerin nicht gewagt. Als sie erkannte, dass ein Priester vor ihr stand, bekreuzigte sie sich mehrfach. Einen Priester zu bestehlen wäre für die römisch-katholische Zigeunerin eine Todsünde gewesen.

Ein uniformiertes Flintenweib, es war eine Psychologiestudentin der Prager Karlsuniversität, redete Karl mit akzentfreiem Deutsch an.
„Kannst Du mir beim Suchen helfen?“
„Sehr gerne. Als ich noch im Kindergarten war, haben wir hier oben auf dem Sokolplatz nach Ostereiern gesucht.“
„Diesmal schauen wir, ob der Osterhase etwas in Deiner Kleidung versteckt hat.“
„Suchen wir zusammen?“, fragte der schlaue Goldesel Karl.
„Ja“, antwortete die Studentin freundlich.
Karl kicherte, als das Flintenweib in seine Taschen griff. Sie betastete Jacke, Hemd, Hose, Unterhemd und Unterhose. Theresia hatte die Brillanten und die vielen kleinen Goldklumpen so geschickt eingenäht, dass sie nicht ertastet werden konnten.
„Du kitzelst mich“, sagte Karl lachend und fing an, auch bei der jungen Tschechin zu suchen. Schnell griff er in ihre linke Jackentasche und zog mehrere Goldketten heraus. Triumphierend

schwenkte er die Ketten in der Luft. Einige davon warf er in Richtung seiner Freundin Vera auf den Boden. Vera Máchová schnappte zwei Goldketten und ließ sie verschwinden.
„Hurra! Ich habe was gefunden."
„Lass das bleiben, Du frecher Bengel!", schimpfte das Flintenweib. Sie riss Karl die Goldketten aus der Hand und bückte sich, um herumliegende Ketten aufzuheben.
„Du bist eine Spielverderberin", beklagte sich Karl. „Du hast doch gesagt, dass wir zusammen suchen."
Mit Zornesfalte, traurigem Blick und die Mundwinkel nach unten gezogen, spielte Karl den Enttäuschten. Er fühlte sich der Studentin überlegen.
Wieder fröhlich lachend witzelte er übermütig: „Unter meiner Schildmütze ist etwas versteckt."
„Was denn?"
„Ein kleiner goldgelber Vogel. Er ist von den Toten auferstanden und heißt Karlchen. Wenn ich die Mütze abnehme fliegt er fort."
Jetzt lachte auch Vera Máchová. Sie hatte verstanden.
Raubgierig riss das Prager Studenten-Flintenweib Karl die Mütze vom Kopf.
„Wo ist der Vogel?"
„Er muss schon fortgeflogen sein!" Vera und Karl lachten.
Treuherzig dreinschauend blickte Karl der Psychologiestudentin in die beutegierigen Falkenaugen. Er lächelte freundlich und sagte: „Bestimmt legt unser Vogel Karlchen dort drüben hinter den Büschen goldene Ostereier."
Erstaunt schüttelte die Prager Psychologiestudentin ihren Kopf.
„Wie heißt Deine Puppe?", fragte das Flintenweib jetzt Vera.
„Klara."
„Und was hast Du in ihr versteckt?"
„Nichts."
„Gut. Dann schaue ich nach, ob das stimmt."
Vera Máchová umklammerte ihre Klara, sprang hoch und schrie auf Tschechisch mit lauter schriller Stimme: „Herr Hlavitschka, helfen Sie mir. Diese böse Frau will mir meine Puppe wegnehmen."

Der Oberst winkte mit lässiger Handbewegung sein Flintenweib von Vera und Karl weg. Die verliebten Kinder umarmten sich und lachten vor Freude. Eng umschlungen tanzten sie zusammen mit Puppe Klara eine böhmische Polka. Die Soldatin setzte ihre Diebestour bei anderen Kindern erfolgreicher fort.

Nach der Beraubung begann die Selektion.

Oberst Hlavitschka, Bürgermeister Sameck und Otto Rohde hatten bereits eine Liste vorbereitet, in der die arbeitsfähigen Deutschen aufgeführt waren. Otto Rohde brüllte durch ein Sprachrohr: „Alle Deutschen, die ich aufrufe, müssen in die Stadt zurück. Die anderen stellen sich in der Schlossallee auf!"

Auch Stadtpfarrer Christian Storms und seine Haushälterin Slecna Maria Brunezcová mussten in die tschechische KZ-Stadt zurück. Im großen Pfarrhaus durften sie nicht mehr wohnen. Ihnen wurde nur ein kleines Zimmer zugeteilt. Die Kreuzauffindungskirche blieb für sie verschlossen. Die Prager Hussiten, die sich in radikale Taboriten verwandelt hatten, plünderten Pfarrhaus und Pfarrkirche. Mit einem Militärlastwagen transportierten sie erbeutete Kunstschätze und Wertsachen nach Prag.

Pfarrer Storms und Pfarrköchin mussten mit Besen, Schaufel und zweirädriger Scheißkarre die KZ-Stadt von übel stinkenden Fäkalien reinigen. Bei ihrem Weg durch die engen Gassen öffneten sich immer wieder die Fenster der Häuser. Neu zugewanderte Tschechen schütteten den Inhalt ihrer Nachttöpfe auf die Köpfe der beiden römisch-katholischen Märtyrer.

Die römisch-katholischen tschechischen Zigeuner jedoch knieten sich nieder und bekreuzigten sich, wenn Pfarrer Storms mit seiner Pfarrköchin die tschechische Scheißkarre an ihnen vorbeischob. Erst am 12. 10. 1945 durfte Hochwürden Christian Storms, bischöflicher Vikar, Stadtpfarrer, Erzdechant und Konsistorialrat im Bistum Leitmeritz, mit seiner tschechischen Haushälterin den seit Mai 1945 moralisch verkommenen Schurkenstaat verlassen. Vertreter des Vatikans hatten interveniert.

Deutsche Familien mit arbeitsfähigen Männern und Frauen wurden von Soldaten nach Eichberg zurück in die Sklaverei verschleppt.

Bürgermeister Vaclav Sameck lachte jedes Mal, wenn diese „Heimkehrer“ die Schlüssel ihrer eigenen Häuser zurückverlangten.
Den früher wohlhabenden deutschen Bürgern wurden Baracken, leere Scheunen oder Holzschuppen zur Verfügung gestellt. Als Zwangsarbeiter erhielten sie „Lebensmittel für Deutsche“.
Die damals zwanzigjährige Johanna Elstner aus der Wassergasse 220 erinnerte sich später: „Fleisch haben wir das ganze Jahr nicht bekommen. Die Ernährung war schlecht. In der tschechischen KZ-Stadt hieß es nicht wie im deutschen Nazi-KZ >Arbeit macht frei<, sondern >Arbeit macht vogelfrei<. Wir Deutschen mussten eine weiße Armbinde mit dem schwarzen Aufdruck **N** (Nemec = Deutscher) tragen. Jederzeit konnten wir rechtlosen Deutschen von den neu zugezogenen Tschechen für harte Sklavenarbeit abgeholt werden. Es war verboten Deutsch zu sprechen. Von Eduard Benesch aufgehetzte junge Tschechen beschimpften und schlugen uns. Wenn wir wegliefen, warfen sie uns Steine nach.“
Ausplünderung und Selektion auf dem Sokolplatz (Raubvogelplatz) dauerte acht Stunden. Wer nicht auf der Sklavenhändlerliste Otto Rohdes stand, durfte zu Fuß zum elf Kilometer entfernten Bahnhof in Hirschberg am See gehen. Beschützt von bewaffneten russischen Soldaten führte dieser Fußmarsch nicht in eine Gaskammer, sondern in die Freiheit.
Der tschechische Staatspräsident Milos Zeman irrt, wenn er 68 Jahre später sinngemäß behauptet: „Die Tötung von 90% aller Sudetendeutschen wegen Hoch- und Landesverrat sei im Mai 1945 möglich gewesen.“ Er vergisst, dass die Tschechoslowakei von Massenmörder Stalin dem Massenmörder Benesch nur zum Schein vorübergehend zugesprochen wurde.
Stalin hatte andere Pläne mit den bettelarmen drei Millionen Sudetendeutschen. Er wollte sie als brauchbare Mitstreiter für seine kommunistische Weltrevolution gewinnen. Die heimatvertriebenen Deutschen wurden gegen den Willen Beneschs durch Stalin beschützt.
Oberst Hlavitschka hatte vom sowjetischen Befehlshaber die strikte Anweisung bekommen: „Bringt die Deutschen über die Grenze nach

Sachsen! Lebend! Ihre Soldaten und meine Soldaten geben Begleitschutz.“
Karl fiel es nicht schwer, die Soldaten zu unterscheiden. Die Sowjets trugen breite, seitlich ausgebeulte Hosen. Die Tschechen waren mit Khakiuniformen des deutschen Afrikakorps bekleidet.

„Das ist ein langweiliger Trauerzug mit dem wir gehen müssen“, sagte Karl zu seiner Freundin Vera.
Vorbei am Schloss Neuperstein ging es hinunter durch die dunkle Wolfsschlucht zum Dorf Wrchhaben. Aus den Ställen heraus muhten von den Bauern verlassene Kühe nach Futter und Wasser. Ihre Euter schmerzten, denn sie wurden schon zwei Tage nicht gemolken.
Am Ende der langen Menschenschlange fielen Schüsse. Karl wollte nachschauen, warum geschossen wurde. Er sagte zu seiner Mutter: „Ich muss in die Büsche, sonst geht es in die Hose.“
Ohne dass es Begleitposten merkten, sprang er beim Holeiner Graben von der Straße nach rechts in den Wald. Von Bäumen und Sträuchern gut verdeckt, lief er bis ans Ende der Kolonne. Am Dorfausgang von Wrchhaben sah er eine schwarz gekleidete, weißhaarige Frau. Sie saß auf einer grau verwitterten, rissigen Holzlattenbank. Als er näher kam, konnte er sie erkennen. Es war Frau Goldmann, die Witwe des jüdischen Uhrmachermeisters Isaak Goldmann.
„Wo ist Deine Mutter, Karlchen?“
„Ich laufe gleich wieder zu ihr zurück. Kommen Sie mit?“
„Ich kann und will nicht mehr weitergehen.“
Karl schaute in ihr runzeliges Gesicht und in ihre müden, traurigen Augen. Er folgte ihrem Blick. Weit hinten auf der gegenüber liegenden Anhöhe stand die Burgruine Altperstein. Frau Goldmann hielt einen Rosenkranz in ihren zum Gebet gefalteten Händen.
Da hörte Karl den harten Knall von zwei hintereinander abgegebenen Schüssen. Ihr grollendes Echo kam von der Wolfsschlucht herüber. Er entdeckte einen tschechoslowakischen Soldaten, der aus dem Unterholz heraus auf die Straße sprang. Sein Gewehr hängte er wieder über die Schulter. Langsam näherte er sich der Bank.

Karl erkannte ihn sofort. Dieser Soldat hatte versucht, ihn vor seinem Elternhaus zu ermorden. Der Soldat nahm das Gewehr wieder von der Schulter. **Für den kleinen Werwolf Karl Häusler war der Krieg noch nicht zu Ende.** Doch jetzt war Karl unbewaffnet. Ihm fehlten seine Eierhandgranaten und die Damenpistole.
„Lauf Junge! Lauf fort so schnell Du kannst."
Frau Goldmann stand mühevoll auf. Mit unsicheren Beinen torkelte sie dem Soldaten entgegen. Karl sprang hoch und lief in den Wald zurück. Er rannte den Passgraben empor, der nach dem Dorf Horka führt. Schnell hatte sein Verfolger die zitternde Greisin erreicht. Diese hielt ihren Rosenkranz mit ausgestrecktem Arm dem uniformierten Freibeuter entgegen, um ihn von Karl abzulenken.
„Die Alte ist mir sicher", dachte der Soldat. Er nahm sein Gewehr und zielte auf Karl.
Frau Goldmann stieß den Gewehrlauf zur Seite als der Soldat schoss. Sie lächelte glücklich, als Karl oben am Hang hinter einem umgestürzten, grün bemoosten Baumstamm verschwand. Karl legte sich flach auf den Waldboden und schaute nach unten.
Frau Goldmann stand aufrecht am Straßenrand. Ihre gefalteten Hände umklammerten den Rosenkranz.
„Lieber Gott", betete sie, „ich danke Dir, dass Du meinen kleinen Liebling Karl gerettet hast."
„Gib die Perlenkette her!", brüllte der Soldat.
Die Greisin betete weiter. Vergeblich versuchte der junge Tscheche, ihr die Kette wegzunehmen. Er fluchte und schlug seinem Opfer mit der Faust gegen die Schläfe. Frau Goldmann stürzte auf die harte Straße. Kniend betete sie mit brüchiger Stimme das Vaterunser.
Ihr Stoßgebet „Christus erbarme Dich!", wurde vom krachenden Gewehrschuss ihres Peinigers unterbrochen. Tödlich getroffen sank die deutsche Märtyrerin in sich zusammen. Ihre ineinander gekrallten Finger hielten den Rosenkranz immer noch fest. Um Beute zu machen, zerriss der Raubmörder die Perlenkette. Die wertvollen, weißen Perlen, die auf die dunkle Teerstraße fielen und auseinander rollten, hob er hastig auf.

Karl kannte sich in dieser Gegend gut aus. Viele Jahre hatte er hier mit seiner Mutter Schwarzbeeren gepflückt. Mit seinem Vater suchte er in diesem Wald Pilze. Karl sprang auf und rannte am Waldhang entlang. Über Wiesen erreichte er das Dorf Horka. Würde ihn der Soldat einholen?

Bevor die Bauern von Horka ihre Höfe verlassen mussten, trieben sie ihre Kühe aus den Ställen ins Freie. Auf Hangwiesen und in Waldlichtungen grasten Rinder. Karl hatte gerade eine Wiese fast vollständig durchquert, als auch der Soldat die Lichtung erreichte. Bevor Karl in den schützenden Wald hineinspringen konnte, riss sein Verfolger das Gewehr hoch und schoss. Kurz bevor sich der Schuss löste, rettete ein großer brauner Kuhfladen Karl das Leben. Der Soldat tappte hinein und rutschte aus. Er schoss daneben, stürzte und verletzte sich das rechte Bein. Humpelnd verfolgte er wutentbrannt das fliehende Kind im dichten Wald.

„Wie kann ich mich wehren?“, fragte sich Karl.

„Hier war doch ein Rückzugsgebiet der Deutschen Wehrmacht. Da müssen noch weggeworfene Waffen herumliegen“, fiel ihm ein. Er lief im düsteren Sichdichfür-Wald hin und her und suchte nach Waffen. Am höchsten Punkt des Ameisengrabens fand er schließlich Infanteriegewehre, Munitionsgürtel und Stahlhelme. Karl schnappte sich ein Gewehr, füllte das Magazin mit Patronen und lud durch. Dann legte er sich in einer kleinen Mulde hinter den dicken Wurzeln einer knorrigen Eiche in Deckung.

„Deutsche Jungen sind hart wie Kruppstahl, zäh wie Leder und flink wie Windhunde“, hatte ihm sein Jungvolkführer Herbert Queisser aus Wrchhaben bei den vormilitärischen Übungen der Pimpfe im Kaiserwald immer wieder eingetrichtert.

Alle nach der bedingungslosen Kapitulation der Deutschen Wehrmacht durch die Sowjetarmee ergriffenen Jungvolkführer der Hitlerjugend wurden durch sowjetische Militärgerichte standrechtlich erschossen oder nach Sibirien verschleppt. Stalin hielt sie für nicht umerziehbar. Herbert Queisser wurde standrechtlich erschossen, aber sein kleiner Pimpf Karl lebte noch.

Von der Straße herauf hörte Karl die verzweifelten Schreie seiner Mutter: „Karl, Karl, wo bist Du?“
„Hier bin ich Mama. Ich komme!“, rief Karl mit heller Stimme zurück. Seine hohlen Hände dienten als Sprachrohr.
Der Menschenjäger, der auch Kleinwild schoss das noch nicht zum Abschuss freigegeben war, stand nur eine kurze Strecke von Karl entfernt. Er hörte, was er hören wollte. Langsam trat er aus dem Unterholz des Waldes heraus. Hinkend ging er direkt auf die freistehende Eiche zu, unter der Karl hinter einer wuchtigen Wurzel auf dem Boden lag. Liegend zog Karl das Infanteriegewehr an seinen Körper heran und schob es auf dem Gras nach vorne.
Jetzt erkannte der Soldat den kleinen Jungen, den er im Auftrag des Gastwirts Svoboda und dessen deutschen Schwagers Kayser töten wollte. Grimmiger Hass erfüllte ihn, als er an die dafür erlittene Bestrafung durch seinen Oberst dachte.
„Komm zu mir Junge. Ich bringe Dich Deiner Mama“, sagte der Soldat um Karl zu täuschen. Wollte er das kleine deutsche Ferkel erst schlachten und dann töten?
Karl lief es beim Anblick dieses Ungeheuers kalt über den Rücken. Der schmale Mund seines Gegners lächelte selbstgefällig. Die braunen Augen des Soldaten blickten finster. Zwischen buschigen Augenbrauen drohten tiefe Zornesfalten. Schwarze Haare auf rechteckigem Schädel mit kräftigen Backenknochen und breitem Kinn machten den Soldaten zu einem Kinderschreck.
Aber **Werwolf** Karl fürchtete sich nicht vor Tod und Teufel. Der uniformierte Tscheche stand zehn Meter entfernt. Genussvoll nahm er sein Gewehr von der Schulter.
„Zieht man so in den Kampf?“, fragte sich Karl. „Ist das wirklich ein Soldat? Dem fehlt ja jede militärische Schulung.“
Der junge tschechische Soldat wurde nur kurze Zeit ausgebildet. Er hatte keine Fronterfahrung. Bisher knallte er nur wehrlose Zivilisten und entwaffnete Soldaten ab. Jetzt machte er den größten Fehler, den ein Krieger machen kann. Er unterschätzte seinen Gegner. Kurz bevor der Soldat sein Gewehr in Anschlag brachte, legte Karl an, zielte und drückte ab. Karl schoss ihm gezielt durch den Bauch in die

Wirbelsäule. Dadurch zertrümmerte er das Rückenmark seines Gegners. Karl sah den erstaunt geöffneten Mund und die entsetzt aufgerissenen Augen des jungen Soldaten. Der Schuss schleuderte den Soldaten nach hinten auf den Waldboden.
„Ein verwundeter Gegner ist ein gefährlicher Gegner“, war Karl bei seiner Kampfausbildung beigebracht worden. Als er zum Soldaten ging, lud er deshalb sein Gewehr erneut durch und hielt es mit beiden Händen schussbereit unter der rechten Achsel.
„Lass mich leben“, flehte der junge Soldat.
„Du hast meine liebe Oma Goldmann ermordet und ihre schönen, großen Perlen geraubt.“
Der gelähmte Soldat konnte seinen linken Arm und seine linke Hand bewegen. Aus seiner Jackentasche wühlte er zusammen mit den Perlen auch Goldschmuck heraus und legte alles dem kleinen Karl vor die Füße.
„Gnade! Meine Großmutter ist eine Deutsche“, stammelte der Krüppel. Heftiges Zittern schüttelte seinen Körper. Er hustete und spuckte Blut.
„Meine Mutter ist eine Tschechin“, antwortete Karl. „Sie will aber keine mehr sein“.
Der Soldat röchelte noch einmal, dann sank sein Kopf leblos zur Seite.
Karl raffte die Geschenke des toten Raubmörders zusammen. Den Goldschmuck steckte er in seine rechte und die Perlen in seine linke Jackentasche.
„Karl, Karl, Karl“, schrie von weit unten Mutter Theresia.
„Ich komme. Ich komme.“
Nicht „Der kleine Prinz“ von Saint-Exupéry, sondern „Der kleine Werwolf“ von Grimmelshausen, warf sein Gewehr den Hang hinab ins dichte Gebüsch. Das Gewehr seines Feindes legte er so, dass es aussah, als hätte sich dieser selbst erschossen.
Simplizissimus Karl hatte erkannt, dass er von Adolf Hitler in die Irre geführt wurde. Erkannte der junge Soldat aus Prag noch kurz vor seinem Tod, dass ihn Eduard Benesch in die Irre führte?

Der im ungleichen Kampf gefallene Soldat war ein Opfer des Volksverhetzers Eduard Benesch.
Erst jetzt war für Karl der Krieg zu Ende. Er wurde nicht mehr gezwungen ein **Werwolf** zu sein.
Karl lief den schräg abfallenden, mit dornigen Himbeersträuchern dicht bewachsenen Ameisengraben hinunter und durch den Sichdichfür-Wald zum Elendszug der Heimatvertriebenen. Hinter Büschen versteckt wartete er, bis keine Soldaten zu sehen waren. Erst dann sprang er auf die Straße. Ein greiser, ehemaliger Volkssturm-Mann erkannte das Volkssturm-Kind und fragte: „Karlchen, wo kommst Du denn her?“
„Vom Schießen.“
„Du hast Dir in die Hose geschissen, weil es vorhin so laut geknallt hat?“ „Ja.“
Bald hatte Karl seine Mutter erreicht. Sie umarmte und küsste ihn.
„Wo warst Du denn so lange? Auch Vera hat sich Sorgen gemacht.“
„Ich bekam starken Durchfall und musste austreten.“
Vera Máchová hatte um ihren Karl geweint. Jetzt aber gingen die beiden Kinder Hand in Hand fröhlich weiter. Als sie die mit dichtem Schilf bewachsene Scheibe erreichten, einen Ausläufer des Hirschberger Sees, zeigte Karl rechts nach oben.
„Diese Anhöhe heißt Dicke Borke. Dort oben habe ich unter den großen Kieferstämmen zusammen mit meinem Papa Pilze gesucht und gefunden.“
„Und ich habe Dich wiedergefunden“, lachte Vera.

Kurz vor Hirschberg überholte ein sowjetischer Militärlastwagen die Kolonne. Dieser transportierte Alte, Kranke und Gebrechliche, die nicht zu Fuß gehen konnten. Beim vorsichtigen und langsamen Vorbeifahren winkte ein alter Mann mit seinem Krückstock vom Lastwagen herab und rief laut: „Die alten Simangs von der Schwarzschänke sind erschossen worden. Auch Uhrmacherwitwe Goldmann wurde getötet. Die Russen haben die drei Toten neben der Straße vergraben.“

„Gestern habe ich Herrn und Frau Simang vor ihrem Gasthaus am Schwarzteich noch unter ihrer großen Linde sitzen sehen“, erzählte Karl seiner Vera.
„Meine Puppe Klara dürfen sie nicht erschießen“, sagte Vera.
„Vera, schau Dir die Gruselgestalten hinter uns an.“
Vera schaute zurück und stieß einen Schreckensschrei aus. In zerfetzten Hosen und Hemden hinkten junge Burschen barfuß hinter ihnen her. Sie waren kahl geschoren. Ihre Köpfe und ihre Gesichter waren übersät mit Beulen, Blutergüssen und roten Striemen. Blutverschmiert, sahen sie wie Rothäute mit schreckerregender Kriegsbemalung aus.
„Das sind Indianer auf dem Kriegspfad gegen die Bleichgesichter. Sie treten vorsichtig und leise mit den Füßen auf und schleichen sich an ihre Feinde heran“, dachte sich Simplizissimus Karl. Er hatte schon mehr als die Hälfte aller Karl May-Romane gelesen.
„Opa schau Dir die Ungeheuer hinter uns an“, flüsterte Vera ihrem Großvater ins Ohr.
„Vor denen brauchst Du Dich nicht zu fürchten. Einige dieser jungen Burschen haben bei mir im Schulorchester gespielt und im Kirchenchor gesungen.“
„Ihr seid also keine Indianer“, sagte Karl und fragte: „Warum geht Ihr barfuß? Habt Ihr denn keine Schuhe?“
Als die jungen Männer leise wimmernd durcheinander redeten, sah Karl, dass sie keine Schneidezähne im Gebiss hatten. Sie schauten unruhig hin und her. Sie machten einen verwirrten Eindruck. Nach und nach stotterten sie zusammen, was ihnen an diesem Tag im Rathausgefängnis von Eichberg widerfahren war.
Ein russischer Offizier sprach im Gefängnis mit dem Arzt Dr. Koch. Dieser erklärte zwölf ehemalige Hitlerjungen als arbeitsunfähig. Er übergab sie dem Russen, der sie wegführte. Bürgermeister Vaclav Sameck bot sich an, die Entlassenen reisefertig zu machen. Während der Russe gutgläubig vor dem Rathaus wartete, ließ Sameck die nackten Fußsohlen seiner Opfer mit Stahlruten blutig schlagen. Anschließend wurde Salz in die Wunden gerieben. Die armen Kerle gingen barfuß hinter dem russischen Offizier über das von der Sonne

aufgeheizte dunkelblaue Basalt-Kopfsteinpflaster. Dabei verbrannten sie sich ihre gepökelten Bratwurstfüße.
Laut lachend rief Vaclav Sameck hinter ihnen her: „Geht heim ins Deutsche Reich zu Eurem Führer Adolf Hitler!"
In Hirschberg angekommen, führte der Weg nicht an den Badestrand des Hirschberger Sees. Statt im gelben Sand am Seeufer zu liegen, standen die aus Eichberg Vertriebenen auf dem Bahnsteig des Bahnhofs vor Gleis Nr. 3. Ein langer Güterzug wartete abfahrbereit. Vorne stand eine leise zischende Dampflokomotive. Dahinter warteten offene, rußschwarze, dreckverschmierte Kohlewaggons. Die Verladung begann. Jeweils 120 Personen wurden in einem Waggon untergebracht. Gepäck, Schubkarren, Leiterwägelchen und Kinderwagen mussten auch noch Platz finden. Die dicht gedrängten Menschen konnten nur stehen. Kinder fanden oben auf dem Gepäck Platz.
Die alteingesessenen Tschechen Eichbergs trennten sich nur ungern von ihren deutschen Mitbürgern. Das wurde deutlich, als der tschechische Bauer Mitschel, ein ehemaliger k.u.k.-Unteroffizier, der tschechische Bäckermeister Tschiha und der humane tschechische Lehrer Rziha mit einem von Ochsen gezogenen Fuhrwerk im Bahnhof eintrafen.
Diesem Proviantwagen der deutschfreundlichen Tschechen folgte Rudolf Girtler mit zwei Leiterwägelchen. Herr Girtler und seine Eltern gingen voran, gefolgt von der jungen Frau Lea Stebrich mit ihrer erst ein Jahr alten Tochter.
Auch Karls Freund, der ehemalige Pimpf der Hitlerjugend Frantisek Doleschal, der jetzt der Beneschjugend angehörte, war mitgefahren.
Als Wegzehrung für ihre deutschen Freunde brachten sie Brote, Semmeln, Butter, Käse, Würste, Geselchtes und viele Getränke. Diese wichtigen Nahrungsmittel wurden gleichmäßig auf alle Waggons verteilt. Alle mit den Deutschen bekannten und verwandten Tschechen Eichbergs hatten dazu beigesteuert. Auch die nach Eichberg neu zugewanderten gottgläubigen, römisch-katholischen Zigeuner hatten gespendet. Diese betrachten sich nicht als Tschechen, sondern sind Roma.

„Wo bist Du Karl?“, rief Frantisek Doleschal.
„Hier bin ich.“
„Komm runter vom Waggon! Wir gehen zum Hirschberger See.“
„Geht leider nicht. Ich muss bei meiner Mutter bleiben. Sie will nach Deutschland. Auch meine Vera verlasse ich nicht.“ Enttäuscht ging Frantisek allein zum Baden.
Rudolf Girtler fand mit seinem Anhang noch Platz im Waggon, in dem Karl und seine Vera saßen.
Völlig unerwartet brauste ein Pkw ins Bahnhofsgelände. In der Benzinkutsche saßen vier elegant gekleidete tschechische Offiziere. Sie trugen die gleiche Uniform wie Oberst Hlavitschka. Zwei Mann sprangen aus dem Wagen. Der eine hatte einen schwarzen Vollbart, der andere trug eine Kalaschnikow. Die tschechischen Soldaten standen stramm und salutierten. Der Vollbärtige lief zum Rudolf Girtler und schüttelte ihm die Hand. Kurz blickte er in das Innere des Waggons und winkte. Er sagte nur ein Wort: „Lea.“ Anschließend fuhr der Pkw mit den vier Offizieren blitzschnell wieder davon.
Karl hatte ihn trotz dichtem Bartwuchs wiedererkannt. Es war der ehemalige SS-Obersturmbannführer Bartholomäus Stebrich. Als tschechoslowakischer Offizier getarnt überwachte Stebrich die Heimatvertreibug der deutschen Bürger Eichbergs. Notfalls würde Stebrich mit Waffengewalt eingreifen. In Thüringen holte er Frau und Kind bei seinem Freund Rudolf Girtler ab. Er floh mit seiner Familie unerkannt über das Dreiländereck bei Lindau nach Kanada. Von dort kehrte er nie mehr zurück.
Auf ihren Eisenrollen ächzend fielen die Schiebetüren der Waggons ins Schloss. Mit breiter Schaufel warf der Heizer Kohle in den Heizkessel der Lokomotive. Der Zugführer ließ die Signalpfeife dampfzischend aufschreien. Die Waggons rüttelten, als der Zug losfuhr. Bald wurden die Hügelketten der Eichberger Schweiz vor dem blutroten Abendhimmel sichtbar. Burg Bösig und Burg Altperstein blickten schwarz und finster zu den Reisenden herüber.
Wohin ging die Reise? Von der Eichberger durch die Böhmische in die Sächsische Schweiz.

„Lasst uns singen!“, forderte Wenzel Jäger seinen Kirchenchor auf. Zuerst traurig, dann aber immer fröhlicher, sangen nicht nur der Chor, sondern alle Eichberger: „Wem Gott will rechte Gunst erweisen, den schickt er in die weite Welt.“

Während das Lied gesungen wurde, ließ der Lokomotivführer vom Heizer immer mehr Kohle mit der Schaufel in den Heizkessel der Dampflokomotive nachlegen. Große Rauchwolken aus dem Feuer speienden Schlot der Lokomotive verdunkelten das letzte Himmelblau der untergehenden Sonne. Ätzende Schwefelgase ließen die Sänger verstummen. Rot glühende Funken flogen über die offenen Kohlewaggons und brannten Löcher in die Kleidung der rechtswidrig verschleppten und erneut misshandelten Reisegäste.

Veras Puppenkind Klara brannte. Frau Jäger packte die brennende Puppe am buntfarbigen Egerländer Trachtengewand und warf sie in den vorbeigleitenden Wald. Der Wald fing Feuer. Wochenlange Sonnenhitze hatte den Wald ausgetrocknet. Karl umarmte und beruhigte seine schreiende und weinende Vera.

Ein Sowjetsoldat, dessen Uniform durch den Funkenflug übel zugerichtet wurde, fluchte gotterbärmlich. Zuerst gab er einen Warnschuss ab. Zugführer und Heizer blickten nach hinten und warfen sich auf den Boden, als der Russe seine Waffe auf sie richtete. Die russische Kalaschnikow des Soldaten ratterte und zertrümmerte alle Glasscheiben des Führerstands der Lokomotive. Jetzt brannten die Funken auch Löcher in die Kleidung von Lokführer und Heizer. Allmählich hörte der Funkenflug auf. Vom Rauch der Lokomotive bekamen die beiden Bösewichte im Führerstand Hustenanfälle und rußschwarze Gesichter. Weit hinten erhellte ein rot leuchtender Waldbrand die finstere Nacht.

Schon beim ersten Funkenflug hatte Rudolf Girtler ein Salto rückwärts gemacht. Der emsige, erst 34 Jahre alte kleine Mann mit gelocktem, schwarzem Haarschopf und kühner Hakennase, landete direkt vor den Füßen der Theresia Häusler.

„Wir kennen uns von der Bürgerschule. Im Jahr 1938, bevor Hitler kam, haben wir bei der Fünfzigjahrfeier mit anderen zusammen das schöne tschechische Kinderlied >Uz konícek pádí< (Schon trabt mein

Pferdchen) gesungen. Und jetzt traben wir nach Deutschland. Trotz Funkenflug sangen Rudolf und Theresia das Lied und weinten dabei. Um dem glühenden Funkenflug zu entgehen, waren Karl und Vera zwischen den Gepäckstücken weiter nach unten gerutscht. Jetzt aber konnten die Erwachsenen wieder aufrecht stehen und die Kinder setzten sich oben auf das Gepäck.
Theresia: „Warum müssen Sie Böhmen verlassen?"
Rudolf: „Ich war Offizier der Deutschen Wehrmacht."
„Sie können froh sein, dass Sie als deutscher Soldat von den Tschechen nicht ermordet wurden. Mich interessiert Ihr Schicksal."
„Ab 1941 war ich als Leutnant zur besonderen Verwendung Übersetzer und Dolmetscher in Prag. Durch meine persönlichen Gespräche konnte ich einen Beitrag zur Verständigung zwischen Deutschen und Tschechen leisten. Von Anfang an war jedoch mein militärisches Schicksal kompliziert. Im Juli 1933 wurde ich als Artillerist zur tschechoslowakischen Offiziersschule in Kaschau eingezogen. Ab Jänner 1938 war ich Leutnant der Artillerie. Es folgte die Mobilmachung. Ich nahm an Waffenübungen teil. Wir waren gerüstet und bereit, gegen Nazideutschland zu kämpfen. Aber England und Frankreich haben uns durch das Münchner Abkommen in Stich gelassen. Wir durften unser Heimatland nicht verteidigen. Deshalb konnten wir unser politisches Ziel nicht erreichen: Ein freies und unabhängiges Böhmen mit einer Schweizer Kanton-Verfassung."
„Fühlen Sie sich als Deutscher?"
„Ich war, bin und bleibe ein Deutscher. Hier in meiner linken Brusttasche trage ich die uralte Geburtsurkunde des Matheus Girtler. Er wurde schon vor 1648 als Sohn eines deutschen Freibauern in Wrchhaben geboren. Geboren unter der Burg Altperstein."
Herr Girtler schlängelte sich wieder zurück zu seinen Angehörigen.
Girtler und Stebrich waren von Kindheit an Freunde. Gemeinsam besuchten sie die Volks- und Bürgerschule in Eichberg. Beide beherrschten die tschechische Sprache perfekt. Sie wurden Lehrer. Sie waren 1933 tschechoslowakische und 1938 deutsche Offiziere. Aber sie beschritten zwei verschiedene politische Wege.
Der Elendszug fuhr durch den Güterbahnhof von Habstein.

Im Rangierbahnhof von Böhmisch Leipa gab es einen kurzen Aufenthalt. Beim ständigen Hin und Her von schlotrauchenden und Wasserdampf spuckenden Lokomotiven, schrillen Pfiffen und quietschenden Bremsklötzen, sprang ein in Lumpen gekleideter Junge tief hingeduckt über die Eisenbahngleise. Unter dem Waggon, in dem Karl und Vera saßen, warf er sich Deckung suchend auf die Gleisschwellen. Während ein Güterzug vorbeifuhr, kletterte er flink wie ein Eichkätzchen die Bretterwand des Waggons hoch. Er ließ sich zum kohleverdreckten Waggonboden hinabfallen. Dort blieb er als blinder Passagier unbeweglich liegen, bis der Zug Böhmisch Leipa verlassen hatte.
Der schon vorher angekommene Bartholomäus Stebrich beobachtete diesen Vorgang. Den Bahnarbeiter, der den fliehenden Jungen zurückholen wollte, und die tschechischen Soldaten, die Wache standen, lenkte er durch scharfe Befehle ab.
„Hart wie Kruppstahl, zäh wie Leder und flink wie ein Windhund ist dieser Junge“, lachte er. Anschließend fuhr Stebrich mit seiner bewaffneten Mannschaft zum Bahnhof nach Nixdorf. Der Betriebsleiter des Rangierbahnhofs hatte ihm das Reiseziel der Heimatvertriebenen mitgeteilt.

„Wo kommst Du Schornsteinfeger denn her?“, fragte Wenzel Jäger den 14 Jahre alten Jungen, als dieser aufstand.
„Einer von der Bahn hat mich vom Konzentrationslager in Böhmisch Leipa für Aufräumungsarbeiten abgeholt.“
„Wie heißt Du?“
„Helmut Rösler. Ich komme aus Wolfsberg bei Rumburg. Ich war Schüler an der Oberschule für Jungen in Böhmisch Leipa.“
„Da war ich auch“, schaltete sich Karl ein. „Kennst Du den Lehrer Matouschek?“
„Den bösen Matouschek kenne ich leider sehr gut. Die deutschen Gymnasiallehrer mussten in den Krieg ziehen. Er wurde eingestellt, um Erdkunde zu unterrichten. Jetzt ist er der Henker von Böhmisch Leipa.“
„Erzähle!“

„Die deutsche Kaserne in Böhmisch Leipa wurde in ein KZ verwandelt. Mehr als dreißig Gefangene kamen in eine Zelle für acht Personen. Das sehr schlechte Essen sollte die Eingesperrten nur so lange am Leben halten, bis sie entweder zu Tode geprügelt oder gesteinigt wurden."

„Warum hat man Dich nicht gesteinigt?", wollte Karl wissen.

„Ich hatte Glück. Bevor man mich zur Steinigung abholte, wurde ich in das Kreisgerichtsgefängnis überstellt. Dort sollte meine Werwolf-Zugehörigkeit überprüft werden."

„Warst Du denn ein Werwolf?"

„Nein."

„Du nicht. Aber ich bin ein **Werwolf**!"

Alle lachten den kleinen, elf Jahre alten Kindersoldaten Karl aus. Nur Vera nicht. Sie bewunderte ihren Karl und schaute ihn mit großen, erstaunten Augen an.

„Warst Du ein Hitlerjunge?", fragte Karl.

„Ja." „Ich auch."

„Du warst doch nur ein kleiner Pimpf!"

Karl war wütend. Mit Zornesfalten zwischen den Augenbrauen und scharfem Befehlston schimpfte er: "Helmut Rösler, Du kommst aus Wolfsberg und warst kein **Werwolf**? Bist Du ein Feigling? Ich wurde beim Volkssturm an den Waffen als **Werwolf** ausgebildet!"

Helmut Rösler blickte Karl erstaunt an. „Ich wollte auch an den Waffen ausgebildet werden; aber mein Vater hat es mir verboten."

Karl war stolz, denn er fühlte sich anerkannt. Vera umarmte ihn und flüsterte leise: „Gott sei Dank ist Dir nichts geschehen."

„Erzähle mir etwas vom Matouschek und vom KZ."

Helmut Rösler durfte im KZ von Böhmisch Leipa kein deutsches Wort sprechen. Er konnte sich mit den anderen eingesperrten ehemaligen Hitlerjungen nicht unterhalten. Nach dem wochenlangen Schweigen sprudelte es jetzt ohne Unterbrechung aus ihm heraus: „Im Kreisgerichtsgefängnis von Böhmisch Leipa wurden viele Hinrichtungen vollstreckt. Um mir Angst einzujagen, musste ich zuschauen. Der Scharfrichter war unser tschechischer Erdkundelehrer Matouscheck. Er war ganz in Schwarz gekleidet. Nur an den Händen

trug er weiße Handschuhe mit langen Ärmeln. Für ein Todesurteil reichte schon eine ehemalige Mitgliedschaft in der NSDAP.
Der zum Tode verurteilte wurde vor ein Brett gestellt. Dieses Brett war an einem senkrecht in den Boden einbetonierten Balken festgenagelt. Unten und oben am Brett waren drehbarc Rollen befestigt. Zwei Helfer fesselten die Füße des aufrecht stehenden Todeskandidaten mit einem Kälberstrick. Sie zogen das freie Seilendc so durch die Rollen, dass ein Flaschenzug cntstand. Mit Hilfe dieses einfachen Flaschenzuges konnten die Kapseln der Fuß-, Knie- und Hüftgelenke auseinander gerissen werden. Der Strick war lang und für die Streckung war nur wenig Kraft erforderlich. Zusätzlich um den Hals gelegt, wurde mit dem Seil gleichzeitig gestreckt und erdrosselt. Der vornchme Herr Studienrat Matouschek musste sich also nicht anstrengen. Zuerst verschonte er den Hals und ließ die Gelenke der Verurteilten aus ihren Kapseln hüpfen. Anschließend kam auch die Gurgel des stöhnenden, röchelnden und zuckenden deutschen Märtyrers an die Reihe. Tscheche Matouschek ließ seine Opfer eine Viertelstunde und länger im bitteren Todeskampf zappeln.
Wer bei Hinrichtungen zuschauen wollte, bekam gegen tschechische Kronen eine Eintrittskarte in den Gefängnishof. Der Hof war stets überfüllt. Es waren Tschechen, die auf Tschechisch grölten. Für sie waren die Hinrichtungen eine Volksbclustigung. Während der langsam Strangulierte mit schmerzverzerrtem Gesicht vergeblich nach Atem rang, jubelten die Zuschauer. Hob der Scharfrichter endlich seinen rechten Arm zum Beneschgruß, dann brüllte er:

>Ein deutsches Schwein weniger!<

Die begeisterten Unmenschen heulten vor Freude wie Wölfe. Es waren keine tapferen Werwölfe die heulten, sondern feige Mitläufer des Schreibtischtäters Edvard Benes."
Entsetztes Schweigen. Nur der zischende Takt der Lokomotivc war zu hören.
„Ich schäme mich für mein tschechisches Volk. Das ist eine Schande für mich und meine Vorfahren", sagte Theresia.

„Liebe Resi, Du bist eine von uns. Die meisten von uns haben tschechische Vorfahren. Aber wir sind Deutsche und wir sind stolz darauf“, sagte Frau Jäger, die Großmutter von Vera Máchová.
Die „Schweizer Reise“ führte vorbei am „Böhmischen Paradies“ der zerklüfteten Felsenwelt von Bozkov. Hinter Langenau erreichte der Zug die Stadt Haida, wo Karls Vater Heinrich Häusler in der Rüstungsindustrie gearbeitet hatte. Nachdem sich der fauchende Lindwurm durch Röhrsdorf, Tannendorf und Teichstadt geschlängelt hatte, ratterte er auf gerader Strecke am verträumten Städtchen Schönlinde vorbei; der Pforte zur Böhmischen Schweiz.
Im blutroten Schein der untergehenden Sonne keuchte der lange, offene Güterzug in die Dunkelheit von Rumburg und fuhr langsam bis nach Schluckenau. Mit hartem Ruck hielt er auf offener Strecke an. Die Nacht war schwarz und sternenklar.
Wenzel Jäger, der wie viele andere erschöpft vor sich hingedöst hatte, blickte in den Sternenhimmel und rief laut: „Der Mond ist aufgegangen!“ Ein sowjetischer Wachtposten schreckte auf. Er schaute zum Himmelszelt empor. Seine schwermütige russische Seele sang weiter: „Die roten Sternlein prangen.“
Die müden Reisenden lauschten.
Mit kräftiger Stimme befahl der Russe: „Wacht auf ihr Fritzen! Singt mit mir!“ Mit seiner Kalaschnikow dirigierte er den Eichberger Kirchenchor.

Der Mond ist aufgegangen,
die goldnen Sternlein prangen
am Himmel hell und klar.
Der Wald steht schwarz und schweiget
und aus den Wiesen steiget
der weiße Nebel wunderbar.

Die tschechoslowakischen Soldaten waren sichtbar gerührt. Trotzdem wagte keiner das Lied mitzusingen, obwohl sie als Prager Studenten die deutsche Sprache beherrschten. Keiner wollte als Kollaborateur verteufelt werden. Keiner wollte seine Karriere aufs Spiel setzen.

Willst Du Kain oder Abel sein?

Vera Máchová weinte leise. „Sei nicht traurig Vera“, sagte Karl. „Du wirst eine neue Puppe bekommen.“ Er schenkte ihr eine Goldkette und zwei große weiße Perlen, die ihm der sterbende Prager Soldat geschenkt hatte.
„Die eine Perle ist Deine Puppe Klara und die andere Perle ist Dein Kanarienvogel Karlchen.“ Vera lächelte glücklich. Eng umschlungen schliefen die beiden Kinder ein.

Am nächsten Morgen dampfte und stampfte der Güterzug nach Nixdorf. Alle mussten aussteigen. Theresia stellte ihre beiden Rucksäcke und einen Koffer auf den Bahnsteig.
„Pass auf die Sachen auf“, sagte sie zu Karl.
Sie ging zum Kohlewaggon zurück, um ihr Leiterwägelchen herabzuheben. Ein russischer Soldat half ihr dabei.
Eine alte Frau lief an Karl vorbei, ergriff seinen Koffer und rannte damit weg. Als Karl ihr nachsprang und den Koffer am Handgriff festhielt, ließ die Diebin ihre Beute sausen und eilte mit kleinen, schnellen Schritten weiter. Kurz darauf schnappte sie einen anderen herumstehenden Koffer und hüpfte eilig davon, ohne ertappt zu werden. „Diebesgesindel!“, schrie Karl.
Die Alte blickte zurück und grinste mit ihren drei Zähnen. Sie verschwand im Menschengedränge. Karl war überrascht und überlegte. Die Diebin hatte ihr zerfurchtes, hässliches Gesicht, aus dem eine lange, spitze Hakennase hervorragte, unter einem rot-weiß-blau karierten Kopftuch versteckt. Sie glich verblüffend der alten Bozena Nemcová vom Dorf Schloss Bösig.
Ein tschechischer Knecht und Kutscher aus Nixdorf, der vom Národní Výbor einen großen Bauernhof übereignet bekam, hatte einen wirkungsvolleren Gaunertrick als Bozena Nemcová entwickelt. Am Bahnhof stellte er sein Fuhrwerk mit Pferdegespann den deutschen Vertriebenen zur Verfügung, die kein Wägelchen besaßen.
„Kommt zu mir. Ich fahre Euer Gepäck über die Grenze“, rief er immer wieder. Nachdem sein Wagen nichts mehr fassen konnte, fuhr er mit dem aufgeladenen Gepäck davon. Als die Betrogenen das

merkten und dem davondonnernden Wagen schreiend hinterherliefen, wurden sie von tschechoslowakischen Soldaten aufgehalten.
Da geschah etwas Unerwartetes. Ein hinter Büschen versteckt geparkter Pkw raste hinter dem Fuhrwerk her. Im Fahrzeug saßen vier tschechoslowakische Offiziere. Sie hupten laut und stoppten den großen Leiterwagen. Der Räuber musste umkehren. Seine Pferde und sein Wagen wurden beschlagnahmt und den Heimatvertriebenen für die Ausreise nach Sachsen zur Verfügung gestellt.
Zwei der Offiziere blieben im Bahnhof und disziplinierten die tschechoslowakischen Soldaten. Einer hielt seine Kalaschnikow schussbereit in den Händen. Die anderen Offiziere fuhren mit dem Räuber zu dessen „Národní spravce - Gutshof“. Dort entdeckten sie eine große Räuberhöhle, vollgestopft mit Diebesgut. Daraufhin erschossen sie den Tschechen standrechtlich.
Seiner weinenden Frau sagten sie, als sie wieder wegfuhren: „Das war ein militärisches Standgericht. Übergeben Sie das Diebesgut sofort dem Národný Víbor, sonst werden auch Sie erschossen!“
Nachdem die Offiziere beim Bahnhof mit ihrem Pkw wieder ankamen, erkannte Karl einen von ihnen. Er trug einen schwarzen Vollbart. Es war Bartholomäus Stebrich.

Für Theresia und Karl begann der fünf Kilometer lange Fußmarsch von der Böhmischen Schweiz über bewaldete Berge und Hügel in die Sächsische Schweiz nach Hertigswalde. Auf der ganzen Strecke lagen überall verstreut weiße Armbinden mit dem schwarzen Aufdruck **N** (Nemec = Deutscher). Wolken zogen auf. Es wurde immer dunkler und es fing an zu regnen. Eng aneinandergeschmiegt gingen Vera und Karl unter einer Decke.
Es war finstere Nacht, als Karl und Vera am 28. Juli 1945 in Hertigswalde ankamen. Sie mussten dort übernachten und schliefen in einer Scheune auf warmem Heu glücklich nebeneinander ein.
Die beiden kleinen Verliebten sahen und hörten nicht das Leiden und Sterben verzweifelter, alter und kranker Menschen, das sich um sie herum ausbreitete. Sie waren nur mit sich selbst beschäftigt; mit

einem neuen Glücksgefühl inniger Zuneigung, das sie bisher nicht kannten.
Am darauf folgenden Tag ging es um 09.00 Uhr zum Bahnhof nach Sebnitz. Dort stand ein fahrbereiter Personenzug.
„Wir müssen nicht mehr in einen Kohlewaggon einsteigen“, jubelte Karl.
„Die Waggons haben oben ein Dach. Wir brauchen uns nicht vor Funkenflug zu fürchten“, freute sich Vera.
Der Zug war bereits völlig überfüllt und fuhr ohne Karl und Vera ab.
Wie Trauben hingen Menschen außen am Zug.

Sie waren der Hölle entronnen. Hatten sie Angst, dass sie Eduard Benesch wieder zurückholt?

„Der nächste Zug kommt bald“, sagte Wenzel Förster. Aus weiter Ferne ertönte der Signalpfiff einer Lokomotive.
Karl und Vera stellten sich hinter ein Bahnwärterhäuschen. Sie schauten sich tief in die Augen und umarmten sich. Ihre Nasenspitzen stießen aneinander.
„Ich kann mich in Deinen Pupillen erkennen“, flüsterte Vera. Sie drückte Karl einen zarten Kuss auf die Lippen.
Als der Zug im Bahnhof einfuhr, liefen die beiden verliebten Kinder zu ihren Eltern zurück. Beim Einsteigen in den Zug entstand ein großes Geschiebe und Gedränge. In Hirschberg am See hatte es niemand eilig, in den Zug zu kommen. Hier wollten alle gleichzeitig einsteigen. Schwierigkeiten bereiteten die vielen Leiterwägelchen. Herr und Frau Jäger konnten ihren kleinen Wagen gerade noch mit vereinten Kräften in den Waggon hinaufheben. Der Zug fuhr ab. Vera war im Zug und Karl stand noch auf dem Bahnsteig. Theresia hatte niemanden gefunden, der ihr beim Einladen ihres schweren Leiterwagens helfen konnte. Karl sprang auf das Trittbrett des abfahrenden Zuges; aber seine Mutter riss ihn zu sich zurück.

„Karl – Karl – Karl“, schrie Vera, als der Zug ohne ihren Freund wegfuhr. Karl vergaß diesen verzweifelten Aufschrei nie. Noch einmal hörte er vom Wind herangetragen aus weiter Ferne seinen

Namen rufen; dann drückte Theresia ihren weinenden Sohn an ihre Brust.
Unbeschwerte Fröhlichkeit, gemeinsames Klavier- und Geigenspiel und die in den Herzen der beiden Kinder aufgeblühte zarte Liebe fanden ein jähes Ende.
Es dauerte noch Stunden, bis es Theresia endlich gelang, mit ihrem Leiterwägelchen in einen Zug zu kommen. Ein freundlicher sächsischer Bahnschaffner half ihr dabei. Die Eisenbahnfahrt durch die Sächsische Schweiz führte von Sebnitz nach Bad Schandau und von dort die Elbe entlang bis kurz vor Dresden.
Auf der Elbe trieb ein herrenloses Floß mit aufgenagelten toten deutschen Soldaten.
Dresden musste zu Fuß durchquert werden. Die Stadt war ein einziges Ruinenfeld aus Schutt und Asche. Ein süßlicher Geruch nach verbranntem Menschenfleisch haftete noch an den Trümmern. Eine Mauer ragte einsam in den Himmel empor. Karl zählte nach: Im vierten Stockwerk hing eine weiße Badewanne an der rußschwarzen Wand.
Der englische Luftmarschall Arthur T. Harris, Befehlshaber des Bomber Command von London, **„Bomber-Harris“** genannt, war schon vorher da und hatte Elbflorenz zerstört.
Arthur T. Harris und Eduard Benesch wurden für ihre „Heldentaten“ Denkmäler errichtet.

Deutschsein macht frei

Die Ureinwohner Böhmens waren die keltischen Boiern. In der Völkerwanderungszeit zogen sie zusammen mit den Markomannen und Sudeti germanii nach Süden. Nur kleine Reste von ihnen blieben zurück. In der Eichberger Schweiz, die 1945 in **Mácha-Land** umbenannt wurde, ließen sich im Osten bei Hirschberg die Chorvaten, im Süden bei Liboch die Pschowanen und im Westen bei Leitmeritz die Litomeritzen nieder. Diese slawischen Bauern waren Leibeigene der tschechischen Grafen Berka von Dubá.

Um 1250 begann im Máchaland, benannt nach dem Poeten Karel Hynek Mácha, die urkundlich belegte deutsche Besiedlung. Deutsche Bauern aus Franken, Sachsen, Schwaben und Thüringen wurden von böhmischen Herrschern ins Land gerufen, um den Wohlstand Böhmens zu mehren.
Schon im Privileg, das Herzog Udalrich II. (1174 bis 1178) den Deutschen gab, heißt es: **„Wisset, dass die Theutonici freie Menschen sind.“**
Die Chorvaten, Litomeritzen und Pschowanen befreiten sich durch Heirat mit den deutschen Freibauern von der schmachvollen Leibeigenschaft.
Der Spruch „Deutschsein macht frei“ bewahrheitete sich 1945 erneut für die deutschen Bürger Eichbergs. Sie entgingen tschechischer Willkür und Unterdrückung.

Nachwort

Die deutschen Bürger der Stadt Dauba wurden am 27. Juli 1945 aus ihrer seit 800 Jahren angestammten Heimat vertrieben. Erst sieben Tage später, am 02. August 1945, wurde das Potsdamer Abkommen der Siegermächte verkündet. Am gleichen Tag trat auch Beneschs Dekret zur Entrechtung und Vertreibung der Deutschen in Kraft. Bei der Heimatvertreibung der Deutschen aus Dauba handelt es sich also um eine kriminelle, rechtswidrige Willkürhandlung. Die deutschen Bürger Daubas verdanken ihr Überleben der damaligen sowjetischen Besatzungsmacht in der CSR.

Die vielen Namensänderungen des zentralen Platzes vor dem Rathaus der deutschen Stadt Dauba sind ein Spiegelbild der politischen Wirren bis 1948: Ringplatz – Marktplatz – Adolf-Hitler-Platz – Marktplatz – Masaryk-Platz – Gottwald-Platz. Durch den Lausbubenstreich des kleinen Emil Karl Stöhr wurde dieser Platz für eine Nacht und einen Tag zutreffend in Massaker-Platz umbenannt.

Die Gefolgsleute Stalins zwangen ihren Staatspräsidenten Eduard Benesch 1948 zum Rücktritt. Der Kommunist Klement Gottwald trat an seine Stelle und gründete die CSSR, unterstützt von den Bajonetten der Sowjetarmee.

Dr. med. Adolf Hafenrichter besann sich 1948 seines deutschen Vaters und verließ die CSSR mit seiner Frau Czernac.

Leder-Partisan Piwonka konnte das Töten nicht lassen. Er starb als französischer Fremdenlegionär in Algerien.

Der Nationaltscheche und Massenmörder Otto Hrouda(Rohde) wurde von den Kommunisten erschossen.

Nationaltscheche Vaclav Samek floh vor den Kommunisten ins Ausland.

Nationaltscheche Jan Masaryk, seit 1945 Außenminister der CSR, starb am 10.03.1948 in Prag nach einem Fenstersturz. Kommunist Klement Gottwald ließ bestätigen, dass er freiwillig gesprungen sei. Beim Ersten Dreißigjährigen Krieg erfolgte der Prager Fenstersturz am Anfang des Krieges. Beim Zweiten Dreißigjährigen Krieg geschah der Prager Fenstersturz nach dem Ende des Krieges.

Edvard Benes starb am 03.09.1948. Starb er eines natürlichen Todes?

Der überzeugte, ehrbare und würdevolle Nationaltscheche Dr. jur. Alex Geitler, Ministerialdirigent am Justizministerium von Prag, ist ein Onkel des Dr. Emil Karl Stöhr. Antonie Geitlerová, geb. Stöhr, teilte ihrem Neffen 1950 bei einem Besuch in Bayern mit, dass ihr Ehemann 1948 von Gottwald aufgefordert wurde, Selbstmord zu begehen. Anderenfalls würde er in einem Schauprozess dem sozialistischen Volkszorn ausgeliefert. Zu erwartende Folgen: Todesurteil – Enteignung – Entzug der Witwenrente für die Ehefrau – kommunistische Umerziehung der drei Kleinkinder.

Mit Hilfe von Schlaftabletten versank Dr. Alex Geitler in den Armen seiner Antonie in einen tiefen Schlaf, aus dem es kein Erwachen gab.

Jahrzehnte später teilte Petr Geitler seinem Cousin Dr. Emil Karl Stöhr mit, dass ihm die Kommunisten auf Verlangen schriftlich bescheinigten, sein Vater habe sich 1951 an einem Baum aufgehängt.
Das ist eine der vielen kommunistischen Geschichtsfälschungen.

Nachruf

Wir danken Dir, lieber Onkel Dr. Alex Geitler, dass Du Deiner Frau, Deinen kleinen Kindern und uns, Deinen deutschen Angehörigen; durch Deinen Rat, Deine Fürsprache und Deinen Opfertod das Leben gerettet hast.
An Benesch vorbei hast Du Dich energisch dafür eingesetzt, dass Hitlerjungen und von der Nazipropaganda Hitlers und Goebbels´ verführte Kindersoldaten von Gerichten der CSR und von Standgerichten der Svoboda-Armee nicht hingerichtet werden dürfen.

Am 17. Mai 1935 feierte Antonia Stöhr, geb. Schubert, die Großmutter des Autors, in Bilin-Sauerbrunn ihren 60. Geburtstag.
Ihr tschechischer Schwiegersohn Dr. Alex Geitler war auch dabei. Den erst neun Monate alten Emil Karl Stöhr schaukelte er auf dem Arm und gab ihm Wiener Busserln.

Im Staatswappen Tschechiens steht der Satz:

„Die Wahrheit siegt!“

Wird die Wahrheit siegen?

Bevor meine Seele

im All versinkt,

fliegt sie zurück

in die Heimat

meiner frühen Kindheit.

Emil Karl Stöhr